I0366075

www.ingramcontent.com/pod-product-compliance
Lightning Source LLC
Chambersburg PA
CBHW070129080526
44586CB00015B/1620
9781927998861

1

تفسیر

یعقوب اور 1، 2 پطرس

مصنف: ایف، وین میکلائیڈ

مترجم: عمانوایل داؤد

LIGHT TO MY PATH Book Distribution

جملہ حقوق بحق مصنف ومترجم محفوظ ہیں

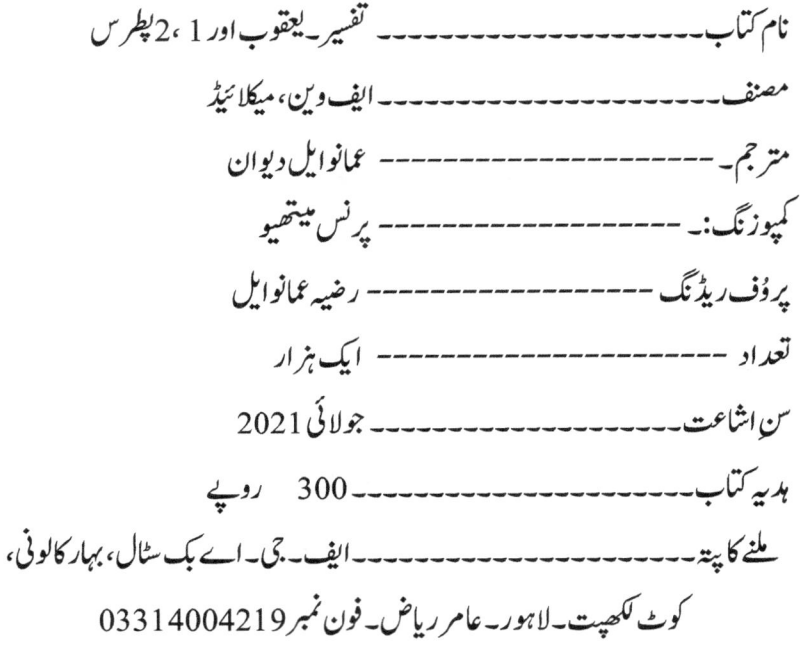

نام کتاب۔۔۔۔۔۔۔۔۔۔۔۔۔۔۔۔ تفسیر۔یعقوب اور 1 ،2 پطرس

مصنف۔۔۔۔۔۔۔۔۔۔۔۔۔۔۔۔۔ ایف وین، میکلائیڈ

مترجم۔۔۔۔۔۔۔۔۔۔۔۔۔۔۔۔۔ عمانوایل دیوان

کمپوزنگ:۔۔۔۔۔۔۔۔۔۔۔۔۔۔۔ پرنس میتھیو

پروُف ریڈنگ۔۔۔۔۔۔۔۔۔۔۔۔۔ رضیہ عمانوایل

تعداد۔۔۔۔۔۔۔۔۔۔۔۔۔۔۔۔۔ ایک ہزار

سنِ اشاعت۔۔۔۔۔۔۔۔۔۔۔۔۔۔۔ جولائی 2021

ہدیہ کتاب۔۔۔۔۔۔۔۔۔۔۔۔۔۔۔ 300 روپے

ملنے کا پتہ۔۔۔۔۔۔۔۔۔۔۔۔۔۔ ایف۔جی۔اے بک سٹال، بہار کالونی،

کوٹ لکھپت۔لاہور۔عامر ریاض۔فون نمبر 03314004219

Translated & Composed By Emmanuel

Contact Details\Dewan

رابطہ مترجم وپبلشر۔۔۔۔۔۔۔۔۔ عمانوایل داؤد

فون نمبر 03351470565

وٹس ایپ نمبر 923164656552+

mathewforjesus7@gmail.com

3

فہرست مضامین

پیش لفظ

یعقوب کے خط کا تعارف — صفحہ نمبر

1۔ آزمائشوں میں شادمانی 11

2۔ حکمت کے لئے ایمان رکھیں 18

3۔ اپنے رُتبے پر فخر کریں 25

4۔ آزمائش، گناہ اور اچھی نعمتیں 32

5۔ خدا کے کلام کا آئینہ 40

6۔ حقیقی دینداری 50

7۔ طرفداری کا گناہ 56

8۔ رحم اور عدالت 62

9۔ ایمان اور اعمال 70

10۔ زبان کو قابو میں رکھیں 78

11۔ اُوپر سے ملنے والی حکمت 84

12۔ دُنیا سے دوستی 90

13۔ اُوپر کی طرف جانے والی راہ 97

14۔ اپنے ہمسائے پر الزام نہ لگائیں 106

15۔ کل کے بارے فخر نہ کریں 112

4

16۔ دولتمندوں سے کلام	117
17۔ خداوند کی آمد کے انتظار میں صبر	123
18۔ آخر میں چند نصیحتیں	132

پطرس کے پہلے خط کا تعارف

19۔ ایک زندہ اُمید	142
20۔ اس نجات کے بارے میں	151
21۔ فانی چیزیں	159
22۔ زندہ پتھر	167
23۔ اجنبی اور مسافر	175
24۔ تعلقات / رشتے ناطے	180
25۔ شوہر اور بیویاں	189
26۔ ہم آہنگی سے زندگی بسر کریں	197
27۔ نیکی کر کے دُکھ اُٹھانا	205
28۔ مسیح یسوع کا کام	212
29۔ روح میں زندگی بسر کریں	219
30۔ خاتمہ قریب ہے	224
31۔ آزمائشوں میں خوشی منائیں	230
32۔ بُزرگوں سے کلام	235
33۔ نوجوانوں سے کلام	240

5

پطرس کے دوسرے خط کا تعارف

34۔اُس کی الٰہی قدرت اور وعدے	251
35۔ایمان میں اضافہ	257
36۔اَٹل کلام	266
37۔ جھوٹے نبی	271
38۔مقابلہ کر کے غالب آئیں	280
39۔اُس کے آنے کا وعدہ کہاں گیا؟	286
40۔کیسے عجیب لوگ؟	292

پیش لفظ

زیرِ نظر کتاب، یعقوب اور پطرس کے خطوط پر روز مرّہ کی عبادت میں استعمال ہونے والی تفسیر ہے۔ کتاب کی تصنیف کا مقصد قارئین کرام کو خطوط کا تفصیلی مطالعہ کرانا ہے۔ یعقوب اور پطرس کے خطوط میں عملی زندگی سے متعلق تعلیمات پائی جاتی ہیں۔ یہ دونوں خطوط ہمیں یاد دلاتے ہیں کہ دُکھ اور تکالیف اس زندگی کا لازمی حصہ ہیں۔ ہمارے لئے سیکھنے اور یاد رکھنے والی بات یہ ہے کہ خداوند یسوع مسیح ہماری واحد اُمید ہے جو ہماری آنکھوں کے سب آنسو پونچھ دے گا۔ یعقوب ہمارے سامنے یہ چیلنج رکھتا ہے کہ اپنے ایمان کی پرکھ کرتے ہوئے اسے فعال، متحرک اور عملی قسم کا ایمان بنائیں۔ کیونکہ ایسا ایمان روزمرہ زندگی میں بڑے کام کی چیز ہے۔ پطرس رسول ہمیں اس دُنیا میں ہوشیار اور بیدار ہونے کے لئے کہتا ہے جہاں پر ہمارا دشمن ابلیس شیر ببر کی طرف دھاڑتا پھرتا ہے کہ کسی کو پھاڑ کھائے۔ اِن خطوط میں فتح مند زندگی بسر کرنے کے لئے بڑے عملی قسم کے پیغامات پائے جاتے ہیں۔

تفاسیر کی دوسری کتب کی طرح، یہاں پر بھی میں آپ کو یہی کہنا چاہوں گا کہ ہر باب کے شروع میں دیا گیا حوالہ ضرور پڑھیں اور پھر باب کا مطالعہ شروع کریں تاکہ آپ اس باب کو بہتر طور پر سمجھ سکیں۔ ہر باب میں روح القدس کو دعوت دیں کہ وہ تحریر کردہ ہر ایک بات کو آپ کے لئے سلیس اور آسان بنائے۔ تفاسیر کی کتب کا مقصد ہر ایک مسیحی کو خداوند کے ساتھ وفاداری کے ساتھ چلنے کے لئے متحرک اور مستعد کرنا ہے۔ ہر روز اپنے دُعائیہ وقت میں اس تفسیر کی کتاب کا مطالعہ کریں۔ بہتر ہے کہ ہر روز ایک باب کا مطالعہ کریں۔ جب آپ مطالعہ کریں تو خداوند ہی آپ کا ہادی اور مددگار اور رہنما ہو۔ میری دُعا

ہے کہ جب آپ مطالعہ کرتے ہیں تو آپ خداوند کے کلام کی تشریح سے قوت اور تقویت پاکر خداوند میں مضبوط بنیں۔ جو کچھ یہاں پر خداوند آپ کو سکھائے۔ دوسروں کو بھی اِس کے بارے میں بتائیں۔ اِس کتاب کے مطالعہ سے خداوند آپ کو برکت دے اور اپنے ساتھ وفاداری اور پختگی کے ساتھ چلنے کا فضل عطا فرمائے۔

مصنف

یعقوب کے خط کا تعارف

مصنف

زیادہ تر ایماندار اس بات پر ایمان رکھتے ہیں کہ اس خط کا مصنف حلفئی کا بیٹا یعقوب تھا۔ یعقوب رسول کے تعلق سے بہت کم معلومات دستیاب ہیں۔ تاہم یہ رسولوں میں سے ایک تھا۔ تاہم اس کا عبرانی نام کلوپاس ہے۔ بہت سے لوگ اس بات پر بھی ایمان رکھتے ہیں کہ یعقوب خداوند یسوع مسیح کا کزن تھا۔ اس کی والدہ ماجدہ کا نام مریم تھا۔ جو کہ کلوپاس کی زوجہ محترمہ تھی۔ بائبل مقدس میں اسے اکثر خداوند یسوع مسیح کی والدہ مریم، مریم مگدلینی کے ساتھ دیکھا جا سکتا ہے۔ (یوحنا 19 باب 25 آیت) یعقوب کی والدہ خداوند یسوع مسیح کے مُردوں میں سے زندہ ہونے والے دو گواہوں میں سے ایک تھی۔ (متی 28 باب 1 آیت) یعقوب رسول نے خداوند یسوع مسیح کے بہت قریب رہ کر پرورش پائی تھی۔ آپ کہہ سکتے ہیں کہ وہ بچپن کے ساتھی بھی تھے۔ بعد ازاں جوان ہوا تو وہ خداوند یسوع مسیح کا شاگرد اور ابتدائی کلیسیا کا قائد بن گیا۔ معلوم ہوتا ہے کہ کلیسیا میں اُسے قائدانہ ذمہ داریاں سونپی گئی تھیں۔ اس نے یروشلیم کونسل کی قیادت بھی کی۔ (اعمال 15 باب 13-19 آیات) پولس رسول اُسے گلتیوں 2 باب 9 آیت میں کلیسیا کا ستون بھی کہتا ہے۔ تاریخی اعتبار سے، اس کا ایک عرفی نام بھی تھا " چھوٹا یعقوب" امکان غالب ہے کہ اس کا قد چھوٹا تھا۔

پس منظر

مفسرین اس بات پر ایمان رکھتے ہیں کہ یعقوب کا خط یروشلیم سے اُن ایمانداروں کو لکھا گیا تھا جو ایذا رسانی کے باعث تتر بتر ہو گئے تھے۔ یعقوب رسول اس خط کا آغاز اور اختتام اُن

آزمائشوں اور امتحانوں کے ذکر سے کرتا ہے جن کا ان ایمانداروں کو سامنا تھا۔ وہ اُن کی ہمت افزائی کرتا ہے کہ صبر سے اپنی آزمائش اور دُکھ کے وقت کو برداشت کریں، اس ناگوار صورتحال میں بھی وہ خداوند پر توکل اور بھروسہ کرتے ہوئے وفاداری کے ساتھ اس کی پیروی کرتے رہیں اور اُس کے کلام کی تابعداری میں زندگی بسر کریں۔ یعقوب رسول ایمانداروں کو اس بات کی تلقین کرتا اور اُنہیں اس بات کے لئے تیار کرتا ہے کہ وہ اس سچائی پر محض ایمان ہی نہ رکھیں جو ان تک پہنچی ہے بلکہ اس کے مطابق روزمرہ زندگی بھی گزاریں۔ کیونکہ یعقوب رسول کے نزدیک حقیقی اور زندہ ایمان محض الفاظ نہیں بلکہ اعمال اور افعال ہیں۔ وہ یہ توقع کرتا ہے کہ وہ لوگ جو مسیحی ہونے کا دعویٰ کرتے ہیں وہ اس کو اپنے طرزِ زندگی سے ثابت اور ظاہر کریں۔ مصنف بڑے عام فہم، سادہ مگر بڑے پر اثر انداز میں اپنے قارئین سے عملی مسیحی زندگی کی بات کرتا ہے جو اردگرد کے لوگوں پر اثر انداز ہو سکتی ہے۔

دورِ حاضرہ میں کتاب کی اہمیت

یعقوب کا لکھا گیا یہ خط بڑی اہمیت کا حامل ہے کیونکہ اس میں عملی مسیحی زندگی کے بارے میں تعلیم پائی جاتی ہے۔ کیونکہ ابتدائی کلیسیا میں لوگوں کو " اعمال کی بنا پر نجات " والے ایمان سے "خداوند یسوع مسیح کے صلیبی کام کی بنا پر نجات" والے ایمان کی طرف مائل کرنے کے لئے بڑی جانفشانی کرنی پڑتی تھی۔ یعقوب رسول کے دل کی یہ لالسا ہے کہ ہم اس بات کو سمجھیں کہ اگرچہ ہماری نجات صرف اور صرف خداوند یسوع مسیح کے صلیبی کام کی بنیاد پر ہے، تاہم یہ بہت ضروری ہے کہ ہم جو خداوند یسوع مسیح کو جان گئے ہیں اپنے طرزِ زندگی سے اس ایمان اور نجات کا اظہار کریں۔ یعقوب رسول دورِ حاضرہ کی کلیسیا کو بھی عملی زندگی بسر کرنے کے لئے اُبھار رہا ہے۔ وہ بڑے پُر زور اور اثر انگیز اندا

زمیں ہمیں اس بات کی یاد دہانی کراتا ہے کہ ہمارا ایمان محض لفظی اور تعلیمی ایمان نہ ہو بلکہ اِس کا اظہار اعمال اور افعال سے ہونا چاہئے۔

باب 1

آزمائشوں میں شادمانی

یعقوب 1 باب 1-4 آیات

یعقوب رسول کی معرفت یہ خط لکھا گیا تھا۔ اس کی پہچان کے تعلق سے کچھ اُلجھن پائی جاتی ہے۔ کیونکہ عہدِ جدید میں ہم اس نام کی دو شخصیات کے تعلق سے پڑھتے ہیں۔ پہلا زبدی کا بیٹا یعقوب ہے جس کا شمار بارہ رسولوں میں ہوتا ہے۔ (متی 10 باب 12 آیت)۔ پیشہ کے اعتبار سے وہ ماہی گیر تھا۔ یعقوب نام کا دوسرا شخص حلفئی کا بیٹا ہے۔
(متی 10 باب 2 آیت) وہ بھی ایک رسول تھا۔ زیادہ تر اسی بات پر اتفاق رائے ہے کہ خط لکھنے والی یہ شخصیت حلفئی کا بیٹا یعقوب ہی تھا۔ جو کہ خداوند یسوع مسیح کا قریبی رشتہ دار بھی تھا۔ (گلتیوں 1 باب 19 آیت)
پہلی آیت میں مصنف اپنا تعارف صرف یہی کراتا ہے۔ خدا اور خداوند یسوع مسیح کا خادم۔ یہاں پر مصنف کی عاجزی اور انکساری قابلِ ذکر ہے۔ ہمارے دَور میں یہ بہت ضروری سمجھا جاتا ہے کہ لوگوں کو ہمارے بارے میں علم ہو کہ ہم کون ہیں اور کلیسیا میں ہمارا کیا رُتبہ اور مقام ہے۔ یہاں پر بالکل واضح ہے کہ مصنف کو اپنے بہت بڑے تعارف اور لوگوں کی واہ واہ میں کوئی دلچسپی نہیں تھی۔ وہ خداوند یسوع مسیح کا خادم تھا اور وہ اپنے اسی تعارف پر مطمئن تھا۔ خواہ کلیسیا میں ہمارا کیسا ہی رتبہ اور مقام کیوں نہ ہو ہمارا اِس سے بڑھ کر کوئی تعارف اور مقام نہیں کہ ہم اُس کے خادم ہیں۔ مسیح کے بدن میں ہر ایک مقام اور رُتبہ بڑی اہمیت کا حامل ہے۔ یعقوب اس بات میں کوئی دلچسپی نہیں رکھتا تھا کہ وہ لوگوں کی

توجہ کا مرکز ہو۔ اس کی یہی دلچسپی تھی کہ لوگ خداوند یسوع مسیح پر اپنی توجہ مرکوز کریں۔

یہاں پر یہ بات بھی قابلِ ذکر ہے کہ یعقوب خود کو خدا اور خداوند یسوع مسیح کے خادم طور پر پیش کرتا ہے، کیونکہ اس نے خداوند یسوع مسیح کو خدا کے برابر ہی دیکھا۔ وہ خداوند یسوع مسیح کا بھی اتنا ہی خادم تھا جتنا کہ وہ خدا کا خادم تھا۔ اگر وہ خدا اور خداوند یسوع کو برابر کی حیثیت سے نہ دیکھتا تو کبھی بھی وہ اس طرح سے دونوں کو ایک ساتھ بیان نہ کرتا۔ وہ بیان کرتا ہے کہ یسوع " مسیح " ہے۔ یہاں پر یہ بات بھی بڑی اہمیت کی حامل ہے۔ " مسیح" یونانی اصطلاح کا معنی " مسح شدہ" ہے۔ عبرانی زبان میں، یہ اصطلاح "مسایا " ہے۔ یہاں پر یعقوب رسول خداوند یسوع کے لئے " مسیح " کی اصطلاح استعمال کرتے ہوئے اپنے قارئین کو یہ بتارہا ہے کہ وہ یسوع کو خدا کی طرف سے " مسح شدہ" کے طور پر دیکھتا ہے۔ جسے بڑے خاص مقصد کے پیش نظر مسح کیا گیا تھا۔ خداوند یسوع مسیح کو گناہ کی کامل قربانی ہونے کے لئے مسح کیا گیا تھا۔ اُس کے صلیبی کام کی بنیاد پر ہی لوگوں کا خدا کے ساتھ ملاپ ہو سکتا تھا۔

اس ابتدائی آیت میں، یعقوب اپنے تعلق سے بھی کچھ انکشاف کرتا ہے۔ لیکن وہ اس حقیقت پر اپنی توجہ مرکوز رکھتا ہے کہ یسوع " مسیح " تھا یعنی مسح شدہ تھا جو کہ ہر اعتبار سے خدا کے برابر تھا۔ یعقوب رسول اپنے لئے بڑے اعزاز اور شرف کی بات سمجھتا ہے کہ وہ ایسے عظیم اور مہربان خدا کا خادم ہے۔ یہ خط ان بارہ قبیلوں کے نام لکھا گیا جو قوموں کے درمیان تتر بتر ہو گئے تھے۔ مفسرین اس بات پر متفق ہیں کہ ستفنس کی شہادت
(اعمال 8 باب) کے بعد ایذاہ رسانی کا جو سلسلہ شروع ہوا تھا اِس کی وجہ سے ایماندار فلسطین میں اکٹھے نہیں رہ رہے تھے۔

اپنے قارئین کو " میرے بھائیوں" کہہ کر مخاطب کرنا اس بات کو ظاہر کرتا ہے کہ یعقوب رسول اُن یہودیوں سے مخاطب ہے جو خداوند یسوع مسیح کے نجات بخش علم و معرفت سے معمور ہو گئے تھے۔ اس خط کے لکھنے میں اس کا یہی مقصد تھا کہ وہ ایذا رسانی اور آزمائش کی اس گھڑی میں اُن کی ہمت افزائی کرے۔

2 آیت میں، یعقوب اپنے قارئین کو اس بات کے لئے اُبھارتے ہوئے اُن کی حوصلہ افزائی کرتا ہے کہ جب اُنہیں طرح طرح کی آزمائشوں اور دُکھوں کا سامنا ہو تو وہ اسے "بڑی شادمانی" اور خوشی کی بات سمجھیں۔ وہ انہیں یاددہانی کراتا ہے کہ اس زندگی میں اُنہیں کئی طرح کی آزمائشوں اور امتحانوں سے گزرنا پڑے گا۔ ہم میں سے کسی کو بھی ان آزمائشوں، دکھوں اور امتحانوں سے استثنا حاصل نہیں ہے۔ ہو سکتا ہے کہ یہ امتحان جسمانی بیماری یا پھر آپ کے ایمان کے امتحان کی وجہ سے ایذا رسانی کی صورت میں آپ کی زندگی میں آئیں۔ بعض اوقات دوسرے ایمانداروں یا مشکل اور کشیدگی سے دوچار رشتے ناطوں کی وجہ سے بھی کئی ایک آزمائشوں کا سامنا ہو سکتا ہے۔ خواہ کیسی بھی آزمائش اور کیسا بھی امتحان ہو، یعقوب رسول ہمیں یہی بتاتا ہے جب ہمیں امتحانوں، ایذا رسانیوں اور دُکھوں کا سامنا ہو تو ہم اسے " بڑی خوشی اور شادمانی" کی بات سمجھیں۔ ہمیں اس بیان کو اور بھی زیادہ تفصیل سے دیکھنے کی ضرورت ہے۔

امتحانوں اور آزمائشوں کو بغور دیکھا جائے تو یہ بہت مشکل گھڑی ہوتی ہے۔ بعض اوقات ہمارے عزیز و اقارب ہم سے بچھڑ سکتے ہیں۔ ہمارے تعلق سے کوئی ناحق بات بھی کہی جا سکتی ہے جو ہمارے لئے بہت زیادہ تکلیف اور دُکھ کا باعث ہو سکتی ہے۔ امتحانوں اور آزمائشوں سے ملنے والی تکلیف کسی کے لئے بھی خوشی کا باعث نہیں ہوتی۔ جس شادمانی کا یعقوب رسول یہاں پر ذکر کر رہا ہے وہ حالات میں نہیں ملتی بلکہ اس حقیقت میں موجود

ہوتی ہے کہ خدا ان حالات اور آزمائشوں کے وسیلہ سے کیا کرنے والا ہے۔ 3 آیت میں یعقوب رسول بیان کرتا ہے کہ ہم نے کیوں کر ایسے موقعوں کو شادمانی اور خوشی کی بات سمجھنا ہے کیونکہ ہمیں معلوم ہے کہ ہمارے ایمان کی آزمائش صبر اور ثابت قدمی کا باعث ہوتی ہے۔ اس ثابت قدمی کے نتیجہ میں ہمارے اندر اور پختگی اور مضبوطی پیدا ہو گی۔

کیا ہی اچھا ہو کہ اگر ہم کچھ روحانی وٹامنز لے لیں اور صبح بیدار ہوں تو ہم روحانی طور پر پختہ اور مضبوط ہو چکے ہوں۔ لیکن ایسا تو بالکل بھی نہیں ہوتا۔ حقیقت تو یہ ہے کہ پختگی اور مضبوطی کے لئے وقت درکار ہوتا ہے۔ ہم اپنے باغ میں اُگے ہوئے پودے کو دیکھ کر اس بات کو بخوبی سمجھ سکتے ہیں۔ یا پھر ہم دیکھ سکتے ہیں کہ ہمارے بچے کس طرح درجہ بدرجہ سال بسال جسمانی اور ذہنی پختگی میں آگے بڑھتے چلے جاتے ہیں۔ روحانی دنیا میں بھی یہی اصول کارفرما ہوتا ہے۔ حتیٰ کہ خداوند یسوع مسیح کو بھی دُکھ اُٹھا اُٹھا کر فرمانبرداری سیکھنا پڑی۔ (عبرانیوں 5 باب 8 آیت) اگر ہم روحانی طور پر پختہ، بالغ اور مضبوط ہونا چاہتے ہیں، تو اس کے لئے ہمیں وقت اور صبر درکار ہو گا۔ ہماری زندگی میں آنے والی آزمائشیں اور امتحان ہی وہ ذرائع اور وسیلے ہیں جنہیں خداوند یسوع مسیح ہماری زندگی میں مسیحی کردار پیدا کرنے کے لئے استعمال کرتا ہے۔ انہی امتحانوں اور آزمائشوں کے وسیلہ ہی سے ہماری ترجیحات کو نئی ترتیب اور شکل ملتی ہے۔ گناہ کا زور ٹوٹ جاتا اور ہماری روحانی شخصیت میں نکھار پیدا ہوتا چلا جاتا ہے۔ بالکل ایسے ہی جس طرح اچھے والدین اپنے بچوں کو ذہنی طور پر مضبوط اور پختہ بنانے کے لئے ان کی تربیت کرتے ہیں، خدا کے ساتھ بھی ہمارا رشتہ اور تعلق ایسا ہی ہے۔

خدا کے فرزند ہوتے ہوئے ہم اس یقین دہانی کو اپنے دل میں لے سکتے ہیں کہ خدا ہر ایک دُکھ اور ہماری زندگی میں آنے والی ہر ایک آزمائش کی گھڑی کو اپنے مقصد اور منصوبے کی

تکمیل اور ہمیں اور بھی زیادہ اپنے قریب لے آنے کے لئے استعمال کرے گا۔ ہر طرح کے نامساعد حالات اور کٹھن صورتحال میں وہ ہمیں مضبوط اور پختہ بنا رہا ہوتا ہے تاکہ ہم اور بھی زیادہ بہتر اور مضبوط خادم بن جائیں۔ ہو سکتا ہے کہ اس وقت آپ کو اپنی زندگی میں بڑی مشکلات اور کٹھن صورتحال کا سامنا ہو۔ اپنے دل میں اس گہرے احساس کو جگہ دیں کہ خداوند یسوع مسیح اس صورتحال کو استعمال کر کے ہمیں اور بھی زیادہ اپنی قربت میں لے آئے گا۔ یہ حقیقت ہے کہ کوئی بھی آزمائش اور امتحان خوشی کا باعث نہیں ہوتا۔ لیکن دکھوں سے گزر کر جب ہم روحانی ترقی کے منازل طے کرتے ہوئے آگے بڑھتے ہیں تو پھر شادمانی اور خوشی کا گہرا احساس اور تجربہ ہماری زندگی اور گواہی کا حصہ بن جاتا ہے۔

اس حوالہ میں سے ایک اور اصول بھی نمایاں طور پر دیکھنے کو ملتا ہے۔ اگر ہمیں مسیح میں بڑھنا اور نشوونما مقصود ہے تو پھر ثابت قدمی اور صبر بہت ہی ضروری ہے۔ ثابت قدمی کا مطلب ہے مشکل دور میں بھی مسیح کے ساتھ وفادار رہنا۔ اس کا مطلب ایمان سے فرار اور کسی مشکل صورتحال سے جان چھڑانا نہیں ہے۔ کتنی ہی بار ہم یہ دُعا کرتے ہیں کہ دُکھ اور آزمائش کی گھڑیاں ہماری زندگی سے بہت جلد ختم ہو جائیں اور ہمیں سُکھ کا سانس نصیب ہو۔ اگرچہ دُکھ، آزمائش، امتحان اور کوئی بھی ناگوار صورتحال خوشی کا باعث نہیں ہوتی تاہم یہ بہت ہی ضروری ہوتی ہے۔ کیونکہ انہی میں ہماری روحانی ترقی کا راز پنہاں ہوتا ہے۔ ہمیں کسی بھی مشکل صورتحال اور آزمائش سے گھبرانے کی ضرورت نہیں ہے۔ یاد رہے کہ آزمائش ہمیشہ خداوند کی طرف سے براہ راست نہیں آتیں۔ تاہم وہ انہیں ہماری روحانی ترقی اور پختگی اور ہماری زندگی میں اپنے مقصد اور منصوبے کی تکمیل کے لئے استعمال کرے گا۔ دشمن ابلیس ہماری زندگی میں جیسے بھی کٹھن حالات اور مشکل صورتحال پیدا کرے، خدا ہر ایک چیز کو ہماری بہتری اور بھلائی کے لئے استعمال کرتے

ہوئے اور بھی زیادہ ہمیں اپنی قُربت میں لے آئے گا۔ یہ جاننا کس قدر خوشی اور مسرت کی بات ہے کہ خداوند یسوع ان آزمائشوں اور مشکلات سے زیادہ زور آور ہیں جن کا ہمیں اس روزمرہ زندگی میں سامنا ہوتا ہے۔ اس کا یہ وعدہ ہے کہ ہر ایک صورتحال اور مشکل گھڑی کو استعمال کرتے ہوئے وہ ہمیں زیادہ سے زیادہ اپنی صورت اور شبیہ پر ڈھالتا اور بناتا چلا جائے گا۔ اور ہماری اس کے ساتھ رفاقت اور محبت گہری اور مضبوط ہوتی چلی جائے گی۔ آج خداوند ہمارے امتحانوں اور دُکھوں کے وسیلہ سے جو کچھ بھی کر رہا ہے، اُس پر یقین کرتے ہوئے اپنی نگاہیں اُس پر لگائے رکھیں۔

چند غور طلب باتیں

☆۔ اپنے تعارف میں یعقوب رسول خداوند یسوع کے تعلق سے ہم پر کس چیز کو منکشف کرتا ہے؟

☆۔ ہم اس حوالہ میں یعقوب رسول کی انکساری اور عاجزی کے تعلق سے کیا سیکھتے ہیں؟ یہ انکساری اور عاجزی ہمارے سامنے کیسا چیلنج پیش کرتی ہے؟

☆۔ کیسے ممکن ہے کہ ہم دُکھوں اور آزمائشوں کے درمیان خوشی اور شادمانی کا تجربہ کریں؟

☆۔ آپ کو اس حقیقت میں کیا شادمانی ملتی ہے کہ خدا ہر ایک دُکھ اور مشکل صورتحال کو ہمیں اپنے قریب لانے کے لئے استعمال کر سکتا ہے؟

☆۔ آج آپ کو کیسی آزمائشوں اور امتحانوں کا سامنا ہے؟ یہ کس طرح آپ کو خداوند کے اور بھی زیادہ قریب لے آئے ہیں؟

چند اہم دُعائیہ نکات

☆۔ خداوند کی شکر گزاری کریں کہ خداوند کسی بھی اس مشکل صورتحال اور آزمائش کی گھڑی سے عظیم ہے جو دشمن ابلیس آپ کی زندگی میں لا سکتا ہے۔

☆۔ اس حوالہ میں یعقوب رسول نے جس انکساری اور عاجزی کا اظہار کیا ہے، خداوند سے اپنے لئے ایسی ہی انکساری اور عاجزی کو مانگ لیں۔

☆۔ کیا آج آپ کو کسی خاص صورتحال اور مشکل گھڑی کا سامنا ہے؟ اس ناگوار صورتحال میں خداوند کی شادمانی کو اپنے لئے مانگ لیں۔ خداوند سے کہیں کہ وہ آپ کی روحانی آنکھیں روشن کر دے تاکہ آپ دیکھ سکیں کہ خدا اس آزمائش کی گھڑی میں کیا کام سر انجام دے رہا ہے۔

باب 2

حکمت کے لئے ایمان رکھیں

یعقوب 1 باب 5 تا 8 آیت

یعقوب رسول اپنے ہم ایمان یہودی بھائیوں اور بہنوں کو دُکھ اٹھانے کی قدر و قیمت کے بارے میں لکھنے سے اس خط آغاز کرتا ہے۔ وہ کچھ اس طرح سے اُن کی حوصلہ افزائی کرتا ہے کہ جب اُنہیں طرح طرح کی آزمائشوں اور دُکھوں کا سامنا ہو تو وہ اُسے اپنے لئے بڑی خوشی اور شادمانی کی بات سمجھیں کیونکہ خدا اُنہی دُکھوں کے وسیلہ سے اُنہیں روحانی طور پر پختہ کرے گا اور اُنہیں اور بھی زیادہ اُس کی محبت اور قربت میں آگے بڑھنے کا فضل بخشے گا۔

کوئی بھی شخص جو دُکھوں، آزمائشوں اور ایذاء رسانی کے تجربہ سے گزر چکا ہے، اسے معلوم ہے کہ مشکل گھڑی میں حکمت کی بہت ضرورت ہوتی ہے۔ کچھ سمجھ میں نہیں آتا کہ آخر یہ دُکھ ہمارے ہی لئے کیوں ہیں۔ نہ معلوم کہ خدا ان دُکھوں کے وسیلہ سے ہماری برکت اور پختگی اور اپنے جلال کے لئے کیا کر رہا ہوتا ہے۔ ہمیں بالکل معلوم نہیں ہوتا کہ خدا ان دُکھوں کے وسیلہ سے کون سی بات یا مسیحی زندگی اور ایمان کا کون سے پہلو ہم پر واضح اور منکشف کرنا چاہتا ہے۔ دُکھ اور آزمائش کا دباؤ بڑھنے کی صورت میں بالعموم گناہ اور بغاوت کی رغبت بھی سر اُٹھانے لگتی ہے۔ انسانی رُجحان تنقید اور اس مقصد کے خلاف کھڑے ہو جانا ہی ہوتا جس کو خدا ہماری زندگی میں پایہ تکمیل تک پہنچا رہا ہوتا ہے۔ جو کچھ خدا ہم سے دُکھوں اور امتحانوں کے وقت کہہ رہا ہوتا ہے، اسے سمجھنے اور جاننے کے لئے ہمیں الٰہی

حکمت کی ضرورت ہوتی ہے وگرنہ زمینی حکمت تو ہمیں حقیقت اور صداقت سے بہت دُور لے جائے گی۔ الٰہی حکمت کے بغیر ہم خدا کی سوچ اور اس کے مقصد کے بارے میں کبھی نہیں جان پائیں گے جو خدا کسی مخصوص صورتحال میں سر انجام دے رہا ہو تا ہے۔

5 آیت میں یعقوب رسول اپنے قارئین کو یاد کراتا ہے کہ اگر ان میں حکمت کی کمی ہو تو وہ خدا سے مانگیں۔ خدا کی مرضی اور مقصد یہی ہے کہ ہماری تربیت کرے اور ہمیں اپنے کام کے لئے تیار اور مسلح کرے۔ ایسے وقتوں میں آزمائش یہی آجاتی ہے کہ ہم اپنی حکمت اور سمجھ کے مطابق ہر ایک چیز کو دیکھنا اور ہر ایک مشکل کو حل کرنا شروع کر دیتے ہیں۔ یعقوب ہمیں یہی تلقین کر رہا ہے کہ ہم اس کی بجائے خدا سے حکمت حاصل کرنے کے لئے اس سے دعا کریں۔ اگر ہم کسی بھی صورتحال کے بارے میں خدا کے فہم اور اس کی بصیرت کو حاصل کرنا چاہتے ہیں تاکہ ہم اس کے پیچھے خدا کے مقصد اور ارادے کو پہچان سکیں تو پھر ہمیں اپنی سوچوں، خیالات اور منصوبوں کو بالائے طاق رکھنا ہو گا۔ کیونکہ انسانی حکمت خدا کی آواز سننے میں رکاوٹ بن جاتی ہے

غور کریں کہ یعقوب خدا اور اس کے حکمت عطا کرنے کے بارے میں کیا فرماتا ہے۔ بالفاظ دیگر جو کوئی اس کے پاس آئے حکمت حاصل کر سکتا ہے۔ وہ فیاضی کے ساتھ دیتا ہے، ایسا بالکل نہیں کہ وہ کنجوسی سے کام لیتا ہے کہیں ایسا نہ ہو کہ اس کے پاس حکمت کی کمی واقع نہ ہو جائے۔ جب ہم خدا سے حکمت مانگیں تو ہمیں یقین رکھنا ہو گا کہ وہ ہمیں آزمائشوں، اور دُکھوں کا سامنا کرنے کے لئے اپنے فہم اور بصیرت سے نوازے گا۔ وہ فیاضی سے ہم پر اپنی حکمت ہم پر نازل کرے گا۔

یہ بات بھی قابل غور ہے کہ وہ سب کو حکمت عطا کرتا ہے۔ یعنی ہر کوئی جو اس کے پاس آئے حکمت حاصل کر سکتا ہے۔ ممکن ہے کہ آپ بہت زیادہ ذہین و فطین شخص نہ ہوں

لیکن خدا آپ کو دُکھوں اور امتحانوں کا مقابلہ کرنے اور اُنہیں ایک مختلف پہلو سے دیکھنے کی حکمت عطا کر سکتا ہے۔ ہو سکتا ہے کہ اس دُنیا میں کوئی ایسی چیز نہ ہو جسے آپ اپنا کہہ سکیں لیکن یاد رکھیں پھر بھی آپ خدا کی حکمت اور اس کے فہم کو اپنی زندگی میں لے سکتے ہیں۔ اگر آپ کی زندگی میں حالات وواقعات ابتری کا شکار ہیں تو پھر بھی آپ بلا قیمت فیاضی کے ساتھ خدا کی حکمت کو حاصل کر سکتے ہیں۔ جو کوئی بھی مخلص دل اور صاف نیت سے خدا کے پاس حکمت کے حصول کے لئے آئے وہ اس حکمت کو حاصل کر سکتا ہے۔ اس سے کچھ فرق نہیں پڑتا کہ اس شخص کے موجودہ حالات کس نوعیت کے ہیں یا وہ کیسی صورتحال سے دوچار ہے۔

5 آیت میں یہ بات بھی قابلِ غور ہے کہ خدا بغیر تنقید کئے ہمیں فیاض دلی سے حکمت عطا کرتا ہے۔ جب میں اس بات پر غور کرتا ہوں تو یہ بات میرے لئے باعث برکت ہے۔ یہ بات میرے لئے بڑی حوصلہ افزائی کا باعث ہے۔ میں نے اپنی زندگی کے کئی ایک پہلوؤں میں بڑی حماقتیں کی ہیں۔ میں اپنی زندگی میں بالکل بھی کامل اور بے عیب نہیں۔ کئی ایک نقائص اور خامیاں موجود ہیں۔ کئی ایک سبق مجھے سیکھ جانے چاہئے تھے جو میں ابھی تک سیکھ نہیں پایا۔ جب میں خدا کے پاس اس صورتحال اور امتحان کا مقابلہ کرنے لئے حکمت حاصل کرنے کے لئے آتا ہوں تو وہ بغیر نقص نکالے مجھے حکمت عطا کر دیتا ہے تاکہ میں اس متعلقہ صورتحال کا سامنا کر سکوں۔ خدا مجھے یہ ملامت بھی نہیں کرتا کہ میں نے ماضی میں کس طرح اس کی عطا کردہ حکمت کا غلط استعمال کیا تھا۔ کسی بھی صورتحال کا سامنا کرنے کے لئے انسانی حکمت کی کمی کی بنا پر بھی خدا مجھے ملامت اور سرزنش نہیں کرتا۔ ایسا بالکل نہیں ہو سکتا کہ خدا مجھے کسی خاص صورتحال میں سے کچھ سکھانے کے لئے دُکھ میں سے گزارے اور اس مقصد کو دیکھنے کے لئے مجھے حکمت اور فہم عطا نہ کرے۔ جب آپ

خدا کے پاس حکمت کے حصول کے لئے آتے ہیں تو وہ آپ کی گزشتہ غلطیوں اور موجودہ خامیوں کو نظر انداز کرتے ہوئے آپ کو فیاضی کے ساتھ حکمت سے نوازدیتا ہے۔ خدا بغیر تنقید کے حکمت سے نوازدیتا ہے تاکہ ہم وہ بن سکیں جو وہ ہمیں بنانا چاہتا ہے۔

اگرچہ خدا کا مقصد اور ارادہ یہی ہے کہ ہمیں زندگی کے حالات و واقعات کا سامنا کرنے کے لئے حکمت سے نوازے تاہم اس حکمت کے حصول کے ساتھ ایک شرط منسلک ہے۔ چھٹی آیت بیان کرتی ہے کہ جب ہم خدا سے حکمت مانگیں تو پھر کچھ شک نہ کریں۔ بالفاظ دیگر ہمیں پورے ایمان اور اعتماد کے ساتھ اس کے پاس آنا چاہئے کہ وہ ہمیں حکمت سے نوازے گا جو مشکل حالات اور زندگی کے امتحانوں کا سامنا کرنے یا موجودہ صورتحال سے نکلنے کے لئے ہمیں درکار ہے۔ حکمت عطا کرنے کے لئے خدا کا وعدہ بڑا عام فہم اور سادہ ہے۔ یعقوب رسول بیان کرتا ہے کہ اگر کسی میں حکمت کی کمی ہو تو وہ خدا سے مانگے اور وہ اسے عطا کرے گا۔

ہم کس طرح خدا پر بھروسہ کرسکتے ہیں کہ وہ دُکھوں اور آزمائشوں کا سامنا کرنے کے لئے ہمیں حکمت سے نوازے گا؟ حکمت کے حصول کے لئے ہمیں خدا کی فرمانبرداری اور اُس پر توکل کرنا ہوگا۔ یہ حکمت کئی ایک ذریعوں اور وسائل سے ہم تک پہنچے گی۔ بعض اوقات خدا ہمیں کلامِ الٰہی کی گہری سمجھ بوجھ اور فہم و فراست عطا کرے گا اور کئی بار کچھ لوگ ہماری زندگی میں ہم سے ملیں گے جو موجودہ صورتحال کے لئے درکار حکمت اور فہم کو ہم سے بیان کریں گے۔ بعض اوقات خدا کا پاک روح ہمارے باطن میں کام کرتے ہوئے کسی خیال اور سوچ کو ہماری زندگی میں ایک تحریک کی صورت بنادے گا۔ جو حکمت خدا کی طرف سے ہمیں عطا ہوتی ہے، اس کے ساتھ ہم کیا کریں گے؟ جو کچھ خدا فرمائے گا ، کیا ہم اس پر بھروسہ کریں گے؟ کیا ہم اس سچائی کو قبول کرلیں گے جو وہ ہم تک پہنچائے

گا؟

شک حکمت کا دُشمن ہے۔ خدا تو ہم سے کلام کرتا اور ہماری رہنمائی بھی کرتا ہے لیکن شک کے باعث ہم قدم اٹھانے سے ہچکچاتے ہیں۔ انسانی حکمت آڑے آجاتی ہے اور ہم خدا کے کلام اور اس کے منصوبے کو شک کی نگاہ سے دیکھنا شروع کر دیتے ہیں۔ باغ عدن میں اماں حوّا کے ساتھ بھی تو کچھ ایسا ہی ہوا تھا جب دشمن ابلیس نے خدا کے کلام پر سوال اُٹھا دیا تھا۔ اماں حوا نے دشمن کی آواز پر کان لگایا تو اس کا نتیجہ گناہ اور بربادی کی صورت میں سامنے آیا۔

یعقوب رسول شک کرنے والوں کو سمندر کی اُن لہروں سے تشبیہ دیتا ہے جو ہوا کے زور سے اُچھلتی اور بہتی رہتی ہے اور اُن میں بالکل قیام اور ٹھہراؤ نہیں ہوتا۔ ایسے لوگ جو خدا کی اس حکمت پر شک کرتے ہیں جو خدا اپنے روح کے وسیلہ سے ہم پر منکشف کرتا، وہ انسانی حکمت کے زیرِ اثر زندگی بسر کرنے والے لوگ ہوتے ہیں۔ وہ انسانی جذبات اور خیالات کے دباؤ میں زندگی بسر کرنے والے لوگ ہوتے ہیں۔ ان کے خیالات، فیصلے اور سوچوں میں استقلال نہیں بلکہ ایک طوفان سا اُٹھتا رہتا ہے۔ کبھی کوئی فیصلہ اور کبھی کوئی حکمت عملی۔ شک کے باعث ایسے لوگ ایمان اور عمل میں مفلوج ہو جاتے ہیں اور کبھی کسی درست فیصلے پر نہیں پہنچ پاتے۔ ایسے لوگ ہمیشہ تذبذب کا شکار رہتے ہیں۔

خدا ایسے لوگوں کو حکمت دینے کے لئے تیار اور رضامند ہوتا ہے جو اس کو قبول کرنے اور اس کے مطابق عمل کرنے کے لئے تیار اور مستعد ہوتے ہیں۔ خدا ایسے لوگوں کو اپنی حکمت سے نہیں نوازتا جن کے پاس اس پر توکل کرنے کے لئے ایمان نہیں ہوتا۔ ایسا شخص کبھی حکمت حاصل نہیں کر پائے گا جس کے پاس خدا کی حکمت کے مطابق عملی قدم اُٹھانے کے لئے ایمان، توکل اور بھروسہ نہیں ہو گا۔

آگے بڑھتے ہوئے یعقوب ایسے لوگوں کا ذکر کرتا ہے جو دو خیالوں یا تذبذب کا شکار ہوتے ہیں۔ یعقوب بیان کرتا ہے کہ خدا کو اس سے نفرت ہے۔ دوہری ذہنیت یا تذبذب کا شکار خدا سے دعا کر کے حکمت حاصل کر بھی لے تو بھی وہ عملی قدم اُٹھانے میں بزدلی کا مظاہرہ کرتا ہے۔ وہ خدا کی طرف سے ملنے والی حکمت کی فرمانبرداری کرنے سے قاصر رہتا ہے۔ ایسا شخص اپنی انسانی حکمت کو خدا کے تابع کرنے یا اس سے دستبردار ہونے کے لئے تیار اور رضامند نہیں ہوتا۔ تذبذب کا شکار شخص خدا کی حکمت اور انسانی حکمت کے درمیان کشمکش اور اُلجھن کا شکار رہتا ہے۔ ایسا شخص خدا کی حکمت بھری آواز اور رہنمائی کو سن لیتا ہے لیکن انسانی حکمت اور دلیل درمیان میں آجاتی ہے اور وہ اس آواز اور رہنمائی کی تابعداری اور فرمانبرداری کرنے کے لئے عملی قدم اُٹھانے کی جرات ایمان، توکل اور بھروسے کی بنا پر نہیں کرپاتا۔

خدا کو ایسے شخص کی تلاش ہے جو موجودہ کٹھن اور ناگوار صورتحال سے نبرد آزما ہونے کے لئے اس سے حکمت کا متلاشی ہو۔ خدا ایسے شخص کو حکمت دینے کے لئے آج اور اسی وقت تیار ہے جو نہ صرف حکمت کا متلاشی ہو بلکہ اس کی حکمت اور رہنمائی کے مطابق تابعداری میں زندگی بسر کرنے کے لئے بھی تیار اور رضامند ہو۔ خدا فیاضی کے ساتھ ایسے لوگوں کو حکمت دینے کے لئے بخوشی اور رضا ہر وقت تیار رہتا ہے۔

چند غور طلب باتیں

☆۔ یہ کس قدر اور کیوں کر ضروری ہے کہ ہم اپنی آزمائشوں اور دُکھوں میں خدا کی حکمت کو حاصل کریں؟ ایسی صورتحال میں انسانی حکمت کیونکر کافی نہیں ہوتی؟

☆۔ خدا کس طرح اپنے لوگوں کو حکمت عطا کرتا ہے۔ اس کے تعلق سے ہم یہاں پر کیا

سیکھتے ہیں؟ خدا سے حکمت حاصل کرنے کی کیا شرط ہے؟

☆۔ شک کس طرح حکمت کا دشمن ہے؟ کیا آپ نے خدا کی حکمت اور اس کی رہنمائی پر کبھی شک کیا ہے؟

☆۔ خدا کی حکمت پر توکل اور بھروسہ کرنا کیوں کر ضروری ہے؟ کیا ہم خدا پر توکل اور بھروسہ کئے بغیر الٰہی حکمت کو حاصل کر پائیں گے؟

چند اہم دُعائیہ نکات

☆۔ خدا کی شکر گزاری کریں کہ وہ ہمیں زندگی کے دُکھوں اور امتحانوں کا سامنا کرنے کے لئے اپنی حکمت اور فہم سے نوازنے کے لئے تیار رہتا ہے۔

☆۔ خداوند سے دعا کریں کہ وہ ہر طرح کے شک کو ہمارے دل سے دُور کرے اور اپنے ایمان، اطمینان اور کامل بھروسے اور توکل کو اس شک کی جگہ پر رکھ دے۔ تا کہ ہم اس کے مقصد اور منصوبے پر مکمل بھروسہ اور یقین کر سکیں۔

☆۔ خداوند سے فضل مانگیں تا کہ آپ اپنی سوچوں، منصوبوں اور خیالوں کو ایک طرف رکھتے ہوئے، خدا پر مکمل بھروسہ اور یقین کر سکیں۔

باب 3

اپنے رُتبے پر فخر کریں

یعقوب 1 باب 9-11 آیت

بعض اوقات ہمیں اس لئے بھی امتحانوں اور آزمائشوں کا سامنا کرنا پڑتا ہے کیونکہ جن حالات و واقعات میں ہم زندگی بسر کر رہے ہوتے ہیں، ہم ان سے مطمئن ہو جاتے ہیں۔ جن کے پاس زیادہ نہیں ہوتا، وہ اور لینا چاہتے ہیں اور جن کے پاس کافی ہوتا ہے وہ اِس کے لئے خدا کی تعریف اور شکر گزاری کرنے میں ناکام رہتے ہیں۔ یعقوب خط کے اِس حصہ میں اسی موضوع پر بات کرتا ہے۔

9 آیت میں یعقوب ادنیٰ حالت میں زندگی بسر کرنے والے بھائی کی بات کرتا ہے۔ اس بھائی کے پاس زندگی میں بہت کچھ نہیں تھا۔ ہو سکتا ہے کہ اس کے پاس خاندانی ضروریات کے لئے بھی کافی وسائل نہ ہوں۔ شائد وہ کسی کا غلام ہو یا پھر بہت کم تنخواہ پر کہیں کام کرتا ہو۔ شاید علالت کے باعث وہ کہیں کام کرنے سے قاصر ہو۔ جن حالات یا دور میں یعقوب نے یہ خط لکھا، اس وقت بہت سے ایمانداروں کو اُن کے ایمان کی بنا پر ایذاہ رسانی کا سامنا تھا۔ کئی ایک وجوہات ہو سکتی ہیں جن کی بنا پر ایمانداروں کو بڑی عاجزانہ اور گزارے موافق زندگی گزارنی پڑ رہی ہو گی۔

یعقوب نے اپنے اس بھائی سے کہا کہ وہ اپنی ادنیٰ حالت پر فخر کرے۔ غور کریں کہ یعقوب یہاں پر ایک " بھائی " سے مخاطب ہے۔ یہی اندازہ ہے کہ یہ بھائی ایک مسیحی ہے۔ کس طرح ادنیٰ حالات میں زندگی بسر کرنے والا شخص اپنے اعلیٰ رتبے پر فخر کر سکتا ہے؟ دُنیا کی

نظر میں اس کا کوئی وقار اور مقام نہیں تھا۔ ہو سکتا ہے کہ اس دُنیا میں اسے وہ عزت اور احترام نہ ملتا ہو جس کا وہ مستحق ہو۔ لیکن خدا کا فرزند ہوتے ہوئے اُس کا واقعی ایک بلند رُتبہ اور مقام تھا۔ آئیں چند لمحات کے لئے اِس پر غور کریں۔

بہت سے ایماندار اس دنیا میں بڑی شان و شوکت کی زندگی نہیں بلکہ بڑے محدود وسائل کے ساتھ گزر بسر کرتے ہیں۔ لیکن آسمان پر ایسے لوگوں کے لئے خزانے جمع ہیں۔ ہو سکتا ہے کہ اُن کا گھر بھی بڑا سادہ ہو اور وہ اسے مزید بہتر بنانے کے لئے وسائل بھی نہ رکھتے ہوں۔ لیکن آسمان پر ایسے لوگوں کو عالیشان محلات ملیں گے جنہیں کبھی مرمت اور مزید بہتر بنانے کی ضرورت پیش نہیں آئے گی۔ ہو سکتا ہے کہ اُن کی جسمانی صحت بھی اچھی نہ ہو اور انہیں صحت کے مسائل کا سامنا ہو۔ لیکن جب ایسے لوگ آسمان پر جائیں گے تو اُنہیں کسی دُکھ درد اور صحت کے مسائل کا بالکل بھی سامنا نہیں کرنا پڑے گا۔ ہو سکتا ہے کہ اُنہیں اس دُنیا میں رد کر دیا جائے اور زندگی اُن کے لئے دُکھوں سے بھری ہو، تاہم خدا کے حضور وہ بڑی محبت سے قبول کئے جائیں گے۔ ہو سکتا ہے کہ ان کی زندگی دُکھوں اور مسائل سے دو چار ہو لیکن بہت جلد وہ آسمانی دروازوں سے گزرتے ہوئے خدا کی حضوری میں پہنچ جائیں گے جہاں ان کی آنکھوں سے آنسو نہیں نکلیں گے۔ یعقوب ادنیٰ حالت میں زندگی گزارنے والے ایمانداروں کو حوصلہ دیتا اور اُنہیں اس بات کے لئے اُبھارتا ہے کہ وہ غور کریں کہ مسیح یسوع میں وہ کس قدر دولت مند ہیں۔ خدا نے تمام ایمانداروں کے لئے آسمان پر ایک میراث رکھی ہوئی ہے۔ ایسی شاندار میراث کہ اس دُنیا کا امیر ترین شخص بھی اسے دیکھ کر دنگ رہ جائے۔

اس اعلیٰ مقام کا تعلق صرف مستقبل سے نہیں ہے۔ بلکہ یہ تو ایک ایسی چیز ہے جو اب بھی ایمانداروں کے پاس موجود ہے۔ ادنیٰ حالت میں زندگی بسر کرنے والا شخص خدا کا فرزند

ہے۔ اس کا باپ خالق اور سب چیزوں کا خداوند ہے۔ اسے اپنی زندگی میں خدا کے پاک روح کی حضوری کا تجربہ ہوتا ہے۔ اسے اس دُنیا میں خداوند کی نمائندگی کرنے کے لئے بلایا گیا ہے۔ وہ قادرِ مطلق خدا کی قوت اور قدرت میں زندگی بسر کرتا ہے۔ خدا نے اسے مسلح اور زور آور بنایا ہوتا ہے تاکہ وہ دشمن کا مقابلہ کر سکے۔ اسے خدا کی آواز سننے کے لئے کان اور سچائی کو دیکھنے کے لئے آنکھیں بھی ملی ہوتی ہے۔ خدا کے پاک روح کی طرف سے اُس کے ذہن اور عقل کی تجدید بھی ہوگئی ہوتی ہے۔ خدا کا پاک روح ادنیٰ بھائی کی زندگی میں بھی اپنے پھل پیدا کر رہا ہوتا ہے۔ اس وقت یہ برکات اور اُس کے علاوہ مزید برکات بھی اس کے پاس ہوتی ہیں۔ یعقوب مالی اور جسمانی ادنیٰ حالات میں زندگی بسر کرنے والے بھائی کی حوصلہ افزائی کرتے ہوئے اس کا دھیان اور توجہ مسیح یسوع میں اس کی دولتمندی اور اعلیٰ رُتبے اور مقام پر لگاتا ہے۔

یہ کہنے کے بعد، ہمیں اس سچائی کے مزید ایک اطلاق پر توجہ دینے کی ضرورت ہے۔ کتنی ہی بار ہم لوگوں کی جانچ پرکھ اُن کی موجودہ مالی اور جسمانی حالت کی بنا پر کرتے ہیں؟ ہو سکتا ہے کہ ہم کسی شخص کو میلے کپڑوں میں دیکھ کر اندازہ لگائیں کہ وہ ساتھ ہی بیٹھے ہوئے شخص سے ادنیٰ اور معمولی شخص ہے جس نے نفیس لباس زیبِ تن کیا ہوا ہے۔ ہو سکتا ہے کہ اس بنا پر ہمارا روّیہ اور سلوک بھی اس شخص کے ساتھ اچھا نہ ہو۔ لیکن خدا کسی معمولی لباس زیب تن کئے ہوئے شخص کو اس طرح سے نہیں دیکھتا۔ خدا دل پر نظر کرتا ہے نہ کہ ظاہری حالت پر۔ (1 سموئیل 16 باب 7 آیت) کسی بھی شخص کا نفیس لباس اور اُس کے بنک میں موجود پیسے خدا کے نزدیک کوئی اہمیت نہیں رکھتے۔ ہو سکتا ہے کہ وہ شخص خدا کے ساتھ اپنے رشتہ کی بنا پر بہت امیر اور دولتمند ہو۔

اگر آپ ایسے ایماندار بھائی یا بہن ہیں جس کے پاس زیادہ مال و دولت نہیں اور آپ ادنیٰ

حالات میں زندگی بسر کر رہے ہیں تو اپنی نظریں جسمانی اور دُنیوی چیزوں سے اُٹھا کر خداوند پر لگائیں اور دیکھیں کہ آپ خداوند یسوع مسیح پر اپنے ایمان کی بنا پر کس قدر دولتمند ہیں۔ خداوند یسوع مسیح میں جو برکات آپ کی ہو چکی ہیں ان پر توجہ کریں۔ خداوند یسوع مسیح میں جو آپ کا وقار اور مقام ہے اُس پر نظر کریں۔ یاد رکھیں ے کہ آپ خدا کے فرزند / بیٹی ہیں۔ اس سچائی سے برکت پائیں، یہ حقیقت آپ کے حوصلوں کو تقویت دے۔ (کلسیوں 3 باب 1-4 آیت)

10 آیت میں یعقوب رسول اپنی توجہ بھائی کی ادنیٰ حالت سے اُٹھا کر دولتمند شخص پر لگاتا ہے۔ اس کے لئے کسی بھی مزید وضاحت کی ضرورت نہیں پڑتی۔ ظاہری بات ہے کہ ایسے شخص کے پاس ضروریات زندگی کی تمام چیزیں دستیاب ہوتی ہیں۔ اس کے خاندان کے پاس بھی آسائش زندگی کی تمام سہولیات اور مراعات موجود ہوتی ہیں۔ دُنیا کا مال و متاع اس کے پاس ہوتا ہے۔ یعقوب امیر شخص کے سامنے یہ چیلنج رکھتا ہے کہ وہ اپنی ادنیٰ حالت پر غور کرے۔ ہمیں یہاں پر غور کرنے کی ضرورت ہے کہ یعقوب رسول یہاں پر کیا بیان کر رہا ہے۔

یعقوب رسول دولتمند بھائی کو یاد کراتا ہے کہ اس کی عمر جنگلی پھول کی طرح جاتی رہے گی۔ وہ اُسے یاد کراتا ہے کہ اگرچہ جنگلی پھول خوبصورت ہوتا ہے تاہم، اُس کی خوشبو چند لمحات کے لئے ہوتی ہے۔ جب سورج نکلتا ہے اور تپش بڑھتی ہے، اس کی پتیاں گرنا شروع ہو جاتی ہیں۔ اُس کی خوبصورتی دھیرے دھیرے ماند پڑنا شروع ہو جاتی ہے۔ ایک دولتمند شخص کو اپنی زندگی کی ناپائیداری پر اسی طرح سے غور کرنا چاہئے۔ اسے یاد کرانے کی ضرورت ہے کہ جو کچھ اس کے پاس ہے، چند لمحات میں اس سے واپس لیا جا سکتا ہے۔ اس نے کتنا عرصہ زندہ رہنا اور جمع شدہ دولت سے لطف اندوز ہونا ہے، اس کے بارے میں

اس کے پاس کوئی اختیار نہیں۔ لمحہ بھر میں، اُس کی زندگی کا چراغ گل ہو سکتا ہے۔ جمع شدہ مال و متاع بالاخر جاتا رہے گا۔ بہت جلد بڑھاپا چھا جائے گا۔ پھر جمع شدہ دولت سے لطف اور آسائش بھی باقی نہ رہے گی۔ اور پھر ایک دن اسے پاک خدا کے سامنے حاضر ہونا پڑے گا۔ اس کے پاس اس دُنیا میں اچھا لباس، بہت بڑا بنک اکاؤنٹ موجود تھا، خدا کو اس میں کوئی دلچسپی نہ ہو گی۔ اس روز ان سب چیزوں کی کوئی قدر و قیمت نہ ہو گی۔ اسے ادنیٰ حالات میں زندگی بسر کرنے والے شخص کے ساتھ ہی کھڑا ہونا پڑے گا۔ وہ دونوں اکٹھے ہی خدا کی حضوری میں داخل ہوں گے۔ وہ اپنی دولت سے آسمانی مقاموں میں اچھا محل خرید نہ پائے گا۔

دولتمند بھائی خود کو یاد دلائے کہ وہ خدا کے حضور کیا حیثیت اور مقام رکھتا ہے۔ ضرورت ہے کہ وہ خود کو یہ احساس دلائے کہ اُس کی دولت کی بنا پر اُسے خدا کے دل میں بڑا مقام حاصل نہ ہو گا۔ اسے یاد رکھنا چاہیئے کہ اُس کی ساری دولت ایک دن ختم ہو جائے گی۔ جو کچھ اس نے جمع کر رکھا ہے، اس سے لے لیا جائے گا اور وہ خدا کے سامنے اپنی باطنی برہنہ حالت میں کھڑا ہو گا۔ اُس علیم الخبیر یہواہ خدا کے حضور جو دلوں اور خیالوں کو جانچتا پرکھتا اور اُن کی عدالت کرتا ہے۔

خدا کے نزدیک امیر غریب میں کوئی فرق نہیں ہے۔ خدا دل پر نظر کرتا اور ظاہری چیزوں سے آگے دل کی گہرائی میں چھپے محرکات اور ارادے بھی پرکھ لیتا ہے۔ خدا کے فرزند ہوتے ہوئے، لازم ہے کہ ہم بھی لوگوں کو اسی طرح سے دیکھیں جس طرح خدا ان پر نظر کرتا ہے۔ ادنیٰ حالات میں زندگی بسر کرنے والے شخص کے لئے یہ آزمائش ہو گی کہ وہ دولتمند کے سامنے خود کو حقیر اور بے وجود سمجھے۔ اس بھائی کو ضرورت ہے کہ وہ مسیح یسوع میں حاصل شدہ اپنے مقام اور وقار کو مدِ نظر رکھے۔ اسی طرح دولتمند کے لئے یہ

آزمائش ہوگی کہ وہ اس ادنیٰ حالت والے بھائی کے مقابلہ میں خود کو اعلیٰ اور بہتر سمجھے۔ اسے یہ احساس ہونا چاہیے کہ اس کی دولت پرندے کی طرح پر لگا کر اُڑ جائے گی۔ اور وہ اپنی دولت سے خدا کو متاثر نہ کر پائے گا۔ ہمارا طرز فکر اور سوچ خدا جیسی ہونی چاہیے۔ نہ ہی ہم احساسِ کمتری اور نہ ہی احساسِ برتری کا شکار ہوں۔ خدا کرے کہ ہم اپنی زندگی میں ایسا توازن اور اعتدال قائم کر سکیں۔

چند غور طلب باتیں

☆۔ ایک غریب ایماندار کو کس بات پر خوش ہونا چاہیے؟

☆۔ ایک دولتمند کو کیونکر خود کو عاجز اور حلیم بنانا چاہیے؟

☆۔ آپ ان دونوں میں سے کس کی مانند ہیں؟ یہ حوالہ آپ کے سامنے کیا چیلنج رکھتا ہے؟

☆۔ یہ کیوں کر اہم ہے کہ ہم مسیح میں ایک متوازن طرزِ فکر اپنائیں؟ اگر ہم ضرورت سے زیادہ خود کو سمجھنا شروع کر دیں تو پھر کیا ہوتا ہے؟ اور اگر ہماری سوچ بہت زیادہ احساسِ کمتری پر مبنی ہو تو پھر کیا ہوتا ہے؟

چند اہم دُعائیہ نکات

☆۔ خداوند کی شکر گزاری کریں کہ آپ کی جسمانی یا مالی حالت جیسی بھی ہے، خدا آپ سے پیار کرتا ہے۔ اس کی شکر گزاری کریں کہ آپ اس کے فرزند / بیٹی ہیں۔

☆۔ خداوند سے کہیں کہ وہ ہر روز اور ہر ایک چیز میں آپ کو اس (خدا) کی ضرورت کا احساس دلاتا رہے۔

☆۔ خداوند کی شکر گزاری کریں کہ آج جو کچھ بھی آپ کے پاس ہے، اس کی عنائت اور مہربانی سے ہے۔ جو کچھ آپ کے پاس ہے، سب کچھ خدا کے سپرد کرنے کے لئے دعا میں چند لمحات گزاریں۔ خداوند سے دُعا کریں کہ وہ اپنی بادشاہی کی وُسعت کے لئے وہ سب کچھ استعمال کرے جو اُس کی طرف سے آپ کو ملا ہوا ہے۔

باب 4

4۔ آزمائش، گناہ اور اچھی نعمتیں

یعقوب 1 باب 12 تا 18 آیت

پہلے باب میں ہم نے ان مسائل، امتحانوں اور آزمائشوں کی بات کی جو ایماندار ہوتے ہوئے ہماری زندگی میں آتے ہیں۔ اگرچہ خدا تو ان سب چیزوں کو اپنے جلال اور ہماری بھلائی کے لئے استعمال کرنا چاہتا ہے، تاہم، دُشمن ان سب چیزوں کو ہمیں سچائی اور روحانی پختگی سے دور لے جانے کے لئے استعمال کرنے کا خواہشمند ہے۔ ایماندار ہوتے ہوئے ہماری بلاہٹ یہی ہے کہ ہم دُکھ اٹھائیں اور خدا کی عطا کردہ حکمت سے انہیں خدا کے ہاتھوں میں استعمال ہونے دیں تاکہ ہم اور زیادہ اُس کی قربت اور نزدیکی حاصل کر سکیں۔ ان آیات میں یعقوب اپنے قارئین کو یاد دہانی کراتا ہے کہ ان آزمائشوں اور دُکھوں میں ثابت قدم اور قائم رہنے میں برکت پائی جاتی ہے۔

خداوند یسوع مسیح نے تعلیم دی کہ اُس کے نام کی خاطر دُکھ اٹھانے والوں کے لئے برکت ہے۔ متی 5 باب 11 اور 12 آیت میں ہم اس طرح سے پڑھتے ہیں۔

"جب میرے سبب سے لوگ تُم کو لعن کریں گے اور ستائیں گے اور ہر طرح کی بُری باتیں تُمہاری نسبت ناحق کہیں گے تو تُم مبارک ہو گے۔ خوشی کرنا اور نہایت شادمان ہونا کیونکہ آسمان پر تُمہارا اَجر بڑا ہے اِس لئے کہ لوگوں نے اُن نبیوں کو بھی جو تُم سے پہلے تھے اِسی طرح ستایا تھا۔"

جن مسائل اور مشکلات سے ہم گزر رہے ہیں، خدا ان سے واقف ہے۔ اس کے نام کی

خاطر ایذاہ رسانی اور دُکھوں کے حالات میں ثابت قدم رہنے پر ہم اس کی طرف سے اَجر پائیں گے۔ ہمیشہ زمین پر ہی ہر ایک اَجر نہیں مل جاتا۔ لیکن ہمیں پر یقین ہونا چاہیئے کہ ہمارا خدا اپنے کلام کو پورا کرے گا اور آنے والے وقت میں ہمیں برکات اور اَجر سے نوازے گا۔

دکھوں کی حالت میں ثابت قدم رہنے کا اجر صرف آسمان پر ہی نہیں ملتا۔ بلکہ خدا اپنے متلاشیوں کو اپنی قربت میں لے آتا ہے۔ کیونکہ ہم عاجزی سے اس کے نام کی خاطر دُکھ اٹھانے کے لئے رضا مند ہوتے ہیں۔ یہی امتحان اور آزمائش ہمیں درجہ بدرجہ اُس کی قربت میں لے جاتی ہیں۔ جس طرح ایک قیمتی دھات بھٹی سے گزر کر صاف اور شفاف ہو جاتی ہے، اسی طرح ہماری روحانی آلودگی بھی دُکھوں سے جلتی اور ختم ہوتی رہتی ہے۔ اور یوں مشکلات کی تند و تیز ہوائیں اور طوفانوں کے تھپیڑے ہمیں نکھارتے اور سنوارتے رہتے ہیں۔ مشکلات، دُکھوں اور حالات کی تنگی اور کشیدگی سے کبھی دل برداشتہ نہ ہوں۔ بلکہ ہماری کمریں کسی رہیں، حوصلے جوان اور اُمیدیں بلند رہنی چاہیئے۔ کیونکہ دُکھوں اور مشکلات سے گزرتے ہوئے ہم اُس کی قربت اور رفاقت میں مضبوط ہوتے رہتے ہیں۔ ہمارے لئے ثابت قدمی کا اَجر بہت قریب ہے۔ ہمیں اس اُمید میں زندہ اور ثابت قدم رہنا ہے۔

یعقوب رسول 12 آیت میں زندگی کے تاج کے بارے میں بیان کرتا ہے جو ان کا منتظر ہے جو آزمائشوں اور امتحانوں میں ثابت قدم اور قائم رہتے ہیں۔ ہم اس سے سونے یا قیمتی موتیوں اور جواہرات سے سجا اور بنا ہوا تاج نہ سمجھیں جسے ہم تمام ابدیت پہنے رہیں گے۔ ہمیں اُس اَجر کے بارے میں کچھ بتایا نہیں گیا۔ بعض مفسرین زندگی کے تاج سے مُراد ابدی زندگی لیتے ہیں جو ہمیں خدا کی حضوری میں حاصل ہوگی۔ بعض خدام اسے زندگی کی

آزمائشوں پر غالب آ کر ثابت قدم رہنے کا ایک خصوصی اجر سمجھتے ہیں۔

اس زندگی میں، بہت سی مشکلات اور آزمائشیں آئیں گی۔ امتحان اور آزمائش میں فرق پایا جاتا ہے۔ امتحان کئی ایک صورتوں میں آسکتے ہیں۔ ہو سکتا ہے کہ یہ امتحان، بیماری، ایذاہ رسانی یا کسی اور مشکل کی صورت میں ہمارے سامنے آئیں۔ ہمیں رد کر دیا جائے۔ ہماری تضحیک کی جائے، ہمارا تمسخر اڑایا جائے یا پھر ہمارے تعلق سے جھوٹی اور من گھڑت باتیں کہیں جائیں۔ خدا امتحان کی اُن گھڑیوں میں ہمارے ساتھ رہے گا اور ہمیں اور زیادہ اپنی قربت میں لے آئے گا۔ اِس کے برعکس، آزمائش دشمن کی ایک کاوش یا اس کی ایک آواز ہوتی ہے جو ہمارے گناہ آلودہ جسم میں پیدا ہوتی ہے۔ اس کا مقصد ہمیں خدا سے دُور لے جانا اور اس کے مقصد کو ہماری زندگی سے ختم کرنا ہوتا ہے۔ اگر امتحان اپنے مقصد کی تکمیل تک پہنچیں، تو ہم مضبوط ہو جاتے اور خداوند کی خدمت کے لئے اور بھی زیادہ زور آور اور مسلح ہو جاتے ہیں۔ اس کے برعکس آزمائش پایہ تکمیل تک پہنچ جائے تو پھر وہ ہمیں خدا کی نافرمانی پر مجبور کر دیتی اور اُس کی حضوری سے دُور لے جاتی ہے۔

ایماندار ہوتے ہوئے ہمیں اس زمینی زندگی میں آزمائشوں کے ساتھ ساتھ دُکھوں اور امتحانوں کا بھی سامنا کرنا ہو گا۔ خدا امتحانوں کو ہماری بھلائی اور بہتری کے لئے استعمال کر سکتا ہے۔ ہو سکتا ہے کہ وہ ہمیں صاف اور شفاف بنانے، ہمیں نکھارنے اور سنوارنے کے لئے ہماری زندگی میں دُکھ بھیجے۔ یعقوب رسول ہمیں یاد کراتا ہے کہ خدا ہمیں کبھی بھی گناہ اور بدی سے نہیں آزماتا۔ (13 آیت) ہو سکتا ہے کہ خدا ہمیں کسی ناگوار صورتحال سے دوچار ہونے دے، لیکن وہ کبھی بھی ہمیں گناہ کرنے کے لئے نہیں کہے گا۔ جہاں کہیں زندگی میں ایسی آزمائش دکھائی دے جو آپ کو خدا اور اس کے مقصد سے باہر

لے جاسکتی ہو تو اس جگہ اور صورتحال سے فوری طور پر باہر آ جائیں۔ اگرچہ ہمیں امتحانوں میں ثابت قدم اور قائم رہنا ہے۔ لیکن آزمائشوں سے دُور بھاگنا ہے

بہت سے لوگ آزمائش اور امتحان میں فرق نہیں کرتے، ہم دُکھوں سے دُور بھاگنا اور اپنی آزمائشوں کی صفائی پیش کرنا چاہتے ہیں۔ جب ہم دُکھوں اور امتحانوں سے دور بھاگتے ہیں، تو پھر ہماری تربیت کا عمل ادھورا جاتا ہے۔ اگر ہم کہیں کہ خدا ہماری آزمائش کر رہا ہے۔ تو پھر ہم آزمائش سے دُور نہیں بھاگیں گے۔ یعقوب رسول ہمیں یہ بتا رہا ہے کہ خدا کبھی بھی ہمیں گناہ اور بدی سے نہیں آزماتا۔ اگر بدی کرنے کی رغبت آپ کو آ دبائے، تو سمجھ لیں کہ یہ خدا کی طرف سے نہیں ہے۔ خدا کی تو یہ خواہش اور اُس کے دل کی یہ لالسا ہے کہ ہم پاک، خالص اور بے عیب زندگی بسر کریں۔

یعقوب 15 آیت میں بیان کرتا ہے کہ اگر ہم جسم کی گندی اور ناپاک باتیں سنیں، اور ان خواہشات پر دھیان لگائیں، تو اس کے نتیجہ میں گناہ ہی پیدا ہوگا۔ جسم خدا کا متلاشی نہیں ہوتا۔ اور نہ ہی یہ خدا کی راہوں میں کوئی دلچسپی رکھتا ہے۔ جسم کی خواہشیں، خدا کی مرضی اور ارادے سے تضاد رکھتی ہیں۔

اگر ہم ان گناہ آلودہ خیالات، روّیوں اور اعمال و افعال کو اپنی زندگی میں بڑھنے کا موقع دیں، اس کا نتیجہ موت کی صورت میں نکلے گا۔ اگرچہ ایک لحاظ سے گناہ جسمانی موت پیدا کرتا ہے، لیکن اور بھی قابلِ غور بات یہ ہے کہ گناہ سے روحانی موت واقع ہوتی ہے۔ روحانی موت کا مطلب، خدا سے جدائی ہے۔ جی ہاں موت ہی گناہ کا پھل ہے۔ گناہ ہمیں خدا کی رفاقت سے دُور لے جاتا ہے۔

یعقوب اپنے قارئین کو فریب کھا جانے کے تعلق سے بھی آگاہ کرتا ہے، اس لحاظ سے اُنہیں جسمانی سوچ سے دھوکہ کھانے سے آگاہ اور خبر دار رہنا تھا کہ خدا نے اُن کی زندگی

میں آزمائش بھیجی ہے۔ اور خدا گناہ کے وسیلہ سے اُنہیں آزما رہا ہے۔ خدا گناہ سے نہیں آزماتا بلکہ گناہ کی عدالت کرتا ہے۔ ضرورت تھی کہ وہ آزمائش اور گناہ کے درمیان فرق کو سمجھتے ، کیونکہ امتحانوں اور دُکھوں کو خدا ہماری بہتری کے لئے جبکہ آزمائش کو شیطان ہماری تباہی اور بربادی کے لئے استعمال کرتا ہے۔

یعقوب ہمیں یاد کراتا ہے کہ ہماری زندگی کے لئے خدا کے منصوبے بہتری، ہماری بھلائی اور تعمیر و ترقی کے ہیں۔ ہمیں اس اہم اصول کو یاد رکھنا ہو گا۔ جو کچھ خدا کی طرف سے ہوتا ہے، وہ اچھا ، بھلا اور کامل ہوتا ہے۔ اور اس کو قبول کرنے سے ہم تابعداری اور فرمانبرداری کی راہ پر گامزن ہوں گے۔ اس سے ہماری زندگی میں پاکیزگی اور شفافیت آئے گی۔ اس کا ہر گز یہ مطلب نہ لیا جائے کہ جو کچھ خدا ہماری زندگی میں کرتا ہے وہ ہمیشہ آسان اور سہل ہو گا۔ بعض اوقات مشکل حالات اور کٹھن صورتحال کے وسیلہ سے ہی خدا ہماری زندگی میں کام کرتا ہے۔ تاہم جو کچھ خدا ہماری زندگی میں کرتا ہے وہ ہمارے لئے مزید پاکیزگی اور پختگی کا باعث ہو گا۔ اگر آپ یہ معلوم کرنا چاہتے ہیں کہ جس صورتحال یا حالات کا آپ کو سامنا ہے، آیا وہ خدا کی طرف سے ہے تو پھر اس کے لئے خود سے یہ پوچھیں، آیا یہ صورتحال اور حالات و واقعات آپ کی روحانی تعمیر و ترقی اور مضبوطی کا باعث ہیں اور آپ خدا میں مزید مضبوط اور پختہ ہوتے جا رہے ہیں؟ کیا یہ امتحان آپ کی زندگی میں گہری پاکیزگی اور خدا پر توکل اور بھروسہ کرنا سکھا رہا ہے؟ یا پھر گناہ اور بدی کی طرف لے جا رہا ہے؟ جو کچھ خدا کی طرف سے ہو گا، اس کے باعث ہماری روحانی ترقی ہو گی۔ جو کچھ خدا کی طرف سے ہو گا، وہ ہماری مضبوطی اور خدا کے ساتھ قربت اور رفاقت کا باعث ہو گا۔ کیونکہ خدا کا مقصد اور ارادہ یہی ہوتا ہے کہ ہمیں اپنے ساتھ چلنے کے لئے اور زیادہ دلیر اور مضبوط بنائے۔

17 آیت میں ہمیں یاد کرایا گیا ہے کہ خدا آسمانی نوروں کا باپ ہے۔ روشنی سے مراد پاکیزگی اور شفافیت ہے۔ نوروں کا باپ ہوتے ہوئے، اس میں رتی بھر بھی تاریکی نہیں ہے۔ نہ ہی خدا پر گناہ اور بدی کا الزام لگایا جاسکتا ہے۔ جو کچھ بھی وہ کرتا ہے، پاک اور کامل ہوتا ہے۔ وہ لاتبدیل خدا ہے۔ ہم اس پر ایک پاک اور کامل خدا کے طور پر بھروسہ کر سکتے ہیں۔ جو کچھ وہ ہماری زندگی میں بھیجتا ہے، ہم بلا جھجک اسے قبول کر سکتے ہیں کیونکہ وہ ہماری بھلائی اور ترقی کا باعث ہو گا۔

18 آیت میں، یعقوب رسول اس بات کو واضح کرتا ہے کہ کاملیت کا خدا جو نوروں کا باپ ہے، اسی نے ہمیں چنا اور اپنے خاندان میں نیا جنم دیا ہے۔ یہاں پر نئے جنم سے مراد روحانی پیدائش ہے۔ ابدی زندگی خدا کی رحمت سے ہی ہم سب کو ملی ہے۔ خدا ہمارا باپ ہے، اور ہم اس کے بچے ہیں، وہ ہم سے پیار کرتا ہے۔ وہ ہمارا خیال رکھتا اور ہمیں برکت دینے کا چناؤ کرتا ہے۔

غور کریں، ہمیں روحانی پیدائش کلام کی سچائی کے وسیلہ سے ملی ہے۔ یہ خوشخبری کا کلام تھا۔ اسی کلام کے وسیلہ سے جو نجات دہندہ نے ہم سے کیا، ہمیں گناہوں کی معافی ملی۔ جب ہم نے خدا کے کلام کو اپنی زندگی میں قبول کیا۔ ہم خدا کے خاندان میں شریک ہو گئے۔

خدا یہی چاہتا ہے کہ ہم تیار فصل کا پہلا پھل ہوں۔ پہلے پھل پکے ہوئے، تیار شدہ اور بہترین پھل ہوتے تھے جو خدا کے حضور پیش کئے جاتے تھے۔(خروج 23 باب 19 آیت) جی ہاں، ہم خدا کے حضور پہلے پھل ہیں۔ ہم مسیح کے صلیبی کام کے وسیلہ سے خدا کے حضور پہلے کے طور پر پیش کئے گئے ہیں۔ ہمیں خدا کے حضور مخصوص کیا گیا ہے۔ ہم خدا کی نئی تخلیق کا پہلا ثبوت ہیں۔(2 پطرس 3 باب 10-13 آیت)

ہمیں یہاں پر یہ دیکھنے کی ضرورت ہے کہ روحانی باپ ہوتے ہوئے، خدا کی یہی خواہش ہے کہ وہ ہمارا خیال رکھے، ہماری ضروریات کو پورا کرے اور اس کے ساتھ ہمیں اپنی قربت اور رفاقت میں بڑھاتا چلا جائے۔ وہ ہمیں پاک اور صاف کرنا چاہتا ہے۔ پاکیزگی اور صفائی کا یہ عمل آسان نہ ہوگا۔ لیکن یہ برکت کا باعث ضرور ہوتا ہے۔ خدا امتحانوں اور مشکل حالات کو ہماری ترقی اور مضبوطی کے لئے استعمال کرتا ہے لیکن کبھی بھی ہمیں گناہ کے وسیلہ سے آزماتا نہیں ہے۔ ہمیں گناہ کی آزمائش جو ابلیس کی طرف سے ہماری بربادی کے لئے آتی ہے اور امتحان کے درمیان فرق کو سمجھنا ہوگا جو خدا کی طرف سے ہماری بہتری، بھلائی اور تعمیر و ترقی کے پیشِ نظر خدا کی طرف سے آتا ہے۔

چند غور طلب باتیں

☆۔ امتحان کے وسیلہ سے کون سی برکت ملتی ہے؟

☆۔ کیا آپ نے کبھی اس بات کا تجربہ کیا ہے کہ خدا کسی دُکھ کو آپ کی تعمیر و ترقی، پختگی اور مضبوطی کے لئے استعمال کر سکتا ہے؟ وضاحت کریں۔

☆۔ کس طرح ثابت قدمی اور استقلال ہمارے حقیقی ایمان کی پرکھ کرتی ہے؟

☆۔ آزمائش اور دُکھ بھرے امتحان کے درمیان کیا فرق پایا جاتا ہے؟

☆۔ امتحان کے تعلق سے ہمارا طرزِ عمل کیا ہوتا ہے؟ آزمائش کے تعلق سے ہمیں کیسا روّیہ اختیار کرنا چاہئے؟

چند اہم دُعائیہ نکات

☆۔ خدا کی شکر گزاری کریں کہ وہ ہماری بہتری اور بھلائی کے منصوبے رکھتا ہے۔

☆۔ خداوند کی شکر گزاری کریں کہ نوروں کا باپ ہوتے ہوئے اس میں ذرا بھی ترقی نہیں ہے، اس میں کوئی گناہ اور بدی نہیں ہے۔

اس کی شکر گزاری کریں کہ وہ کامل طور پر قابل بھروسہ ہے۔

☆۔ ثابت قدم رہنے کے لئے خدا کی طرف سے اور بھی مضبوطی مانگیں۔ تاکہ آپ آزمائشوں اور امتحانوں کے طوفانوں میں ثابت قدم رہ سکیں۔

☆۔ خدا سے فضل مانگیں تاکہ آپ آزمائشوں سے دُور بھاگ سکیں۔

باب 5

خدا کے کلام کا آئینہ

یعقوب 1 باب 19 تا 25 آیت

گزشتہ باب میں ہم نے زندگی میں آنے والے امتحانوں اور آزمائشوں کے درمیان فرق پر بات کی تھی۔ یعقوب رسول اپنے قارئین کو اس بات کے لئے اُبھارتا ہے کہ دُکھوں اور امتحان کی گھڑی میں وہ بے دل نہ ہوں بلکہ صبر سے اُن کو برداشت کریں تا کہ وہ خداوند کے ساتھ چلنے کے لئے اور بھی زیادہ پختہ اور مضبوط ہو جائیں۔ وہ اس بات کو بھی بیان کرتا ہے کہ دُکھ اور امتحان ایک چیز لیکن آزمائش بالکل الگ اور مختلف چیز ہے۔ آزمائشوں کا مقصد ہمیں اور بھی زیادہ خداوند اور اُس کے مقصد کے قریب لے کر آنا ہوتا ہے۔ اس لئے دُکھ اور امتحان کی گھڑی میں صبر سے کام لیکن جبکہ آزمائشوں سے دُور بھاگیں۔

19 آیت میں مصنف اپنے قارئین کو سننے میں تیز اور قہر کرنے میں دھیما ہونے کی بھی تلقین کرتا ہے۔ کتنی ہی بار ہم دوسرے شخص کی بات اور اُس کا مدعا سننے سے پہلے ہی برہم ہو جاتے ہیں۔ ہو سکتا ہے کہ جو شخص آپ کو نظر انداز کرتا ہو امحسوس ہو رہا ہے، اس کی اپنی کچھ مجبوریاں اور حالات ایسے ہوں کہ وہ چاہتے ہوئے بھی آپ پر توجہ نہ دے سکے۔ یہ بھی ممکن ہے کہ دوسرے شخص کے ارادے اور نصب العین کو سمجھنے میں آپ ناکام رہے ہوں۔ بہت سے زیادہ اختلافات محض دوسروں کی پوری بات سننے اور سمجھنے سے ختم ہو سکتے ہیں۔ عین ممکن ہے کہ کسی کی بات سننے سے ہمارا طرزِ فکر یکسر بدل جائے اور ہم کسی پر برہم ہونے کی بجائے اس شخص کے لئے اظہارِ ہمدردی اور حوصلہ افزائی کرنے کی

ضرورت محسوس کریں۔ ہو سکتا ہے کہ ہم مزید صبر و تحمل کا رویہ اپنانے کے لئے تیار ہو جائیں۔ یاد رکھیں دوسروں کی بات توجہ اور مکمل طور پر سننے اور سمجھنے سے ہم بہت سے اختلافات سے بچ سکتے ہیں۔

20 آیت میں یعقوب رسول لکھتا ہے کہ انسانی غصہ دینداری کا پھل پیدا نہیں کرتا۔ غصہ بہت سی برائیوں کی جڑ ہے۔ جب غصے کو اپنا پھل پیدا کرنے کا موقع دیا جاتا ہے تو ہماری زندگی میں بربادی اور تباہی آنا شروع ہو جاتی ہے۔ انسانی غصہ گہرے جذباتی زخم نہ صرف ہماری زندگی میں بلکہ ہمارے دوست احباب، خاندانوں اور عزیز و اقارب میں بھی پیدا کرتا ہے۔ صرف یہی نہیں غصہ کلیسیاؤں پر بھی اثر انداز ہوتا ہے۔ غصے کی حالت میں ہوش وحواس پر قابو رکھیں اور عقلمندی سے کام لیں۔ یعقوب رسول ہمیں یہی تلقین کر رہا ہے کہ ہم غصے میں آنے سے پہلے دوسروں کی بات غور سے سن لیا کریں۔

یاد رہے کہ یعقوب یہ خط ان لوگوں کو سامنے رکھتے ہوئے لکھ رہا ہے جنہیں مسیح پر ایمان کے سبب سے ایذا رسانی اور طرح طرح کے امتحانوں کا سامنا ہے۔ آپ سمجھ سکتے ہیں کہ ایسی صورتحال میں ان لوگوں پر غصے ہونا کس قدر فطرتی بات ہو سکتی ہے جنہوں نے اُن کی زندگی اجیرن بنا رکھی تھی۔ تاہم مصنف انہیں یاددہانی کرا رہا ہے کہ غصہ وہ زمین نہیں ہے جس میں خدا کی راستبازی کا پھل اُگتا اور پروان چڑھتا ہے۔ اگرچہ ہمارے لئے بھی اُن لوگوں پر غصے ہونا ایک جذباتی اور فطرتی حقیقت ہے جو ہماری راہوں میں کانٹے بوتے ہیں اور ہمارے لئے مشکلات پر مشکلات کھڑی کرتے ہیں، لیکن یاد رکھیں غصہ تباہی اور بربادی کا باعث ہوتا ہے۔ اور ہر طرح سے بھی روحانی اور جسمانی، جذباتی نقصان کا باعث ہوتا ہے۔ مصنف اپنے قارئین کو اس بات کے لئے ابھارتا ہے کہ جو کچھ بھی ان کے ارد گرد ہو رہا ہے، اُنہیں جیسی بھی تکلیف دہ اور ناخوشگوار صورتحال کا سامنا ہے، یہی بہتر اور مناسب

ہے کہ وہ ہر طرح کی آزمائش اور امتحان میں شادمان ہوں(1باب 2 آیت)ثابت قدم رہیں(1 باب4 آیت) ایمان سے معمور(1 باب6 آیت) اور تحمل مزاج رہیں۔ (1 باب10 آیت) وہ ان پر اس بات کو واضح کرتا ہے کہ صرف اور صرف اسی صورت میں اُن کی ناخوشگوار اور ناگفتہ بہ صورتحال میں خدا کے پاک روح کا پھل نمایاں ہو سکتا ہے۔

اس کے بعد یعقوب رسول اپنے قارئین کو اخلاقی گندگی اور بدی کے تعلق سے بھی خبر دار کرتا ہے۔(2 باب 1 آیت) یہاں پر فُضلہ کے لئے جو یونانی لفظ استعمال ہوا ہے وہ ایسی چیز ہے جو ناپاک کرتی ہے۔ جنسی گناہ بھی اسی زمرے میں آتے ہیں۔ جبکہ دوسروں کی عزت نہ کرنا اور بد دیانتی بھی ایسی چیزیں ہیں جو انسان کو ناپاک کرتی ہے۔ اپنے ہمسایوں سے ناخوشگوار تعلقات بھی بد اخلاقی اور روحانی آلودگی کا حصہ ہیں۔ ہو سکتا ہے کہ 19 آیت میں یعقوب رسول نے جس غصے کے تعلق سے بات کی ہے اور اس اخلاقی اور روحانی آلودگی میں ایک تعلق پایا جاتا ہو

غصے کی حالت میں ہم دوسروں کو غیر مناسب جواب دیتے اور طنز و تنقید کے تیروں سے زخمی کرتے ہیں۔غصے کی حالت میں ہم ایسی باتیں کہہ جاتے ہیں جو دوسروں کے لئے نہایت تکلیف دہ ہوتی ہیں اور ان باتوں کے اثرات دیرپا ہوتے ہیں۔ بہت سے غیر اخلاقی الفاظ اور نامناسب باتوں اور کاموں سے ہم دوسروں سے بدلہ لیتے ہوئے بھی غصے پر قابو رکھنے سے قاصر رہتے ہیں۔ ایمانداروں کے لئے مناسب نہیں کہ وہ دُکھ اور امتحان کی گھڑی میں ایسا طرزِ عمل اور روّیہ اختیار کریں۔

یعقوب رسول نے اپنے قارئین کو تلقین کی کہ وہ ایسی تمام ناراستیوں اور بدیوں سے چھٹکارا حاصل کریں۔ یہی مناسب کہ ایک راستباز شخص خدا کے کلام پر دھیان کرتے اور اسے

توجہ سے سنتے ہوئے دینداری اور پاکیزگی کا طالب ہو۔ 21 آیت پر غور کریں۔ خدا نے اپنا کلام ان لوگوں کے دلوں میں رکھا ہے جو اس کے اپنے ہیں۔ جب ہم نے ایمان لاتے ہوئے خداوند یسوع مسیح کی اس قربانی کو قبول کیا جو اس نے ہمارے گناہوں کے لئے دی تھی تو روح القدس ہمارے دلوں میں سکونت کرنے کے لئے آگیا۔ روح القدس ہمیں خدا کی راہوں کی تعلیم دیتا اور ان پر چلنے کے لئے ہماری رہنمائی اور تربیت کرتا ہے۔ روح القدس کی خدمت ہماری زندگیوں میں تبدیلی پیدا کرنا ہے۔ روح القدس ہمارے دلوں کو کھولتا اور ہمیں سچائی کے مطابق زندگی بسر کرنے کی توفیق دیتا ہے۔ خدا کا بندہ یعقوب رسول اپنے قارئین کو تلقین کرتا ہے کہ وہ خدا کے پاک روح کی سچائی کو توجہ سے سنیں، خدا کے کلام پر دھیان لگائیں اور عاجزی سے اپنے آپ کو خدا کے تابع کر دیں۔ درپیش صورتحال میں مصنف کی قارئین کے لئے یہی ایک بہتر صلاح تھی جو ان کی مشکل گھڑی میں مدد کر سکتی تھی۔ انہیں غصے پر غالب آکر خدا کے کلام کی سچائی پر غور کرنے کا چناؤ کرنا تھا۔

21 آیت پر غور کریں کہ مصنف اپنے قارئین کو بتاتا ہے کہ یہی کلام ان کی نجات کا باعث ہو سکتا ہے۔ ان کی ساری اُمید اسی کلام میں پنہاں ہے۔ خوشخبری کے پیغام کے وسیلہ سے اُنہوں نے خداوند یسوع مسیح کو جانا تھا۔ خدا کا کلام ہی ان کے لئے مینار روشنی تھا کہ وہ کس طرح اس نجات کے مطابق زندگی بسر کر سکتے ہیں جس کا اُنہوں نے تجربہ کیا ہے۔ اپنے اردگرد موجود روحانی اور اخلاقی گندگی سے متاثر ہونے کی بجائے

انہیں خدا کے کلام کو اپنی روشنی اور رہدایت کے لئے اپنے دلوں میں لینا تھا۔ تاکہ وہ کلام درپیش مسائل اور کشمکش کی گھڑی میں اُن کی مدد اور رہنمائی کر سکے۔

خدا کے کلام کا مطالعہ کرنا ایک چیز لیکن اس کلام کی روشنی میں زندگی بسر کرنا ایک الگ چیز

ہے۔ آپ خدا کے کلام کو پڑھنے سے معلوم کر سکتے ہیں کہ کسی خاص موضوع پر خدا کا کلام کیا فرماتا ہے۔ لیکن اگر آپ اس کلام کو پڑھ کر اس پر عمل نہیں کرتے تو وہ کلام آپ کی زندگی میں بے تاثر اور بے پھل ہی رہے گا۔ اس سلسلہ میں ہمیں سنجیدہ طرزِ عمل اختیار کرنے کی ضرورت ہے۔ کلیسیائیں ایسے لوگوں سے بھری ہوئی ہیں جو خدا کے کلام کے علم سے معمور ہیں لیکن پھر بھی کلیسیاؤں میں گناہ اور ناپاکی ڈیرے ڈالے ہوئے ہے۔ وجہ یہی ہے کہ ہم خدا کے کلام کو سنتے ضرور ہیں لیکن اس پر عمل نہیں کرتے۔ جو کچھ خدا کا کلام فرماتا ہے اسے ہم سنجیدگی سے اپنی زندگیوں میں نہیں لیتے۔ ہم انسانی حکمت، جسمانی خواہشوں سے لدے ہوئے کلام کو سنتے اور اسے اپنی زندگیوں میں جگہ نہیں دیتے۔ ہم خدا کے کلام کو روز مرہّ طرزِ زندگی، طرزِ عمل اور روّیوں کا حصہ بنائیں۔

یعقوب رسول خدا کے کلام کو محض سننے والے شخص کو ایسے شخص سے تشبیہ دیتا ہے جو اپنی صورت آئینہ میں دیکھ کر چلا جاتا ہے۔ وہ اپنے چہرے پر گرد و غبار دیکھتا ہے۔ اسے اپنے بکھرے ہوئے بال بھی آئینہ میں دکھائی دیتے ہیں۔ لیکن پھر بھی اپنا چہرہ صاف کئے اور اپنے بال سنوارے بغیر آئینہ رکھ کر چلا جاتا ہے۔ اسے علم تو ہو جاتا ہے کہ وہ اسے اپنا چہرہ صاف کرنے اور اپنے بال سنوارنے کی ضرورت ہے لیکن وہ لاپرواہی سے آگے بڑھ جاتا ہے۔ آئینے کا مقصد اور کام تو یہی ہے کہ ہم پر ظاہر کرے کہ ہماری صورت کیسی ہے۔ اسی طرح جب ہم خدا کے کلام کے آئینہ میں دیکھتے ہیں، تو خدا کا کلام ہم پر ہماری روحانی صورتحال کو منکشف کرتا ہے۔ خدا کے کلام کا آئینہ ہماری زندگی میں موجود گناہ اور بدی کو ہم پر ظاہر کرتا ہے۔ مقصد یہی ہے کہ ہم ان گناہوں اور ناراست طرزِ عمل سے توبہ کر کے خدا کی طرف رجوع لائیں۔

بہت سے لوگ خدا کے کلام کو کھول کر پڑھتے اور دیکھتے ہیں کہ خدا کا کلام کیا فرماتا ہے۔

انہیں معلوم ہو جاتا ہے کہ خدا کا کلام کون سے گناہ اور بدی کو ان پر ظاہر کر رہا ہے جو ان کی زندگیوں میں موجود ہے۔ لیکن وہ لوگ درکار تبدیلی، توبہ اور خدا کی طرف رجوع لانے کو نظر انداز کر دیتے ہیں۔ وہ اپنی معمول کی زندگی اور طرزِ عمل جاری رکھتے ہیں۔ وہ خدا کے کلام کو سنجیدگی سے نہیں لیتے۔

25 آیت میں یعقوب رسول اس شخص کے تعلق سے بھی بیان کرتا ہے جو خدا کے کلام پر غور سے نظر کرتا رہتا ہے۔ فرق یہ ہے کہ ایسا شخص ایک مقصد لے کر خدا کے کلام کا مطالعہ کرتا ہے۔ وہ اپنے بارے اور خدا کے تعلق سے مزید جاننے کا طلبگار ہوتا ہے۔ وہ اپنی زندگی کے لئے خدا کے مقصد کو گہرے طور پر جاننے کا مشتاق ہوتا ہے۔ اس کے دل میں یہی اشتیاق اور ذہن میں یہی مقصد ہوتا ہے کہ وہ اپنی زندگی میں درکار ضروری تبدیلیاں لائے تاکہ خدا اور اُس کے مقصد کو اور بھی گہرے طور پر سمجھ اور جان سکے جو خدا اس کی زندگی کے تعلق سے رکھتا ہے۔

25 آیت میں ایسے شخص کے لئے دو وعدے موجود ہیں۔ پہلا وعدہ یہ ہے کہ خدا کے کلام کی تابعداری سے آزادی اور رہائی ملتی ہے۔ جبکہ گناہ اور بدی سے زندگی میں بندھن پیدا ہوتے ہیں۔ ایسے لوگ بھی ہیں جو خدا کے کلام کا مطلق خیال نہیں رکھتے اور اُسے نظر انداز کرتے چلے جاتے ہیں۔ وہ یہی سمجھتے ہیں کہ وہ آزاد ہیں لیکن یہی آزادی انہیں بالآخر حالت قید میں لے جاتی ہے۔ اُن کی جسمانی خواہشیں اور رغبتیں اُنہیں اسیری کی حالت میں لے جاتی ہیں۔ وہ اپنی بد عادات اور روِشوں کے غلام بن جاتے ہیں۔ بالآخر اُن کا بُرا طرزِ عمل، ناپاک خواہشیں اور کام اُنہیں جذباتی اور ذہنی طور پر بے حس کر دیتے اور بالآخر ایک گہرا خلا ان کی زندگی میں پیدا ہو جاتا ہے۔ جو کچھ بھی اس دُنیا کی لذتوں سے ملتا ہے، کسی طور پر بھی انسان کی تسکین نہیں کر سکتا۔ خدا سے دُور ایسا شخص کسی طور پر بھی اپنی زندگی

میں موجود خلا کو پُر نہیں کر سکتا اور نہ ہی اس دنیا کی تسکین، آرام و آرائش، رنگینیاں اُسے کسی طور پر مطمئن کر سکتی ہیں۔

تاہم خدا کے کلام کی تابعداری میں زندگی بسر کرنے والے لوگ ایسی آزادی اور مخلصی کا تجربہ کرتے ہیں جس سے وہ پہلے کبھی آشنا بھی نہ تھے۔ وہ اپنے خالق سے محبت کرنے اور اس کی خدمت کرنے میں ایک گہری تسلی کا تجربہ کرتے ہیں، انہیں مقصدِ حیات کا مکاشفہ مل جاتا ہے۔ خدا کے کلام کی معرفت اور پہچان کے وسیلہ سے، ایماندار گناہ اور بدی کے بندھن اور جوئے سے رہائی پا جاتے ہیں۔ وہ مکمل رہائی اور مخلصی کے تجربہ سے گزرتے ہیں تاکہ وہ حقیقی معنوں میں وہ کچھ بن سکیں جو خدا اُنہیں بنانا چاہتا ہے۔ خدا کا کلام ہی اُنہیں مکمل رہائی اور مخلصی کا گہرا تجربہ عطا کرتا ہے۔

25 آیت میں خدا کے کلام کی تابعداری میں زندگی بسر کرنے والوں کے لئے دوسرا وعدہ یہ ہے کہ وہ باعثِ برکت ہوں گے۔ خدا تابعداری کے عوض میں برکت دیتا ہے۔ عہد عتیق سے اس سچائی کو بہتر طور پر سمجھا جا سکتا ہے۔ جب بنی اسرائیل تابعداری کی زندگی بسر کرتے تھے، اُنہیں اپنے دشمنوں پر فتح ملتی تھی۔ جب وہ خدا سے منحرف ہو جاتے تھے تو ان کے باغات بھی پھل پیدا کرنے سے قاصر رہ جاتے تھے۔ تصور کریں کہ اگر سبھی لوگ خدا کی تابعداری میں زندگی بسر کرنا شروع کر دیں تو کیسا معاشرہ تشکیل پا جائے۔ اگر ہم خدا کے کلام کو سنجیدگی سے لیں اور اس کی تابعداری میں زندگی بسر کریں تو خدا کی برکات ایک دھارے کی طرح ہماری زندگی اور معاشرے میں بہنا شروع ہو جائیں۔ جب ہم خدا کی نافرمانی میں زندگی بسر کرتے ہیں تو اس وقت خدا اپنی برکات کو روک لیتا ہے۔ لیکن تابعداری ہی اس کی برکات کے رکے ہوئے بہاؤ میں روانی پیدا کرتی ہے۔

اس باب میں، یعقوب ایمانداروں کی زندگی میں ایذاہ رسانی اور مشکلات اور دُکھوں کے تعلق سے بات کرتا ہے۔ ایسا ممکن نہیں ہے کہ اس زمین اور اس جسم میں زندگی بسر کرتے ہوئے ہم مشکلات اور دُکھوں سے نہ گزریں۔ یہ انسانی فطرت ہے کہ جب ہم دُکھ اور مشکلات سے گزرتے ہیں تو پھر خفگی اور ناراضگی ہمارے اندر پیدا ہونا شروع ہو جاتی ہے۔ یعقوب رسول اپنے قارئین کو بتاتا ہے کہ ایسا طرزِ عمل طرزِ فکر اور روّیہ دُکھوں اور امتحانوں میں خدا کے مقصد کو ہماری زندگی میں پورا نہ کر پائے گا اور نہ ہی ایسا روّیہ خدا کے جلال کا باعث ہو گا۔ ہمیں خدا کے پاک روح کی آواز سننے اور اُس کے کلام کی تابعداری میں زندگی بسر کرنے کے لئے اپنے آپ کو اس کے لئے وقف کرنا ہو گا۔ تب ہی ہمیں خدا کی برکات کی معموری کا تجربہ ہو سکے گا۔ جی ہاں اسی صورت میں ہمیں اپنی زندگی میں خدا کے مقصد کا مکاشفہ بھی حاصل ہو گا۔

چند غور طلب باتیں

☆۔یعقوب رسول ہمیں سننے کی اہمیت کے تعلق سے کیا تعلیم دیتا ہے؟ وضاحت کریں۔

☆۔غصے کا ہماری زندگی میں کیسا پھل پیدا ہوتا ہے؟ آپ کی زندگی میں ایسا پھل کس طرح نمایاں ہوا ہے؟

☆۔کیا آپ کے معاشرے میں اخلاقی غلاظت اور بدی نمایاں طور پر دیکھنے کو ملتی ہے؟ کلیسیا کس طرح ایسی صورتحال سے متاثر ہوئی ہے؟ خدا کا کلام کس طرح ایک آئینہ ہے؟

☆۔جب یعقوب رسول یہ بیان کرتا ہے کہ خدا کا کلام ہمارے دلوں میں بویا گیا ہے تو اس سے اس کے کیا معنی ہے؟ زندگی میں دُکھوں اور امتحانوں کے تجربہ سے گزرتے ہوئے ہمیں کیسا طرزِ عمل اور روّیہ اختیار کرنا چاہیئے؟ اس تعلق سے یعقوب رسول کیا تعلیم دیتا ہے؟ ہمارا فطرتی رُجحان کیا ہوتا ہے؟ ہمارے لئے خدا کیا مقصد رکھتا ہے؟

☆۔خدا کے کلام کی تابعداری میں زندگی بسر کرنے سے کیسی برکات ملتی ہیں؟

چند اہم دُعائیہ نکات

☆۔ خدا سے فضل اور توفیق مانگیں تا کہ آپ بہتر طور پر سننے والے بن سکیں۔ خدا سے فضل مانگیں تا کہ خدا کا کلام آپ کی زندگی کی اوّلین ترجیح بن جائے؟

☆۔ خدا سے دُعا کریں تا کہ وہ آپ کی زندگی میں غصے اور خفگی کے ہر ایک بندھن کو توڑ ڈالے۔

☆۔ خداوند سے دُعا کریں کہ وہ آپ کی آنکھیں اور کان کھول دے تا کہ آپ دیکھ اور سُن سکیں کہ وہ اپنے کلام میں آپ سے کیا فرماتا ہے۔ خدا سے کلام کی تابعداری میں زندگی بسر کرنے کی گہری قائلیت اور توفیق کے لئے دُعا کریں۔

☆۔ خدا کی شکر گزاری کریں کہ اُس نے آپ کو رہنمائی کے بغیر اپنے حال پر نہیں چھوڑا۔

باب 6

حقیقی دینداری

یعقوب 1 باب 26-27 آیت

یعقوب رسول کے مطابق حقیقی اور سچے ایمان کا ثبوت عمل سے ہی ممکن ہے۔ وہ اس بات کو واضح کرتا ہے کہ اگر کوئی ایماندار ہونے کا دعویٰ کرتا ہے تو پھر وہ اپنے اعمال، روّیے، طرزِ گفتگو اور طرزِ عمل سے اس بات کو ثابت بھی کرے۔ آئیں اس بات کو اور بھی زیادہ تفصیل اور گہرائی سے دیکھیں۔

یعقوب رسول اس بات سے آغاز کرتا ہے کہ لوگ ایماندار ہونے کا دعویٰ کریں اور اپنی زبان پر قابو اور اختیار نہ رکھیں تو اُن کا ایمان لاحاصل اور بے معنی ہے۔ یاد رہے کہ مذہب کا تعلق ظاہری اعمال اور رسومات سے ہوتا ہے۔ عہد جدید میں یہ لفظ صرف چار بار دیکھنے کو ملتا ہے۔ سب سے پہلے اعمال 26 باب 5 آیت میں جہاں پولس رسول مسیح پر ایمان لانے سے قبل اپنے سابقہ مذہب کے ایک کٹر فرقے سے تعلق رکھنے کا ذکر کرتا ہے۔ دوسری بات کلسیوں 2 باب 18 آیت جہاں پر پولس رسول فرشتوں کی عبادت کرنے والوں کا ذکر کرتا ہے۔ اس کے علاوہ لفظ " مذہب " کا اس خط میں دوبار ذکر پایا جاتا ہے۔ اِس لفظ کے استعمال سے یہ اشارہ بھی ملتا ہے کہ یعقوب ایسے گروپ سے مخاطب ہے جو مذہبی رسومات اور سرگرمیوں پر بڑا اعتقاد رکھتے اور اُن میں مگن اور محو تھے۔ یہ ایسے لوگ تھے جن کے دلوں کو نجات کے پیغام کی قدرت نے نہیں چھوا تھا۔ یہ ایسے لوگ تھے جو یہ سمجھتے تھے کہ وہ بڑے دیندار اور روحانی ہیں کیونکہ وہ اپنے ایمان اور عقیدے

سے متعلق سرگرمیوں میں بڑے مصروفِ عمل تھے۔ وہ بغیر کسی غلطی اور کوتاہی کے اپنی روایات پر عمل پیرا ہوتے تھے۔

یعقوب ایسے لوگوں کو یاددہانی کراتا ہے جو اپنی مذہبی رسومات اور سرگرمیوں پر بڑا فخر کرتے تھے کہ ایمان کی اصل پرکھ یہ نہیں کہ وہ کس قدر روایات اور مذہبی سرگرمیوں پر عمل پیرا ہیں بلکہ کھرے اور اصلی سچے ایمان کی پرکھ اس بات سے ہوتی ہے کہ ایک ایماندار اور راستباز شخص کس طرح اور کس قدر اپنی زبان کو احتیاط اور پاکیزگی سے استعمال کرتا ہے۔ کسی ایسے شخص کے بارے میں آپ کی رائے کیا ہوگی جو بڑی باقاعدگی سے گرجہ گھر تو جاتا ہے لیکن محلے بھر میں اس کی پہچان کچھ اس طرح سے ہو کہ وہ شخص تہمت باز اور عیب جوئی کرنے والا ہے۔ اس شخص کی دینداری کیسی ہوگی جس کی کسی بات پر کوئی شخص بھروسہ کرنے کے لئے تیار نہ ہو؟ خداوند یسوع مسیح نے عہدِ جدید میں اپنی زمینی زندگی کے دوران سب سے زیادہ سخت اور تُرش روّیہ اور لہجہ فریسیوں سے بات کرتے ہوئے اپنایا۔ وہ اس دَور میں سب سے زیادہ مذہبی اور اس کے ساتھ ساتھ ریاکار لوگ تھے۔ آج بھی کلیسیا کو سب سے زیادہ خطرہ اور نقصان ایسے لوگوں ہی سے ہے جو مسیح پر اپنے ایمان کا اظہار اور اقرار تو کرتے ہیں لیکن اُن کا طرزِ زندگی مسیح یسوع جیسا نہیں ہے۔

یعقوب رسول نے اپنے قارئین کو یہ واضح کیا ہے کہ ایک تبدیل شُدہ دل کا اظہار اور ثبوت اندازِ گفتگو سے ہوتا ہے۔ خداوند یسوع مسیح نے اپنے دور کے مذہبی فریسیوں سے مخاطب ہوتے ہوئے بیان فرمایا تھا۔

"اَے سانپ کے بچو تُم بُرے ہو کر کیونکر اچھی باتیں کہہ سکتے ہو؟ کیونکہ جو دِل میں بھرا ہے وہی مُنہ پر آتا ہے۔" (متی 12 باب 34 آیت)

خداوند یسوع مسیح یہاں پر یہ واضح کر رہے ہیں کہ جو کچھ انسان کے دل میں بھرا ہوتا ہے وہی زبان پر آتا ہے۔ جب دل میں بدی اور ناپاکی ہوگی تو گفتگو بھی ویسی ہی ہوگی۔ میری زندگی میں بھی ایسے وقت آئے جب مجھے اپنے کہے گئے الفاظ پر شرمندگی اور پچھتاوا ہوا۔ مجھے حیرت بھی ہوئی کہ میرے مُنہ سے ایسی باتیں نکل گئیں۔ دراصل یہ باتیں میرے دل کی عکاس تھیں جس میں ناپاکی اور گناہ موجود تھا۔ میری گفتگو نے میرے اندر چھپے گناہ اور بدی کو بے نقاب کر دیا۔

26 آیت میں مصنف اپنے ہم ایمان ایمانداروں کو بتاتا ہے کہ اُنہیں اپنی زبان کو سختی سے لگام دینا ہوگی۔ اگر آپ کو کبھی گھوڑے یا گدے پر سواری کا تجربہ ہوا تو پھر آپ بخوبی سمجھ سکتے ہیں کہ مصنف نے لگام کی مثال دے کر کیا سمجھانے کی کوشش کی ہے۔ لگام گھوڑے یا گدھے کو وہ سیدھی راہ دکھانے کے لئے استعمال کی جاتی ہے جس پر جانا مقصود ہوتا ہے۔ جب لگام کھینچی جاتی ہے تو گھوڑے کو علم ہو جاتا ہے کہ اس کا مطلب رفتار کم کرنا یا رُکنا ہے۔ لگام سے گھوڑے کو با آسانی قابو میں رکھا جا سکتا ہے۔ زبان کو قابو میں رکھنا اس لئے بھی ضروری ہے تاکہ ہمارے منہ سے ایسی باتیں ہی نکلیں جو خدا کے نزدیک پسندیدہ ہیں۔ زبان کو نظم وضبط اور پرہیز گاری کی ضرورت ہوتی ہے جو کہ روح القدس کا پھل ہے۔ اگر آپ کا دل واقعی خدا کے ساتھ درُست اور راست ہے، تو اس کا اظہار آپ کے طرزِ گفتگو سے ہو جائے گا۔

یہاں پر یعقوب ایک اور موضوع پر بھی گفتگو کرتا ہے، وہ اپنے قارئین کو یہ بتاتا ہے کہ ایمان کی ظاہری مذہبی رسومات اور سرگرمیوں کی بہ نسبت خدا رحم دلی اور ترس کو پسند کرتا ہے۔ خداوند یسوع مسیح نے راہ میں لٹ جانے والے شخص کی کہانی بیان کرتے ہوئے بیان کیا کہ مذہبی لوگ اس کی مدد کرنے کے لئے اس لئے بھی تیار نہ تھے کہ وہ

ناپاک ہو جائیں گے۔ لیکن ایک سامری شخص نے جن سے مذہبی یہودی راہنما نفرت کرتے تھے۔ اُس کی مدد کی، اُس پر رحم کیا اور درکار مدد اور ضروریات کو پورا کیا۔ (لوقا 10 باب 33-34 آیت) مصنف نے اپنے قارئین کو یہی بتایا ہے کہ خدا ایسی ہی قربانیوں اور نذروں کو پسند کرتا ہے جس طرح کی ایک سامری نے اُس کے حضور قربانی اور نذر پیش کی۔ خدا منافقوں اور ریاکاروں کی عدالت کرے گا جو ضرورت مندوں، محتاجوں اور مفلسوں سے کنارہ کشی کر جاتے ہیں۔

یعقوب رسول یہی بیان کرتا ہے کہ اصل دینداری یہی ہے کہ محتاجوں اور مفلسوں پر رحم اور ترس کھایا جائے۔ اگر آپ کہتے ہیں کہ آپ روحانی شخص ہیں، تو اپنی راستبازی کو محتاجوں، غریبوں، مفلسوں اور یتیموں اور بیواؤں کی مدد کرتے ہوئے ثابت کریں۔ یہاں پر بیان کردہ مختصر فہرست کو مکمل نہ سمجھا جائے۔ بہت سے اور غیر محفوظ، نادار اور کسمپرسی کی زندگی بسر کرنے والے لوگ بھی اسی زمرے میں آتے ہیں جو ہماری توجہ اور مدد کے مستحق ہیں۔

ہمارے لئے کلیسیائی سرگرمیوں میں محو و مگن ہو جانا کس قدر آسان ہے۔ ہم اپنی مذہبی سرگرمیوں اور تقریبات میں خوش و خرم اور مصروفِ عمل رہتے ہیں لیکن ہمارے ارد گرد لوگ ہلاکت کی راہ پر گامزن جہنم کی طرف رواں دواں ہیں۔ اگر آپ کا یہ کہنا ہے کہ آپ حقیقی اور اصلی ایماندار ہیں، تو پھر آپ خداوند یسوع مسیح کی طرح خدمت کریں، جس طرح خداوند یسوع ترس اور رحم سے بھرا ہوا تھا، اسی طرح آپ بھی لوگوں کے لئے رحم اور ترس سے بھر جائیں۔ آپ کی آنکھیں ارد گرد کے لوگوں کی ضروریات کے لئے کھل جانی چاہیے۔ آپ اپنی مذہبی سرگرمیوں تک ہی محدود نہ رہیں۔ محتاجوں اور مفلسوں کی مدد کرتے ہوئے آپ کو مذہبی ناپاکی کا خدشہ اور خطرہ روکنے نہ پائے۔ اگر خداوند یسوع مسیح

آپ کی زندگی میں راج کرتا ہے، اور روح القدس کی معموری اور بھرپوری آپ کی زندگی میں ہے، تو پھر آپ اپنے اردگرد کے لوگوں کے لئے ترس اور محبت کا اظہار اپنے طرزِ عمل سے کریں نہ کہ محض الفاظ سے۔ آپ دوسروں کی ضروریات کو جانیں تو روح القدس آپ کو نیکی اور مہربانی کے جذبہ سے معمور کر دے اور آپ ضرورت مندوں کی مدد اور معاونت کے لئے آگے بڑھنے سے رہ نہ سکیں۔

27 آیت میں حقیقی اور زندہ ایمان کی ایک اور پرکھ باقی ہے۔ یعقوب رسول ہمیں بتاتا ہے کہ حقیقی اور زندہ ایماندار اپنے آپ کو دنیا سے آلودہ نہیں کرتے۔ اس دُنیا میں طرح طرح کی آزمائشیں موجود ہیں۔ بہت سے لوگ خود کو مذہبی اور دیندار لوگ سمجھتے ہیں۔ لیکن بہت سی دُنیا کی چیزوں اور معاملات میں اُلجھے ہوئے ہیں۔ وہ دُنیا کی لذتوں، خواہشوں اور ناپاکی اور گندگی میں پھنسے ہوئے ہیں۔ وہ بددیانتی کرتے ہوئے اپنے کاروبار کو آگے بڑھاتے ہیں۔ اپنے گاہکوں سے دھوکہ دہی کرتے ہیں اور جھوٹ بھی بولتے ہیں۔ اس کے باوجود وہ دُنیا کو بڑے راستباز اور دیندار لوگ دکھائی دیتے ہیں۔ ظاہری طور پر سب کچھ ٹھیک ٹھاک دکھائی دیتا ہے۔ وہ گرجہ گھر بھی جاتے ہیں اور کسی حد تک جہاں ممکن ہو خدمت سے بھی پیچھے نہیں ہٹتے۔ لیکن انہیں دُنیا پر کوئی غلبہ حاصل نہیں ہے۔ بلکہ دنیا ان کو مغلوب کئے ہوئے ہے۔ یعقوب رسول بیان کرتا ہے کہ ان کا یہ ظاہری دکھاوے والا ایمان بے معنی اور لاحاصل ہے۔ ایسا شخص جس کا ایمان درست، زندہ اور متحرک ہوتا ہے وہ دُنیا پر غالب زندگی بسر کرتا ہے۔

خداوند یسوع مسیح نے اپنے قارئین کو یہ بتایا کہ سچائی کو جاننا اور محض مذہبی سرگرمیوں میں محو و مگن رہنا ہی کافی نہیں۔ حقیقی ایماندار اپنی زبان کو قابو میں رکھتے ہوئے اپنے سچے ایمان اور باطنی پاکیزگی کا اظہار کرتے ہیں۔ ایسے لوگ دوسروں کی مدد کرتے اور ضرورت

مندوں کے کام آتے ہیں۔ ایسے لوگوں کو گناہ پر غلبہ اور آزمائشوں پر فتح حاصل رہتی ہے۔

چند غور طلب باتیں

☆۔ دل کی حالت کے تعلق سے زبان ہم پر کیا واضح کرتی ہے؟ کیا آپ کبھی ایسی باتیں بھی کر جاتے ہیں جن پر آپ کو بعد میں پچھتانا پڑتا ہے؟ اس سے آپ کے دل کی کیسی عکاسی ہوتی ہے؟

☆۔ آپ کے ارد گرد کیسے محتاج اور مفلس لوگ پائے جاتے ہیں؟ ایسے لوگوں کے تعلق سے مسیح کا دل کیسا ہے؟ ایسے لوگوں کے تعلق سے آپ کے دل کا روّیہ کیسا ہے؟

☆۔ اس دُنیا پر آپ کو کس قدر فتح کا تجربہ حاصل ہوا ہے؟ کیا آپ کی زندگی میں فتوحات کا سلسلہ بڑھ رہا ہے؟

☆۔ کسی بھی شخص کی راستبازی اور دینداری کو اس بات سے جانچنے اور پرکھنے میں کیا خطرہ ہے کہ وہ شخص بڑی باقاعدگی سے گرجہ گھر جاتا ہے؟ روحانی کردار کی اصل پرکھ کیا ہے؟

چند اہم دُعائیہ نکات

☆۔ خداوند سے زبان پر اختیار اور قابو مانگیں۔

☆۔ اپنے ارد گرد کے لوگوں کی ضروریات کو دیکھنے کے لئے خداوند سے کشادہ دل اور روشن آنکھیں مانگیں۔ خداوند سے ایسے لوگوں کی مدد کرنے کے لئے توفیق مانگیں۔

☆۔ کیا آپ کی زندگی میں کوئی ایسا گناہ ہے جس پر اختیار اور غلبہ پانا آپ کے لئے ایک بڑی کشمکش کا معاملہ ہے؟ اپنی زندگی کا یہ کمزور پہلو خداوند کے سامنے رکھیں۔ خداوند سے ایسے گناہ کے تعلق سے عدم دلچسپی مانگیں۔

باب 7

طرفداری کا گناہ

یعقوب 2 باب 1 تا 19 آیت

یعقوب رسول نے بڑی عملی قسم کی باتیں بیان کی ہیں۔ اس نے کلیسیا میں حقیقی طور پر پیدا ہونے والے معاملات پر بات کی ہے۔ اپنے خط کے اس حصہ میں مصنف نے طرفداری کے معاملہ پر بات کی ہے۔ اس سے پہلے کہ ہم اس موضوع پر تعلیمی باتوں کے سلسلہ کو آگے بڑھائیں، اچھا ہے کہ ہم سب سے پہلے اس بات کو تفصیل سے دیکھ لیں کہ اصل میں طرفداری ہے کیا۔

جب یعقوب رسول نے اس موضوع پر بات کی تو اس وقت وہ لوگوں کی ظاہری حالت کو دیکھ کر انہیں جانچنے پرکھنے کی بات کر رہا تھا۔ طرفداری کرنے والا شخص لباس کو دیکھ کر اس شخص کو عزت دیتا ہے۔ طرفداری رُتبے اور مقام کو دیکھ کر لوگوں کے ساتھ سلوک اور روّیہ اختیار کرتی ہے۔ بالعموم جس شخص کے پاس مال و دولت افراط سے ہوتا ہے اسے معاشرے میں اعلیٰ مقام حاصل ہوتا ہے۔ بعض اوقات خاندانی معیار و مقام اور جلد کی رنگت کی بنا پر بھی طرفداری ہوتی ہے۔ کسی بھی شخص کے معیار و مقام کو جانچے پرکھنے کے لئے کئی ایک ظاہری اوصاف و نقائص ہو سکتے ہیں۔

یہ بہت اہم ہے کہ ہم بعض لوگوں کے ساتھ فطرتی روابط کے درمیان طرفداری میں امتیاز کریں جو ہم ان بعض لوگوں کے ساتھ رکھتے ہیں۔ مثال کے طور پر، کچھ ایسی شخصیات ہوتی ہیں جن کی طرف ہم کھینچے چلے جاتے ہیں۔ ہو سکتا ہے کہ کلیسیا میں بعض لوگوں کے ساتھ ہماری باہمی دلچسپیاں ہوں، ہو سکتا ہے کہ بعض لوگوں کے ساتھ ہمارے قریبی روابط جبکہ

دوسروں کے ساتھ سطحی قسم کے تعلقات ہوں۔ کلیسیا میں طرفداری کے بغیر بھی بعض لوگوں کے ساتھ ہماری خاص دوستی ہو سکتی ہے۔ دوستی کا مطلب باہمی دلچسپی کے امور اور شخصی اوصاف و خصائل پر باہمی بات چیت کا نام ہے۔ طرفداری کا گناہ یہ ہے کہ کسی بھی شخص کو اس کی ظاہری حالت کی بنیاد پر عزت و مقام دیا جائے یا اُسے رد کر دیا جائے۔

ہمیں اس بات کو جاننے کی ضرورت ہے کہ طرفداری یا تعصب بازی خدا کی نظر میں ایک گناہ ہے۔ خدا کی نظر میں سبھی ایک جیسے ہیں خواہ کوئی امیر ہو یا غریب۔ ایسا بالکل نہیں کہ خدا کسی امیر شخص کی دُعا کا جواب فوری یا ترجیحی بنیادوں پر دیتا ہے اور غریب آدمی کی دعا کو التوا میں ڈال دیتا یا پھر نظر انداز کر دیتا ہے۔ خدا سبھی کی سنتا ہے، خواہ کسی کا معاشرے میں مقام اعلیٰ ہو یا پھر اسے معاشرے میں کوئی اہمیت نہ دی جاتی ہو۔ جب ہم ظاہری دکھاوے کی بنا پر لوگوں کو جانچتے یا پرکھتے ہیں، اور پھر تعصب کو دل میں رکھتے ہوئے اپنے ردِ عمل کا مظاہرہ کرتے ہیں، تو ایسا طرزِ عمل اور روّیہ خدا کے پاک روح کی طرف سے نہیں ہو سکتا۔ بلکہ ہم دُنیاوی معیار کو سامنے رکھتے ہوئے اپنی رائے کا اظہار کر رہے ہوتے ہیں۔

یعقوب رسول 1 آیت میں اس بات کو واضح کرتا ہے کہ خداوند یسوع مسیح میں ایماندار ہوتے ہوئے، ہمیں طرفداری کا روّیہ اختیار نہیں کرنا۔ یہاں پر ان دو باتوں کے درمیان ایک ربط اور تعلق کو دیکھیں۔ پہلی بات مسیح یسوع میں ایماندار ہوتے ہوئے اور دوسری بات ہمیں طرفداری نہیں دکھانی۔

ایماندار ہوتے ہوئے، ہمیں بخوبی علم ہے کہ خداوند یسوع مسیح نے ہمارے ساتھ کیسا سلوک کیا ہے۔ اگر خدا بھی ہمیں اسی نظر سے دیکھتا جس طرح ہم دوسروں کی عدالت کرتے ہیں، تو آج ہم کہاں ہوتے؟ جب ہم انتہائی بُری حالت میں تھے۔ تو خداوند یسوع مسیح نے بڑے ترس اور رحم میں ہم تک رسائی حاصل کی۔ ہم پر اس وقت رحم اور ترس کیا

گیا جب ہم اس کے مستحق بھی نہیں تھے۔ خداوند یسوع مسیح نے امیر اور غریب سبھی تک رسائی کی۔ وہ سبھی تک پہنچا۔ خداوند یسوع مسیح نے اس بات کو مدِ نظر نہیں رکھا کہ کسی شخص کا معاشرے میں کیسا مقام اور رُتبہ ہے۔ ہم لوگ جن پر خدا کی طرف سے خاص فضل ہوا ہے۔ ہمیں بھی لوگوں پر ایسا ہی ترس، محبت اور رحم کرنے کی ضرورت ہے۔

یعقوب رسول نے 2 آیت میں ایک مثال پیش کی ہے۔ وہ یہاں پر ایسی صورتحال کا ذکر کرتا ہے جس میں ایک شخص سونے کی انگوٹھی پہنے ہوئے گرجہ گھر آتا ہے، اور اس کا لباس بڑا اعلیٰ قسم ہے۔ اس کے بعد ایک غریب شخص آتا ہے جو اچھا لباس زیب تن کئے ہوئے نہیں ہوتا۔ تصور کریں کہ گیٹ پر اُنہیں خوش آمدید کہنے والا شخص امیر آدمی کو خاص عزت دے کر اُس کا استقبال کرتا ہے۔ وہ اسے گرجہ گھر میں ایک اچھی اور نمایاں اور عزت کی جگہ پر لے جا کر بیٹھاتا ہے۔ لیکن غریب شخص کو دیکھ کر وہ اُسے کہتا ہے کہ وہ دروازے کی پچھلی جانب فرش پر بیٹھ جائے۔

یعقوب رسول 4 آیت میں اس بات کو واضح کرتا ہے کہ اگر ہم کسی شخص کے ساتھ ایسا برتاؤ کرتے ہیں، تو ہم اس شخص کی قدر و قیمت کی عدالت کر رہے ہیں۔ ہم اپنی بری سوچ کو بے نقاب کرتے ہیں کہ بااثر اور دولتمند لوگ غریبوں کی بہ نسبت زیادہ قدر و قیمت رکھتے ہیں۔ مصنف واضح کرتا ہے کہ ہم امیروں کو زیادہ اہمیت اور غریبوں کو نظر انداز کر کے گناہ کے مرتکب ہوتے ہیں۔ خدا ہماری طرح انسانوں کو جانچتا پرکھتا، اہمیت یا قدر و قیمت نہیں دیتا۔ خدا کسی شخص کی ظاہری صورت، شخصیت یا حالت سے متاثر نہیں ہوتا۔ خداوند تو دل پر نظر کرتا ہے۔ کلیسیائی تاریخ کے اوراق اُٹھا کر دیکھیں، خدا نے ایسے لوگوں کا چناؤ کیا جو معاشرے میں کچھ زیادہ قدر و قیمت کے مالک نہیں تھے۔ دُنیا میں ان کی کوئی قدر و قیمت نہ تھی لیکن خدا نے اُنہی کے وسیلہ سے بڑے بڑے کام کئے۔ خدا نے انہی کا چناؤ کیا جو

معاشرے کے دھتکارے ہوئے لوگ تھے اور اُنہی کو نجات بخشی اور اُن کے لئے بڑے بڑے کام کئے۔

ہمیں اس طرح سے خداوند کی پرستش و عبادت کرنی ہے کہ اس کے پیچھے یہ بات نہ ہو کہ ہمارا بنک بیلنس کتنا ہے یا پھر معاشرے میں ہمارا اثر ورسوخ کتنا اور کیسا ہے۔ جب خداوند یسوع مسیح اس دُنیا میں آیا تو وہ ایک بڑھئی کے بیٹے کے طور پر اس دُنیا پر ظاہر ہوا۔ اس دَور کے معاشرے میں یہ بڑا معمولی قسم کا پیشہ تھا۔ یوسف اور مریم کے پاس وسائل بکثرت نہ تھے۔ خداوند یسوع مسیح بیت لحم میں پیدا ہوا، یاد رہے کہ بیت لحم اسرائیل میں ایک معمولی اور حقیر سا قصبہ تھا۔ جب خداوند یسوع مسیح نے خدمت کا آغاز کیا، تو مچھیروں کو اپنے ہم خدمت ہونے کے لئے چنا۔ حتیٰ کہ محصول لینے والے کو بھی اس نے اپنا ہم خدمت ساتھی چن لیا۔ اس نے عین فعل کے وقت پکڑی جانے والی عورت کو اس وقت معاف کر دیا جب ہر کوئی اسے سنگسار کرنے کے لئے تیار تھا۔ خداوند یسوع مسیح نے اس وقت سامری عورت تک رسائی حاصل کی جب اس دَور کا کوئی بھی یہودی نسل پرست اور ذات پات کی بنا پر سامریوں سے کوئی سروکار نہیں رکھنا چاہتا تھا۔ اور بھی بہت سی مثالیں بائبل مقدس میں ملتی ہیں کہ کس طرح خداوند یسوع مسیح نے معاشرے کے رد کئے ہوئے لوگوں تک رسائی حاصل کی۔ وہ جیسے بھی تھے خداوند یسوع مسیح نے ان سے محبت کی۔ اس نے معاشرے میں حقیر سمجھے جانے والے لوگوں کے وسیلہ سے بڑے بڑے کام کئے۔ یہ مرد وزن ایمان میں مضبوط ہوتے چلے گئے اور خداوند کی نظر میں ہر دلعزیز۔

مصنف اپنے قارئین کو یاد دلاتا ہے کہ دولتمند کس طرح اُن پر ظلم وستم کرتے ہیں۔ انسانی نکتہ نظر سے یہ بات بالکل واضح ہے کہ دولتمند لوگوں کے خیالات روّیے اور ارادے بُرے اور ناپاک تھے۔ امیر لوگوں کے لئے طرفداری کا مظاہرہ کرتے ہوئے ایماندار

لوگ انہیں ہی عزت اور پذیرائی دے رہے تھے جو اُن پر ظلم و جبر کرتے اور اُنہیں گھسیٹ گھسیٹ کر عدالتوں میں لے کر جاتے تھے۔ بہت سے اَمیر زادے خداوند کے نام کی تکفیر بھی کر رہے تھے۔ وہ دولت کی محبت کے اسیر ہو چکے تھے۔ مال و دولت کی حرص و ہوس نے ان پر اپنی گرفت مضبوط کر لی تھی۔ انہیں خدا کی ضرورت بالکل محسوس نہ ہوتی تھی۔ کلیسیا انہی کو زیادہ عزت دے رہی تھی جو اُن پر جبر و ستم ڈھا رہے تھے۔ وہ خدا کی نظروں سے لوگوں کو نہیں دیکھ رہے تھے۔

8 آیت میں ہمیں یاددہانی کرائی گئی ہے کہ اگر ہم اپنے پڑوسی سے اپنی مانند محبت رکھتے ہیں تو اچھا کرتے ہیں۔ ہمیں اُن کی ایسے ہی خدمت کرنی ہے جیسے ہم اپنی خدمت کرتے ہیں۔ ہمیں یہ سوال پوچھنے کی ضرورت ہے، میں اس شخص کی طرف سے کیسے روّیے اور برتاؤ کی توقع کرتا ہوں؟ جب ہمیں اس سوال کا جواب مل جائے تو ہم بھی دوسروں کے ساتھ ویسا ہی برتاؤ کریں جیسا ہم چاہتے ہیں کہ وہ ہمارے ساتھ کریں۔ اگر ہم طرفداری کرتے ہیں، تو گناہ کرتے اور خدا کی شریعت اور آئین کو توڑنے کے مرتکب ہوتے ہیں۔ (آیت 9) کلام کے اس حصہ میں ہمارے سامنے یہی چیلنج ہے کہ ہم لوگوں کو خدا کی نظر سے دیکھیں۔ لوگوں کی ظاہری صورت اور شخصیت کو دیکھ کر اُنہیں عزت دینا یا بے قدر جاننا مناسب نہیں، یہ تو گویا دوسروں کی عدالت کرنا ہے۔ ایسا طرزِ عمل تو اس گناہ آلودہ جہاں کے باشندوں کا ہوتا ہے۔ ایسا روّیہ، طرزِ فکر، طرزِ زندگی اور برتاؤ گناہ ہے اور ہمیں اس کا اقرار کرنے اور خدا سے معافی مانگنے کی ضرورت ہے۔

چند غور طلب باتیں

☆۔لوگوں کو جانچنے پرکھنے کے لئے ہم دورِ حاضرہ میں کون سا متعصّبانہ معیار استعمال کرتے ہیں؟

☆۔دوستی اور طرفداری میں کیا فرق ہے؟

☆۔خدا کس طرح ہماری عدالت کرتا ہے؟

☆۔کیا آپ لوگوں کی ظاہری صورت اور شخصیت کی بنا پر عدالت کرنے کے گناہ کے مُرتکب ہوئے ہیں؟ وضاحت کریں۔

چند اہم دُعائیہ نکات

☆۔ظاہری صورت اور شخصیت کی بنا پر لوگوں کی عدالت کرنے کے تعلق سے اور زیادہ خداوند سے رہنمائی مانگیں تاکہ آپ پر واضح ہوسکے کہ کون کون سے مواقعوں پر آپ اس گناہ کے مرتکب ہوئے ہیں۔

☆۔خداوند کی شکر گزاری کریں کہ اس نے آپ سے محبت رکھی اور اس بنا پر نہ تو آپ کی عدالت کی اور نہ ہی آپ کو رد کیا کہ معاشرے میں آپ کا کیسا نام اور مقام ہے۔

☆۔خداوند سے دُعا کریں تاکہ وہ آپ کے دل کو کھولے تاکہ آپ معاشرے کے رد کئے ہوئے لوگوں سے محبت کرسکیں۔

☆۔خداوند کی شکر گزاری کریں کہ ہم جیسے بھی ہیں، وہ ہمیں استعمال کرنے کی قدرت رکھتا ہے۔اپنی خامیوں اور کوتاہیوں کے باوجود اپنے آپ کو اُس کے سپرد کردیں۔

باب 8

رَحم اور عدالت

یعقوب 2 باب 10-13 آیت

یعقوب رسول اپنے قارئین کو خدا اور اپنے پڑوسیوں کے ساتھ اُن کے تعلقات کے حوالہ سے آگاہ کرتا ہے۔ گزشتہ باب میں، یعقوب رسول نے طرفداری کے موضوع پر روشنی ڈالی تھی۔ اُس نے یہ بیان کیا تھا کہ طرفداری خدا کی نظر میں گناہ ہے۔ وہ اس بات کو واضح کرتا ہے کہ اس کے قارئین یہ نہ سمجھ لیں کہ طرفداری یا تعصب بازی معمولی گناہ ہے۔ یعقوب رسول نے بتایا کہ خدا کے کسی ایک حکم کی عدولی تمام شریعت کی نافرمانی ہے۔

یہ کیسے اور کیوں کر کہا جا سکتا ہے کہ ایک شخص اگر کسی ایک حکم کی نافرمانی کرتا ہے تو وہ پوری شریعت کا نافرمان ہے۔ تصور کریں کہ آپ ایک کوائیر میں پرستش کر رہے ہیں، کوائر میں ایک شخص بھی ہے جسے گانے میں سُر اور لے کا بالکل بھی علم نہیں ہے۔ وہ شخص خواہ کتنی بھی کوشش کر لے وہ کوائر کے باقی لوگوں سے ہم آہنگ آواز اور ترنم کے ساتھ گیت نہیں گا سکتا۔ اس بے ترتیبی کا کیا نتیجہ نکلے گا؟ صرف ایک کوائر ممبر کی بدولت پرستش اور ستائش کا سارا مزہ کرکرا ہو جائے گا۔ موسیقی تو اچھی طرح بج رہی ہے لیکن جو کچھ ہمارے کانوں تک پہنچ رہا ہے وہ بے سُرا اور بغیر ترنم ہے۔ ایک بے سُرا گانے والا شخص ساری پرستش کو خراب کر سکتا ہے۔ یا پھر تصور کریں کہ آپ کے سامنے میز پر ٹھنڈے پانی کا گلاس پڑا ہوا ہے۔ اگر کوئی شخص قریب سے گزرتے ہوئے اس پانی میں زہر کا ایک قطرہ ملا دے، تو اس کا کیا نتیجہ سامنے آئے گا؟ سارے کا سارا پانی پھینکنا پڑے

گا۔ کیونکہ زہر کا ایک قطرہ گلاس میں موجود سارے پانی پر اثر انداز ہوتا ہے۔ زہر کے قطرے کو پانی سے الگ نہیں کیا جا سکتا۔ یا کبھی آپ کے انگوٹھے پر ہتھوڑے سے ضرب کاری لگی ہو یا وہ کسی چاقو سے زخمی ہو گیا ہو۔ کیا درد اور تکلیف صرف اسی انگوٹھے تک محدود رہتا ہے؟ کیا پورا جسم متاثر نہیں ہوتا؟

یہاں پر کہنا یہ مقصود ہے کہ گناہ ہمارے وجود کے ہر حصے پر اثر انداز ہوتا ہے۔ جب میں خدا کی طرف اپنی پشت پھیر لیتا ہوں، تو گناہ میں گر جاتا ہوں۔ میں اُس کے حضور گنہگار ٹھہرتا ہوں۔ چونکہ میں گناہ آلودہ ہو جاتا ہوں، اس لئے واجب ہے کہ مجھے گناہ کی سزا ملے۔ بائبل مقدس اس بات کو واضح کرتی ہے کہ گناہ کی سزا موت ہے۔ جس طرح زہر کا ایک قطرہ سارے پانی پر اثر انداز ہوتا ہے، اسی طرح گناہ کا تھوڑا سا زہر مجھے خدا سے جدا کرنے کے لئے کافی ہے۔

انسانی رجحان یہی ہے کہ ہم گناہ کو اپنے انسانی ذہن سے ناپتے اور تولتے ہیں، کسی گناہ کو ہم گناہ کبیرہ (بڑا) اور کسی گناہ کو ہم گناہ صغیرہ (چھوٹا) کا نام دے دیتے ہیں۔ لیکن خدا کی نظر اور معیار میں ایسا کچھ نہیں ہے۔ گناہ تو گناہ ہے، صرف ایک گناہ ہی ہمیں خدا سے دور لے جانے کا باعث ہو سکتا ہے۔ خدا اس قدر پاک اور قدوُس ہے کہ صرف ایک چھوٹا سا گناہ بھی اس کے حضور میں ایک مکروہ چیز ہو سکتا ہے۔ یوحنا رسول ہمیں بتاتا ہے کہ خدا نور ہے اور اس میں ذرا بھر بھی تاریکی نہیں ہے۔ (یوحنا 1 باب 5 آیت) اس کا مطلب یہ ہوا کہ خدا کی ذات میں گناہ کا تصور بھی نہیں کیا جا سکتا۔ ایسے گناہ جنہیں ہم بڑے گناہ نہیں سمجھتے وہ بھی خدا کے حضور میں کسی مکروہ چیز سے کم نہیں ہیں۔ اور ایسے گناہ ہمیں خدا کی حضوری سے باہر کر سکتے ہیں۔

شریعت کے کسی ایک چھوٹے سے چھوٹے حکم کی عدولی کرنے والا شخص شریعت کا بلکہ

پوری شریعت کا نافرمان ہو سکتا ہے۔ خدا گناہ کے لئے مختلف درجات نہیں رکھتا کہ یہ گناہ چھوٹا یا بڑا یا درمیانی یا پھر معمولی قسم کا گناہ ہے۔ خدا نے اپنے قانون مجموعی طور پر دئے ہیں تاکہ ہم ان پر عمل پیرا ہوں اور اس معیار اور مقام کے مطابق زندگی بسر کریں جو خدا نے ہمارے لئے ٹھہرایا ہے۔ خدا کبھی بھی آپ کے گناہوں کا شمار کر کے ان کا موازنہ آپ کے ہمسایہ کے ساتھ نہیں کرے گا۔ ایک ہی معیار اور ایک ہی سزا ہے۔

کوئی گناہ کبیرہ (بڑا) نہیں اور نہ ہی کوئی گناہ صغیرہ (چھوٹا) ہے۔ مجموعی طور پر خدا کا ایک ہی معیار ہے۔ شریعت کے کسی ایک حکم کی نافرمانی کی سزا موت ہے۔ کوئی بھی شخص جو خدا کی شریعت کا نافرمان ہوتا ہے، وہ بھی سزا کا مستحق ہو گا۔

بہت سے لوگ اس بات پر ایمان رکھتے ہیں، ان کا یہی خیال ہے کہ وہ اپنے ہمسایہ کی طرح نافرمان اور گناہ آلودہ نہیں ہیں۔ اس لئے اگر خدا انہیں سزا دے گا بھی تو معمولی قسم کی سزا دے گا۔ خدا کا نکتہ نظر ہماری سوچ اور معیار سے قطعی مختلف ہے۔ اگر ہم کامل طور سے شریعت پر عمل پیرا نہیں ہوں گے۔ تو ہم مجرم ٹھہریں گے۔ کوئی درمیانی راستہ اور مقام نہیں۔ یا تو ہم شریعت کے تابع فرمان ہو سکتے ہیں یا پھر نافرمان جنہیں ابدی سزا ملے گی۔ خدا کا معیار قطعی سخت ہے۔ اسے مجموعی طور پر اپنانا چاہئے۔ شریعت کی کسی ایک بات کا نافرمان شخص بھی ویسی ہی سزا پائے گا جس قدر اس شخص کو سزا ملے گی جو ساری شریعت کا نافرمان ہوتا ہے۔

بیان کردہ شریعت کے مطابق ہم سب ایک ایسے معیار کے تابع ہو جاتے ہیں، جو قابل عمل اور ممکن دکھائی نہیں دیتا۔ اگر میں دوسروں کی بہ نسبت شریعت کے زیادہ حکموں پر عمل پیرا ہوتا ہوں تو پھر بھی میں شریعت کا نافرمان ہی ہوں کیونکہ میں شریعت کی ساری باتوں پر عمل نہیں کر رہا۔ اس لئے میں خدا کے معیار پر پورا نہیں اُتر رہا۔ خداوند یسوع مسیح

کو قبول کرنے والا شخص کبھی اس بات کا دعویٰ نہیں کر سکتا کہ اس نے ساری شریعت پر عمل کیا ہے یا پھر خدا کے اس معیار پر پورا اُترا ہے جو خدا نے بنی نوع انسان کے لئے مقرر کیا ہے۔ ہم میں سے ہر ایک کسی نہ کسی طور پر خدا کے میعار سے نیچے ہے۔ اس کا نتیجہ روحانی موت ہی ہے۔ یعنی بنی نوع انسان خدا کی حضوری سے دور ابدیت جہنم میں رہیں گے۔ شریعت ہم پر یہ بات روشن کرتی ہے کہ ہم سب گنہگار ہیں۔ اگر نجات شریعت پر عمل پیرا ہونے سے ہی ملتی، تو ہم میں سے کوئی بھی نجات نہ پا سکتا۔ خداوند یسوع مسیح اسی لئے تو اس جہاں میں آیا تھا۔ وہ خدا کی طرف ایک راہ متعارف کرانے کے لئے آیا تھا۔ خداوند یسوع مسیح کے خون میں چھپ جانے سے ہمارے گناہ معاف ہو جاتے ہیں۔ خداوند یسوع نے ہمارے گناہوں کی سزا اپنے اُوپر لے لی اور اپنی جان ہمارے لئے صلیب پر قربان کر دی۔ ہالیلویاہ!

یہ آیات ہمیں بتاتی ہیں کہ ہم اپنا موازنہ کسی دوسرے کے ساتھ نہیں کر سکتے۔ ایسا بھی نہیں کہ ہم کسی گناہ کو بہت بڑا اور کسی دوسرے گناہ کو بہت چھوٹا گناہ قرار دیں۔ کیونکہ کوئی بھی گناہ ہمیں خدا کی قربت اور حضوری سے دُور لے جا سکتا ہے۔ یہ کس قدر اہم ہے کہ ہم مسیح یسوع میں ہیں اور گناہوں کی معافی سے واقف اور شادمان ہو چکے ہیں۔

12 آیت میں مصنف اپنے قارئین کو اس بات کے لئے ابھارتا ہے کہ وہ آزادی کی شریعت کے مطابق زندگی بسر کریں تاکہ اُن کی عدالت بھی آزادی کی شریعت کے مطابق ہو۔ ہم پہلے ہی اس بات پر غور کر چکے ہیں کہ خدا کی شریعت نے جیسا کہ عہدِ عتیق میں ملتا ہے ہمیں ایک ایسے معیار کے نیچے لا کھڑا کیا تھا جس پر ہم پورا نہیں اُتر سکتے تھے۔ پرانے عہد نامہ کی شریعت نجات کا باعث نہیں ہو سکتی تھی۔ وہ کسی طور پر مخلصی کا باعث نہیں ہو سکتی تھی۔ یہاں پر جب مصنف شریعت کی بات کرتا ہے تو وہ پرانے عہد نامہ کی شریعت کا

حوالہ نہیں دے رہا جو مردِ خدا موسیٰ کی معرفت ملی تھی۔ خداوند یسوع مسیح نے اس دُنیا میں آکر ہمارے گناہوں کی قیمت چکا دی ۔ یہی وہ اہم اور بنیادی کام تھا جسے وہ کرنے کے لئے اس دنیا میں آیا تھا۔ وہ اس لئے بھی اس دُنیا آیا تھا کہ خدا کا پاک روح ہماری زندگی میں سکونت کر سکے۔

خدا کا پاک روح سچائی کی طرف رہنمائی کرنے کے لئے ہماری زندگی میں آتا۔ تاکہ ہم خدا کے کلام کی صداقتوں سے روشناس ہو سکیں۔ اور ہمیں بوقت ضرورت خدا کے پاک روح کی رہنمائی اور ہدایت بھی مل سکے۔ خدا کی شریعت ہمارے دلوں اور دماغوں پر لکھی جا سکے۔

اگرچہ جسم روح کے خلاف خواہش کرتا ہے، جسم تو خدا کے مقصد اور ارادے کے متضاد ہی چلتا ہے۔ لیکن ایماندار لوگ خدا کے روح کی ہدایت کے مطابق زندگی بسر کرتے ہیں۔ کیا ہمارے منہ سے ایسی باتیں نکلتی تھیں جو خدا کے روح کی رہنمائی اور تحریک سے ہوتی تھیں یا پھر ہم اپنے گناہ آلودہ دل کی ہٹ پر چلتے تھے؟ کیا ہم ایسے کام کرتے تھے جو خدا کے روح کی تحریک سے ہوتے تھے یا پھر ہم ایسے کام کرتے تھے جو گناہ آلودہ دل کی خواہشوں اور رغبتوں سے تحریک پاتے تھے؟ یعقوب رسول اپنے قارئین کو اُبھارتا ہے کہ ان کی گفتگو ایسی ہو کہ روزِ عدالت اُنہیں شرمندگی کا سامنا نہ کرنا پڑے۔

یعقوب رسول 13 آیت میں ایک زبردست بیان قلمبند کرتا ہے۔ اس نے اپنے قارئین کو بتایا کہ ان لوگوں کی عدالت بغیر رحم کے ہوگی جنہوں نے دوسروں پر رحم نہیں کیا ہوگا۔ اور رحم انصاف پر غالب آتا ہے۔ خدا دیکھتا ہے کہ دوسروں کے تعلق سے ہمارا طرزِ عمل اور طرزِ فکر کیسا ہے۔ خدا کو ہمارے دلوں میں چھپے تعصب اور کینے کا بھی بخوبی علم ہوتا ہے۔ اگر ہم دوسروں پر رحم کرنے، دوسروں کے لئے باعث برکت اور دوسروں

کی بھلائی اور بہتری کے خواہاں نہیں تو کس طرح ہم خدا کی برکات اور عنایات کی توقع کر سکتے ہیں ؟یعقوب رسول بیان کرتا ہے کہ جس طرح ہم دوسروں کی عدالت کرتے ہیں اسی طرح ہماری بھی عدالت کی جائے گی۔(متی 16 باب 12 تا 14 آیت، 1 پطرس 3 باب 7 آیت)

مجموعی طور پر یعقوب رسول ان آیات میں طرفداری اور دوسروں کی عدالت ان کی ظاہری صورتحال کی بنا پر کرنے کے تعلق سے بیان کر رہا ہے۔ بعض اوقات ہم جسم کی باتوں پر دھیان دینے کو ترجیح دیتے ہیں نا کہ روح کی رہنمائی لینے کو۔ ایسے وقتوں میں، ہم باآسانی ایک دوسرے پر انگلی اُٹھا سکتے ہیں، یہ بھی ممکن ہے کہ ہم کسی ایک کلیسیائی شخص کو حقیر جاننا شروع کر دیں۔ ان آیات میں یاددہانی کرائی گئی ہے کہ عدالت کی بہ نسبت رحم زیادہ طاقتور ہتھیار ہے۔ میں اس بات کا چشم دید گواہ ہوں کہ بہت سے لوگ کلیسیا میں نکتہ چینی اور تنقیدی روح کے باعث کلیسیا کو خیرباد کہہ کر چل دیتے ہیں۔ اس کے برعکس میں نے دیکھا ہے کہ محبت فتح مندی کا باعث ہوتی ہے اور گناہ پر غالب آتی ہے۔ جہاں عدالت ناکام ہو جاتی ہے وہاں پر رحم فتح مند ہوتا ہے۔

یعقوب رسول ان آیات میں ہمیں سچائی پر چلنے کی تلقین کرتا ہے جو کہ خدا کے کلام میں پائی جاتی ہے۔ ہمیں ایسا طرزِ زندگی، طرزِ عمل اور طرزِ فکر اپنانا ہے جو روح کی رہنمائی کے مطابق ہو نہ کہ جسم کی رغبتوں اور خواہشوں سے مغلوب۔ خدا کا پاک روح ہمیں ایک دوسرے سے مثبت اور تعمیر گفتگو کرنے کا فہم عطا کرتا ہے۔ یعقوب رسول ہمیں بتاتا ہے کہ حقیقی اور زندہ ایمان دوسروں کے ساتھ ہمارے تعلقات پر بھی اثرانداز ہو گا۔ ہمیں روح کی رہنمائی کے تعلق سے حساس روّیہ اختیار کرنے کے ضرورت ہے۔ ہمیں توجہ اور پورے دھیان کے ساتھ اس پر غور کرنا ہو گا کہ خدا نے ہمیں کیا کرنے اور کیا کہنے

کے لئے بلایا ہے۔ ہمیں محتاط روّیہ اپنانا ہو گا تا کہ ہمارے الفاظ، کردار اور افعال سبھی کچھ روح کی رہنمائی اور ہدایت کے مطابق ہو۔ اور ہم خدا کے کلام کے مطابق راہ مستقیم پر چل سکیں۔ حقیقی ایمان روح کی رہنمائی کے مطابق ہوتا ہے۔ اور روزمرہ کی بنیاد پر اُن لوگوں کی زندگی پر گہرے اثرات مرتب کرتا ہے جن سے ہمارا ملنا جلنا ہوتا ہے۔

چند غور طلب باتیں

☆۔ یہ کیوں کر اہم ہے کہ ہم خداوند کی شریعت کو مجموعی طور پر دیکھیں نہ کہ انفرادی طور پر بعض حصوں پر غور کریں؟

☆۔ یہ کیسے کہا جا سکتا ہے کہ اگر ہم شریعت کے کسی ایک حکم کی نافرمانی کرتے ہیں تو ہم تمام شریعت کے نافرمان ہونے کے مُرتکب ہوتے ہیں؟

☆۔ وہ کون سی شریعت ہے جو آزادی اور مخلصی دیتی ہے؟ یہ عہدِ عتیق کی شریعت سے کس طرح مختلف ہے؟

☆۔ جب مصنف یہ کہتا ہے کہ "رحم انصاف پر غالب آتا ہے" تو اس سے اس کا کیا معنی ہے؟

☆۔ کیا آج کچھ ایسے لوگ ہیں جن پر آپ کو رحم کرنے کی ضرورت ہے؟ وہ کون سے لوگ ہیں؟

☆۔ خداوند کی رہنمائی کے تحت ہمارا کردار، گفتار اور لوگوں کے ساتھ ہمارا روّیہ اور برتاؤ کس طرح لوگوں اور ہم پر اثر انداز ہوتا ہے۔ اگر ہم اپنے تعلقات میں روح القدس کی رہنمائی اور اس کی قدرت کو کام کرنے کا موقع دیں تو اس سے ہمارے تعلقات میں کیا بہتری اور بھلائی پیدا ہو سکتی ہے؟

چند اہم دُعائیہ نکات

☆۔ خداوند کی شکر گزاری کریں کہ وہ اس دُنیا میں ہمارے گناہوں کی قیمت چکانے کے لئے آیا۔

☆۔ خداوند سے فضل اور توفیق چاہیں تاکہ آپ اپنی زندگی میں پورے طور پر اس کے پاک روح کی رہنمائی پر توجہ دے سکیں۔ خداوند کی شکر گزاری کریں کہ روح القدس کی رہنمائی میں چلتے ہوئے، دوسروں کے ساتھ ہمارے تعلقات یکسر بدل سکتے ہیں۔

☆۔ خداوند سے اور زیادہ رحمدل ہونے کے لئے دُعا کریں۔ خداوند سے معافی مانگیں اگر آپ گزرے وقتوں میں دوسروں پر رحم کرنے میں ناکام رہے ہیں۔

☆۔ خداوند کی شکر گزاری کریں کہ اُس کا پاک روح ہماری زندگی میں ہے۔ تاکہ روزمرہ زندگی اور معاملات میں ہماری مدد اور رہنمائی کرے۔

باب 9

ایمان اور اعمال

یعقوب 2 باب 14 تا 26 آیت

یعقوب رسول کے اس خط میں درج بالا حوالہ بہت معرُوف ہے۔ یہاں پر مصنف بڑے پُر زور انداز میں ایمان اور افعال کے درمیان تعلق بیان کرتا ہے۔ اس کا مدعا اور مقصد یہی تھا کہ ایمانداروں کی زندگی اُن کے ایمان کے مطابق ہی ہو۔ یعنی جو کچھ وہ ایمان رکھتے ہیں اِس کا اظہار اُن کے اعمال سے بھی ہو۔ اس بات کا دعوٰی کرنا بہت آسان ہے کہ ہم ایمان رکھتے ہیں لیکن اس بات کو اپنے ایمان سے ثابت کرنا بہت مشکل ہوتا ہے۔ آئیں غور فرمائیں کہ یعقوب رسول ہمیں یہاں پر کیا تعلیم و تلقین کر رہا ہے۔

14 آیت میں مصنف ایک اہم سوال پوچھنے سے آغاز کرتا ہے۔

"اَے میرے بھائیو! اگر کوئی کہے کہ میں ایماندار ہوں مگر عمل نہ کرتا ہو تو کیا فائدہ؟ کیا ایسا ایمان سے نِجات دے سکتا ہے؟"

یہ حوالہ علم الٰہیات کے ماہرین کے لئے پریشانی اور اُلجھن کا باعث رہا ہے۔ بعض یہ سمجھتے ہیں کہ مصنف یہاں پر نجات بذریعہ اعمال پر زور دے رہا ہے۔ لیکن اس بات کا سچائی سے دُور کا بھی واسطہ نہیں ہے۔ یعقوب رسول اس بات پر ایمان رکھتا ہے کہ حقیقی ایمان کا اظہار اعمال ہی سے ہوتا ہے۔ (اعمال کی کتاب کئی ایک مثالوں سے بھری ہوئی ہے)۔ اگر لوگ یہ کہتے ہیں کہ وہ خداوند یسوع مسیح پر ایمان رکھتے ہیں تو پھر اِس کا اظہار اُن کے طرزِ زندگی سے ہو جائے گا۔

تصور کریں کہ آپ کی ملاقات ایک ایسے شخص سے ہوتی ہے جو اس بات کا دعویٰ کرتا ہے کہ وہ مسیح کا پیروکار ہے اور اس پر ایمان رکھتا ہے، لیکن اس بیان اور دعویٰ کے ساتھ ساتھ وہ گناہ میں بھی زندگی بسر کرتا ہوں، اور اس کی زندگی میں تبدیلی کی کوئی خواہش اور تڑپ نہ پائی جاتی ہو، ایسے شخص کی گفتگو خالی، بے معنی اور قوت سے خالی ہو گی کیونکہ اس کا دل تبدیل نہیں۔ کوئی ایسا ثبوت نظر نہیں آرہا جس سے یہ ظاہر ہو کہ وہ شخص ایک تبدیل شدہ نیا انسان ہے۔ اس کی گفتگو، اس کے اعمال و افعال، اور روّیے اس کے طرزِ فکر کے عکاس ہوتے ہیں۔ ایسے شخص کے تعلق سے آپ کو کیا سوچ اور ایمان رکھنے کی ضرورت ہے؟ اگر اُس کی زندگی میں مسیح کی زندگی کا کوئی ثبوت دیکھنے کو نہیں مل رہا، تو پھر کسی اور ثبوت کی ضرورت نہیں کہ آیا وہ ایک حقیقی مسیحی ایماندار ہے یا نہیں۔ یعقوب رسول ہمیں یہ سمجھانے کی کوشش کر رہا ہے کہ حقیقی ایمان انسان کے روّیوں، ایمان و افعال، طرزِ گفتگو اور طرزِ زندگی پر اثر انداز ہو تابلکہ گہرے اثرات مرتب کرتا ہے۔

پولس رسول یعقوب رسول کے ساتھ پورے طور پر متفق ہے۔ اُس نے کرنتھس کی کلیسیا کو لکھا۔

"اِس لئے کہ اگر کوئی مسیح میں ہے تو وہ نیا مخلوق ہے۔ پُرانی چیزیں جاتی رہیں۔ دیکھو وہ سب نئی ہو گئیں۔" (2 کرنتھیوں 5 باب 17 آیت)

یعقوب رسول کی طرح اس معاملہ پر پولس رسول کے ذہن میں بھی کوئی سوال اور شک و شبہ نہیں تھا۔ جب خدا کا پاک روح ایک ایماندار کی زندگی میں سکونت کرنے کے لئے آتا ہے، تو پھر ایماندار کی زندگی میں یکسر تبدیلی واقع ہوتی ہے۔ خدا کا پاک روح ہماری سوچ، روّیوں، اور دل میں گہری تبدیلی پیدا کرتا اور ہم میں سکونت اختیار کر لیتا ہے۔ وہ سوچ اور طرزِ زندگی میں گہری تبدیلی پیدا کرنے کے لئے ایمانداروں کی مدد اور رہنمائی

کرتا ہے۔ یہ بات مقدس پولس اور یعقوب رسول کی سوچ سے بالاتر تھی کہ ایک شخص مسیحی ایمان کا دعویٰ بھی کرتا ہو لیکن اس کے طرزِ فکر اور روّیوں میں گہری تبدیلی واقع نہ ہو۔ جو ایمان آپ رکھتے ہیں اگر اُس نے آپ کی زندگی میں تبدیلی پیدا نہیں کی تو پھر آپ کے پاس سوال پوچھنے کی دلیل موجود ہے کہ آیا یہ حقیقی اور نجات بخش ایمان ہے۔ یہ بات یعقوب رسول 14 آیت میں واضح کرنے کی کوشش کر رہا ہے۔

یعقوب رسول کے نزدیک حقیقی ایمان بہت عملی قسم کا ہوتا ہے۔ 15 آیت میں وہ حقیقی اور نقلی ایمان کے درمیان فرق بیان کرتا ہے۔ اگر آپ کے آس پڑوس میں کوئی ایسا بھائی یا بہن موجود ہو جس کے پاس روزمرہ کی ضروریات کی چیزیں نہ ہوں، آپ ان لوگوں کے ایمان کے بارے میں کیا خیال کریں گے جو اپنے بھائیوں اور بہنوں کے لئے نیک خواہشات کا اظہار کرتے ہیں لیکن اُنہیں کھانے، پینے اور پہننے کے لئے کچھ فراہم نہیں کرتے، اگرچہ اُن کے پاس اُن کی ضروریات پوری کرنے کے لئے وسائل بھی موجود ہوتے ہیں؟

ہمارے دور کا مسئلہ یہ ہے کہ ہم ایمان کو محض ایک عقیدہ سمجھ بیٹھے ہیں۔ یعقوب رسول ہمیں یاددہانی کراتا ہے کہ بائبل مقدس کے مطابق ایمان کی تعریف یہ نہیں ہے۔ ایمان ایسا عقیدہ اور عمل ہے جو باہم ساتھ ساتھ چلتے ہیں۔ یہ کہنا کہ آپ کسی بات پر ایمان رکھتے ہیں اور پھر آپ اس پر عمل نہ کرتے ہو تو اس کا مطلب یہی ہے کہ آپ خود کو دھوکہ دے رہے ہیں۔ حقیقی ایمان وہی ہوتا ہے جو ہمیں متحرک کرے کہ ہم اپنے عقیدے کے مطابق چل بھی سکیں، یہی حقیقی اور زندہ ایمان کی علامت ہے۔ اگر میں ایمان رکھتا ہوں کہ خدا مہیا کرے گا تو پھر یہی طرزِ عمل ہونا چاہئے کہ میں آگے بڑھوں اور خدا کو موقع دوں کہ وہ مجھے مہیا کرے۔ اگر میرا اس بات پر ایمان ہے کہ خدا مجھے توفیق دے سکتا اور اپنی قوت سے بھر سکتا ہے تو پھر میں ایسے مراحل اور مقامات پر بھی ایمان کا اظہار کروں گا

جو میری سمجھ سے بالاتر اور انسانی قوت سے باہر ہیں۔ (داؤد اور جاتی جولیت) اگر میرا ایمان ہے کہ خدا نے مجھے کچھ کرنے کے لئے بلایا ہے تو پھر میں آگے بڑھ کر وہ کچھ کروں گا جس کے لئے خدا نے مجھے بلایا ہے۔ ایمان اور عمل باہم ساتھ ساتھ چلتے ہیں۔ ایمان اعمال کے بغیر حقیقی اور زندہ ایمان نہیں ہوتا۔ (17 آیت) حقیقی ایمان کا ثبوت اور اظہار ہمارے اعمال سے ہی ملتا ہے۔

18 آیت میں یعقوب رسول کی تعلیم پر بعض لوگ اعتراض و سوال اُٹھاتے ہیں۔ کچھ لوگوں کا ایمان ہوتا ہے اور بعض لوگوں کے اعمال۔ بالفاظ دیگر، کچھ ایسے لوگ ہوتے ہیں جن کے پاس ایمان کی نعمت ہوتی ہے۔ بعض لوگ دوسروں کی خدمت کرنے کی نعمت سے معمور ہوتے ہیں۔ یعقوب رسول نے ایسے لوگوں کو یہ سوال پوچھتے ہوئے اس بات کا جواب دیا ہے۔ کہ آیا وہ اعمال کے بغیر اپنا ایمان دکھا سکتے ہیں؟ کیا ممکن ہے کہ کوئی شخص ایمان تو رکھتا ہو لیکن اپنے اعمال سے اُسے دکھا نہ سکتا ہو؟ کیا ممکن ہے کہ ایک شخص ایمان رکھتا ہو لیکن وہ ایمان اسے کسی سمت میں کچھ کرنے کے لئے متحرک نہ کرے؟ کیا ممکن ہے کہ ایمان بھی ہو اور وہ ایمان کسی تبدیلی کی صورت میں انسان کے طرزِ زندگی، طرزِ فکر اور روّیوں سے ظاہر بھی نہ ہو رہا ہو؟ حقیقی ایمان ہمیں تبدیل، متحرک اور خدا کی عبادت اور پرستش پاکیزگی سے کرنے کے لئے تیار کرتا ہے۔

ایمان اور عقیدہ اگر اس کے ساتھ عمل نہ ہو تو اپنی ذات میں کوئی اہمیت اور قدر و قیمت نہیں رکھتے۔ 19 آیت ہمیں یاد دلاتی ہے کہ بدروحیں بھی خدا اور اس کی قدرت پر ایمان رکھتی ہیں۔ بدروحیں ہم سے زیادہ خدا کی قدرت پر ایمان رکھتی ہیں۔ لیکن یہ بدروحیں ہمیشہ کے لئے جہنم کی آگ میں ڈالی جائیں گی۔ خدا پر اُن کا ایمان اور اُس کی قدرت کے تعلق سے اُن کا علم و معرفت اُنہیں محفوظ نہ رکھ پائے گا۔ اگر ہم یہ ایمان رکھتے ہیں کہ خدا

موجود ہے اور وہ سب کچھ کرنے کی قدرت رکھتا ہے۔ لیکن اس ایمان کے مطابق کوئی عملی قدم نہ اٹھائیں تو پھر ہمارا ایمان بھی ان بدروحوں جیسا ہی ہے۔ کیونکہ وہ بھی ایسا ہی ایمان رکھتی ہیں جیسا کہ ہمارا ایمان ہے۔ اگر آپ خدا سے محبت نہیں رکھتے، پورے دل سے اس کی پرستش اور عبادت نہیں کرتے تو آپ کا ایمان بے معنی اور لاحاصل ہے۔ جس کار کو آپ نے چلانا نہیں اس میں گیس یا پٹرول ڈالنے کا کیا فائدہ؟ اگر گاڑی چلائی نہیں جاتی تو ایندھن بے کار ہے۔ اسی طرح ایمان جسے عمل میں نہیں لایا جاتا، بے کار اور بے مقصد ہوتا ہے۔ (20 آیت)

21 آیت میں، یعقوب رسول، ابرہام کی مثال پیش کرتے ہوئے اسی نکتہ کو واضح کرتا ہے۔ ایک دن خدا نے ابرہام کو بلا کر کہا کہ وہ اپنے بیٹے کو لے کر اسے مذبح پر قربان کر دے۔ ابرہام کو اگرچہ خدا کی بات سمجھ میں آئی لیکن اُس نے پھر بھی وہی کیا جو اُس نے خداوند سے سنا تھا۔ خدا نے اس کے اس عمل کو اس کے لئے راستبازی شمار کیا۔ خدا کو ابرہام کے اس عمل سے خوشنودی حاصل ہوئی۔ ایمان وہ ایندھن ہے جو عمل کے شعلہ کو متحرک کرتا ہے۔ ابرہام کی مثال میں ایمان اور عمل شانہ بشانہ کام کرتے ہوئے دکھائی دیتے ہیں۔ (22 آیت) جب ایمان اپنا کام کرے گا، تو فطرتی طور پر اس کا نتیجہ فرمانبرداری ہو گا۔ ہو سکتا ہے کہ آپ نے آگ جلانے کی کوشش کی ہو لیکن یہ نہ جلی ہو۔ پھر آپ نے لکڑیوں پر مٹی کا تیل یا پٹرول بھی چھڑکتے ہیں۔ کیا ہو گا؟ وہ پٹرول لکڑیوں میں آگ کا شعلہ اُٹھا دے گا۔ ایمان کا کام بھی کچھ ایسا ہی ہے۔ یہ ہٹ دھرم دلوں میں حدت اور شدت پیدا کر دیتا ہے، یہ مُردہ ضمیروں میں ہلچل پیدا کر کے انہیں کوئی عملی قدم اُٹھانے کے لئے متحرک اور سرگرم کر دیتا ہے۔ ایمان عملی قدم کے لئے ہم میں حرکت پیدا کرتا ہے۔

خدا ایسے ہی ایمان سے خوشنود ہوتا ہے۔ جب ابرہام نے خدا کی آواز سن کر فرمانبرداری کرتے ہوئے عملی قدم اُٹھانے کے لئے عمل کیا، خدا نے اُس کے اِس عمل کو اُس کے لئے راستبازی شمار کیا۔ 23 آیت) بالفاظ دیگر، خدا اُس کے عملی اقدام سے خوشنود ہوا۔ صرف یہی نہیں، بلکہ خدا اسے اپنا دوست کہتے ہوئے بھی خوش ہوا۔

یعقوب رسول ہمیں یاد کراتا ہے کہ ایک شخص ایمان کے ساتھ ہی نہیں بلکہ اعمال کے ساتھ بھی راستباز ٹھہرتا ہے۔ اس کا ہرگز یہ مطلب نہیں کہ لوگ اپنے ایمان سے نجات پائیں گے۔ بلکہ اس کا معنی و مفہوم یہ ہے کہ حقیقی ایمان کا ثبوت تبدیل شدہ زندگیوں اور اعمال و افعال میں دیکھنے کو ملتا ہے۔

یعقوب رسول نے 25 آیت میں راحب کی مثال پیش کرتے ہوئے اس نکتہ کو اور بھی واضح کیا ہے۔ راحب نے دو اسرائیلی جاسوسوں کو چھپا دیا جو ملک کنعان کا حال دریافت کرنے کے لئے وہاں پہنچے تھے۔(یشوع 2 باب) وہ اس بات پر ایمان لائی کہ خدا انہیں اس کے ملک پر فتح بخشنے کو ہے۔ اس کے نتیجہ میں اس نے اپنی جان کو خطرے میں ڈال کر ان جاسوسوں کو چھپانے کا عملی فیصلہ کیا۔ وہ اس بات پر ایمان لائی کہ یہ جاسوس حقیقی خدا کی پرستش اور عبادت کرتے ہیں، اس وجہ سے اس نے اپنے ہی لوگوں سے منہ موڑنے کا فیصلہ کر لیا ہے۔ اسرائیلیوں کے خدا پر ایمان ہی وجہ سے اس نے اپنی جان کو خطرے میں ڈالنے کا فیصلہ کیا تھا۔ خدا نے اس کے ایمان کی قدر کرتے ہوئے اسے اور اس کے گھرانے اور اہل و عیال کو بچا لیا۔ ایمان کی قدرت ایسی ہے کہ اپنے نکتہ عروج کی بنا پر خطروں سے بھی کھیل جاتا ہے۔

یعقوب رسول اس نکتہ پر اختتام کی طرف بڑھتے ہوئے اپنے قارئین کو واضح مثال دیتے ہوئے سمجھاتا ہے کہ جس طرح بدن روح کے بغیر مردہ ہے اسی طرح ایمان اعمال کے بغیر

مُردہ ہے۔ یعقوب کے نزدیک مُردہ ایمان لاحاصل اور بے کار ہوتا ہے۔ جو کچھ یعقوب رسول کہہ رہا ہے اس پر غور کرنے اور دھیان لگانے کی کس قدر ضرورت ہے۔ وہ ہمیں یہی کہہ رہا ہے کہ حقیقی اور زندہ ایمان کو اپنی زندگی میں کام کرنے دیں۔ جب ہم اپنے دلوں کو حقیقی اور زندہ ایمان کے لئے کھولیں گے، تو پھر فطرتی طور پر فرمانبرداری اور عملی اقدام کی طرف بڑھنے لگیں گے۔ خدا نے آپ کے دل میں کیا رکھا ہے؟ ایمان سے آپ خدا کی طرف سے کیا سنتے چلے آرہے ہیں؟ ایمان کو موقع دیں کہ وہ فرمانبرداری اور تابعداری کی طرف آپ کو متحرک کرے۔ ایمان اور خود اعتمادی کے ساتھ آگے بڑھیں اور ثابت کر دیں کہ آپ کا ایمان حقیقی اور زندہ ہے۔

چند غور طلب باتیں

☆۔ حقیقی نجات بخش ایمان کا کیا ثبوت ہے؟

☆۔ بدروحیں بھی خدا کے تعلق سے ایمان رکھتی ہیں اور ابرہام بھی خدا پر ایمان لایا، ان دونوں میں کیا فرق ہے؟

☆۔ ایمان ہمیں کیا کرنے کے قابل بناتا اور کس طرح عملی قدم اُٹھانے کی توفیق بخشتا ہے، خواہ سامنے خطرناک صورتحال ہی کیوں نہ ہو؟

☆۔ راحب کے لئے ایمان کا کیا مطلب اور معنی تھا؟

☆۔ آپ کی زندگی میں حقیقی نجات بخش ایمان کا کیا ثبوت ہے؟

چند اہم دُعائیہ نکات

☆۔ خدا سے ایسا ایمان مانگیں کہ خواہ آپ کو کیسی ہی قیمت ادا کرنی پڑے وہ ایمان متحرک رہے اور آگے ہی بڑھتا چلا جائے۔

☆۔ خداوند سے درخواست کریں کہ وہ آپ پر ظاہر کرے کہ وہ کون سی چیز ہے جو آپ کو حقیقی طور پر ایمان کا مظاہرہ کرنے سے روکے ہوئے ہے۔

☆۔ خداوند سے دُعا کریں کہ وہ آپ کے ایمان کو بڑھائے۔

☆۔ خداوند کی شکر گزاری کریں کہ وہ اس قابل ہے کہ ہم اُس پر ایمان اور بھروسہ رکھ سکیں۔

باب 10

زبان پر قابو رکھیں

یعقوب 3 باب 1-12 آیت

اس خط کے 3 باب میں، یعقوب رسول ایک بار پھر زبان کے موضوع پر بات کرنے کی طرف واپس آتا ہے۔ (1 باب 19 آیت اور 26 آیت کو بھی پھر سے پڑھیں) یعقوب رسول بڑے وثوق کے ساتھ اس بات پر ایمان رکھتا ہے کہ حقیقی ایمان مسیحی ایمانداروں کے طرزِ زندگی، اعمال و افعال سے ظاہر ہوتا ہے۔ لوگوں کی گفتگو، اور منہ سے نکلنے والے الفاظ ان کے دل کی حالت کو واضح اور حقیقی طور پر بیان کر دیتے ہیں۔ اس حوالہ میں، یعقوب رسول حقیقی ایمان کو ناپنے کے لئے زبان کے استعمال پر بات کرتا ہے۔

یعقوب رسول اس باب کا آغاز ان لوگوں کو نصیحت کرنے سے کرتا ہے جو اپنی زبان کو حق بات کہنے کے لئے استعمال کرتے ہیں۔ یعقوب رسول انہیں یاد دہانی کراتا ہے کہ جس قدر علم و معرفت بڑھتا ہے اسی قدر ذمہ داری میں بھی اضافہ ہوتا ہے۔ استادوں کے لئے ضروری ہے کہ جن باتوں کی وہ تعلیم دیتے ہیں اس کے مطابق وہ زندگی بھی گزاریں۔ ایسا نہیں ہونا چاہئے کہ " اوروں کو نصیحت اور خود میاں فضیحت " یہاں ایک بار پھر یعقوب رسول کی تعلیم کا عملی پہلو دیکھنے کو ملتا ہے۔ یعقوب کے مطابق درس و تدریس ایک باعزت اور باوقار خدمت ہے۔ اگر ایک شخص اس تعلیم کے مطابق زندگی بسر نہیں کر سکتا جو وہ دوسروں کو دے رہا ہے تو یہی بہتر ہے کہ وہ تعلیم ہی نہ دے۔ یعقوب رسول اپنے قارئین کو یہ بتاتا ہے کہ تعلیم دینے والوں کی عدالت بہت سختی سے ہوگی۔ لیکن اس کا بالکل بھی یہ

مقصد نہیں کہ ہم خوفزدہ ہو کر اپنی خدمت کو ہی روک دیں۔ جنہیں خدا نے پاسبان اور اُستاد کی خدمت سر انجام دینے کے لئے بلایا ہے، انہیں خدا کے خوف کو دل میں رکھتے ہوئے خدمت کرنے کی ضرورت ہے۔ انہیں اپنے دلوں میں ایک جلتی ہوئی خواہش رکھنی چاہیئے کہ جن باتوں کا وہ پرچار کرتے یا جن باتوں کی وہ دوسروں کو تعلیم دیتے ہیں اس کے مطابق طرزِ زندگی بھی اپنائیں۔

اس کا ہرگز یہ مطلب نہیں کہ اساتذہ اور منادی کرنے والوں کو سو فیصد کامل اور درست ہونا چاہیئے، پھر ہی وہ تعلیم دے سکتے ہیں۔ اگر یہی تقاضا ہو تو پھر کوئی بھی خدمت نہ کر سکے اور کوئی بھی تعلیم دینے کے لئے آگے نہیں بڑھے گا۔ کوئی بھی کاملیت کے معیار پر پورا نہیں اُتر پائے گا۔ یعقوب 2 آیت میں اس بات کو واضح کرتا ہے کہ ہم کئی طرح سے اس زندگی میں بہت سی ٹھوکریں کھاتے ہیں، کوئی بھی کامل ہونے کا دعویٰ نہیں کر سکتا۔ ہم سب اس معیار سے بہت نیچے ہیں جو خدا نے اپنے کلام میں ہمارے لئے مقرر کیا ہے۔

ہم سب کو خداوند یسوع مسیح کے خون کے وسیلہ سے گناہوں کی معافی اور ترس و رحم درکار ہے۔ اگرچہ اساتذہ سے بھی گناہ سرزد ہو سکتا ہے۔ لیکن لازم ہے کہ وہ بلا تاخیر توبہ کر لیں اور خدا سے معافی پا کر پھر سے مضبوط ہو کر تابعداری کی زندگی میں چلنا شروع کر دیں۔ انہیں کبھی بھی اور کسی بھی صورت میں دانستہ گناہ کو اپنی زندگی میں رکھتے ہوئے خدمت اور عبادت نہیں کرنی چاہیئے۔ بلکہ ہر طرح اور ہر صورت میں اپنا رشتہ اور تعلق خدا سے درست رکھنا چاہیئے۔

یعقوب رسول بیان کرتا ہے کہ کامل شخص وہی ہے جو اپنی زبان کو قابو میں رکھتا ہے۔ (2 آیت) وہ اس بات کا موازنہ گھوڑے کے منہ میں لگام سے کرتا ہے۔ (3 آیت) گھوڑے کے منہ میں لگام دینے کا مقصد اسے اپنی مرضی کے مطابق اپنی منزل کی طرف

لے جانا ہوتا ہے۔ ہم اس چھوٹی سے لگام سے اتنے طاقتور گھوڑے کو کنٹرول کر لیتے ہیں۔

4 آیت میں رسول نے بحری جہاز میں پتوار کے اہم کام کی مثال دیتے ہوئے بھی اس بات کو واضح کرنے کی کوشش کی ہے۔ اگرچہ بحری جہاز بہت بڑا ہوتا ہے۔ اور سمندر کی لہروں اور ہوا کے تھپیڑوں سے بے قابو ہو سکتا ہے۔ اتنے بڑے بحری جہاز کی سمت کو کون قابو میں رکھتا ہے؟ جہاز کے نیچے چھوٹا سا پتوار اسے درست سمت میں آگے بڑھنے کے لئے قابو میں رکھتا ہے۔

گھوڑے کے منہ میں لگام اور بحری جہاز میں پتوار بہت چھوٹی چیزیں ہیں۔ لیکن بڑی چیزوں کو قابو کرنے کے لئے استعمال ہوتی ہیں۔ اسی طرح ہماری زندگی میں موجود خواہشوں اور سوچیں بھی ہماری زندگی کی سمت متعین کرتی ہیں۔

یعقوب رسول آگے بڑھتے ہوئے بیان کرتا ہے کہ کس طرح زبان کو قابو میں رکھنا مشکل کام ہے۔ یعقوب رسول اپنے قارئین کو یاد دہانی کراتا ہے کہ انسانی جسم میں زبان چھوٹا سا عُضو ہے تو بھی بہت بڑے نقصان کا باعث ہو سکتی ہے۔ (5 آیت) اگرچہ زبان چھوٹا سا عُضو ہے۔ لیکن بڑی شیخی مارتی ہے۔ تاریخ میں بہت سے لوگوں نے اپنے کارناموں اور کامیابیوں کا بڑے فخر سے ذکر کیا ہے۔ تاریخ کے اوراق اُٹھا کر دیکھیں تو بعض ایسے لوگ بھی ہو گزرے ہیں جنہوں نے دیوتا یا خدا ہونے کا بھی دعویٰ کیا تھا۔ زبان بڑی شیخی مارتی ہے۔ ایسی زبان شیخی بازوں کے مستقبل کا تعین کرتی ہے۔ ایسی شیخی باز زبان اپنے کفر اور بے فائدہ اور گھمنڈی باتوں کے لئے جواب دہ ہوگی۔

یعقوب رسول مزید بیان کرتا ہے کہ چھوٹی سی چنگاری پورے جنگل کو آگ لگا سکتی ہے۔ زبان میں مہلک چنگاری جیسی قوت پائی جاتی ہے۔ یہ چھوٹا سا عضو پورے بدن کو داغدار کر سکتا ہے۔ یہ مسیح کے بدن کے لئے بھی بڑے نقصان کا باعث ہو سکتا ہے۔ زبان ہماری

گواہی کو خراب بلکہ برباد کر سکتی ہے۔ کئی ایک منسٹریز تہمت بازی اور عیب جوئی کی وجہ سے تباہ و برباد ہو چکی ہیں۔

6 آیت میں یعقوب رسول مزید بیان کرتا ہے ۔" زبان بھی ایک آگ ہے۔ زبان ہمارے اعضا میں شرارت کا ایک عالم ہے۔ اور سارے جسم کو داغ لگاتی ہے۔ اور دائرہ دنیا کو آگ لگا دیتی ہے اور جہنم کی آگ سے جلتی رہتی ہے۔"

شائد آپ نے جہنم کی تباہ کن قوت اور بدی کا تجربہ کیا ہو۔ شائد آپ دوسروں پر لعنت ملامت کرتے رہے ہیں یا پھر دوسروں کی لعنت ملامت کا نشانہ بنتے رہے ہیں۔

7 آیت میں مصنف ہر طرح کے جانوروں، پرندوں اور حشرات کا ذکر کرتا ہے جنہیں سدھارا جاتا ہے۔ حتیٰ کہ انسانوں نے بعض مچھلیوں کو بھی سدھا لیا ہے۔ لیکن تاریخ میں کوئی بھی ایسا شخص نہیں ہوا جس نے پورے طور پر زبان کو سدھایا یا قابو میں کیا ہو۔ (سوائے خداوند یسوع مسیح کی ذات کے) کئی ایک موقعوں پر زبان تباہ کن کام کرنے کے لئے بے لگام ہو جاتی ہے۔ ہم میں سے کون سا شخص ہے جو یہ دعویٰ کر سکے کہ اُس نے زبان کی مکمل طور پر تربیت کر لی ہے؟ یعقوب رسول کے مطابق زبان ایک بلا اور زہر قاتل سے بھری ہوئی ہے۔ (8 آیت) گناہ آلودہ اور جسمانی زبان پر بدی فروغ پاتی اور بڑھتی چلی جاتی ہے۔ یہ مہلک زہر سے بھری ہوتی ہے۔ جب یہ بے لگام ہو جاتی ہے تو پھر تباہی اور بربادی کے کام کرتی ہے۔

ایسا نہیں کہ زبان صرف بُری باتیں ہی کرتی ہے۔ یعقوب رسول اس بات سے واقف ہے کہ زبان خدا کی پرستش بھی کر سکتی ہے۔ یہی زبان جو خدا کی پرستش اور عبادت کرتی ہے، بعض اوقات اُن لوگوں پر لعنت اور ملامت بھی کر سکتی ہے جو خدا کی صورت اور شبیہ پر ہیں۔ بروز اتوار پرستش اور عبادت اور بروز سوموار کوئی نہ کوئی شخص ہماری زبان زد عام ہو

تا ہے جس پر ہم تنقید کے تیر برسا رہے ہوتے ہیں۔ یہ اس بات کا قطعی ثبوت ہے کہ زبان بے قابو اور بے لگام ہے۔ جب ایک ہی زبان سے خدا کی تعریف اور دوسروں پر تنقید کے الفاظ نکلتے ہیں تو اس یہ بالکل ایسے ہی جیسے ایک ہی چشمے سے بیک وقت کھاری اور میٹھا پانی بہہ رہا ہو۔

انجیر پر زیتون نہیں لگ سکتے۔ (12 آیت) نہ ہی کھاری چشمے سے میٹھا پانی بہہ سکتا ہے۔ یعقوب رسول کے نزدیک ایک بد زبان خدا کی پرستش اور عبادت نہیں کر سکتی۔ ایسی زبان کو قابو میں لانے کی ضرورت ہوتی ہے۔ لازم ہے کہ ایسی زبان کو قابو میں کیا جائے تاکہ مہلک زہر کو نہ پھیلائے۔

یہ باب زبان سے پیدا ہونے والی تباہی اور بربادی کے خطرات سے آگاہ کرتا ہے۔ جسم کا یہ چھوٹا سا عضو بڑی تباہی کا باعث ہو سکتا ہے۔ زبان کا غلط استعمال مسیح کے بدن کے لئے تباہ کن ثابت ہو سکتا ہے۔ حتیٰ کہ پوری کلیسیا کو بھی تباہی کی طرف لے جاسکتی ہے۔ اگر اسے قابو میں نہ لایا جائے تو یہ اپنا زہر پھیلاتی چلی جائے گی۔ جو بھی اس کے نشانے پر آتا جائے گا تنقید کے تیروں سے زخمی اور لعنت و ملامت کے الفاظ سے دل برداشتہ ہوتا چلا جائے گا۔ یعقوب رسول کا یہی ایمان ہے کہ کوئی بھی شخص زبان کو پورے طور پر قابو میں نہیں لا سکا۔ لیکن وہ یہ چاہتا ہے کہ ایماندار اس تعلق سے سنجیدہ کوشش کریں۔ زبان کو ہمارے دل سے تقویت ملتی ہے۔ ہماری گفتگو اس بات کی عکاس ہوتی ہے کہ ابھی ہماری زندگی کے کچھ ایسے حصے ہیں جو ابھی تک مغلوب نہیں ہوئے بلکہ ہمیں اپنا اسیر بنائے ہوئے ہیں۔ یعقوب رسول ہمیں بتاتا ہے کہ اگر ہمارے دلوں پر خدا کا راج ہو گا تو اس کا اظہار ہمارے طرزِ گفتگو سے ہو جائے گا۔ حقیقی اور زندہ ایمان بھی ہماری گفتگو سے جھلکتا ہے۔ خدا کے لوگوں یہ آپ کی ذمہ داری ہے کہ آپ اپنی زبان کو قابو میں رکھیں، اِس کی تربیت کریں

اور خود بھی نقصان سے بچیں اور دوسروں کو بھی زخمی اور آزُردہ خاطر نہ کریں۔

چند غور طلب باتیں

☆۔ مصنف ہمیں ایک اُستاد / معلم کی ذمہ داری کے تعلق سے کیا بتاتا ہے؟ ایک اُستاد اور معلم کے لئے کس قدر ضروری ہے کہ وہ جو کچھ لوگوں کو تعلیم دے، وہ اس کے مطابق خود بھی زندگی گزارے۔

☆۔ ایک بے لگام اور بے قابو زبان کس قدر نقصان کا باعث ہو سکتی ہے؟ کیا آپ نے اس نقصان کو شروع ہی میں دیکھ لیا ہے؟ وضاحت کریں۔

☆۔ آپ کی زبان آپ کے دل کے تعلق سے آپ کو کیا بتاتی ہے؟

☆۔ حقیقی ایمان اور زبان کے استعمال کے درمیان کیسا تعلق پایا جاتا ہے؟

چند اہم دُعائیہ نکات

☆۔ خداوند سے زبان پر قابو پانے کے لے دُعا مانگیں۔ خداوند سے ایسے وقتوں کے لئے معافی مانگیں جب آپ اپنی زبان پر قابو نہ رکھ سکے۔

☆۔ خداوند سے ان زخموں اور ضربِ کاری کے لئے معافی مانگیں جو آپ کی زبان سے دوسروں کے دلوں پر لگے ہیں۔

☆۔ خداوند سے ایسے لوگوں کو معاف کرنے کے لئے توفیق مانگیں جن کی گفتگو اور لفظوں کے تیروں سے آپ زخمی اور پریشان ہوئے ہیں۔

11

اُوپر سے ملنے والی حکمت

یعقوب 3 باب 13-18 آیت

3 باب کے اس حصہ میں مصنف کی دلچسپی یہی ہے کہ اس کے قارئین آسمانی حکمت کے مطابق زندگی بسر کریں نہ کہ جسمانی اور دُنیوی حکمت کے مطابق اپنا طرزِ زندگی بنائیں۔ وہ ایمانداروں کو اس بات کے لئے اُبھارتا ہے کہ وہ آسمانی حکمت کا مظاہرہ اپنے اچھے چال چلن سے کریں۔(13 آیت)

حکمت کو چال چلن سے الگ نہیں کیا جا سکتا۔ یہودی سوچ کے مطابق، راستبازی کی حکمت علم کو اپنے طرزِ زندگی کا حصہ بنانے کا ایسا عمل ہے جس سے خدا کو جلال ملتا ہے۔ اور اُس کے نام کو ایسی عزت اور بزرگی ملتی ہے جو اس کی شان کے شایاں ہے۔

14 اور 15 آیت میں یعقوب رسول اس دُنیا کی حکمت اور خدا کی حکمت کے درمیان فرق واضح کرتا ہے۔ یعقوب رسول بیان کرتا ہے کہ دنیاوی حکمت کینہ بغض اور خود غرضانہ خواہشوں سے بھری ہوتی ہے۔ مصنف مزید بیان کرتا ہے کہ دُنیوی حکمت غیر روحانی اور بدی سے معمور ہوتی ہے۔ ان آیات میں ہمیں مزید اہم چیزیں دیکھنے کی ضرورت ہے۔

ایسی حکمت بھی ہے جو غیر ایمانداروں کے پاس ہوتی ہے۔ غیر ایماندار لوگ کاروباری دُنیا اور ایک دوسرے کے ساتھ اپنے تعلقات اور معاملات میں اچھے ہو سکتے ہیں۔ یعقوب رسول کے مطابق دنیاوی حکمت خود غرض ہوتی ہے۔ یعقوب رسول بیان کرتا ہے کہ دُنیوی حکمت سے معمور لوگ اپنے مفادات کو مد نظر رکھتے ہیں۔ انہیں اپنے مفادات کے

حصول میں بڑی مہارت حاصل ہوتی ہے۔ جب انسانی حکمت اپنے مفادات کے حصول میں ناکام ہوتی ہے تو تلخ اور زہر آلودہ بن جاتی ہے۔

14 آیت بتاتی ہے کہ دُنیوی حکمت تکبر اور شیخی کی طرف بھی لے جاتی ہے۔ ایسے لوگوں سے آپ کا واسطہ پڑا ہو گا جو اپنے کارناموں اور کامیابیوں کے تعلق سے بڑی شیخی بگھارتے ہیں۔ اپنی حکمت سے اُنہوں نے بڑے بڑے کاروبار کئے اور حکومتیں قائم کیں۔ بعضوں نے بڑی بڑی کلیسیائیں قائم کیں اور اچھے طریقہ سے ان کا انتظام و انصرام چلایا۔ وہ گزرے سالوں پر نظر کرتے ہیں تو اپنے کاموں کو یاد کر کے بڑا فخر محسوس کرتے ہیں۔ وہ یہ سمجھتے ہیں کہ ان کی انسانی حکمت سے ہی یہ سب کچھ انجام پایا ہے۔

15 آیت کے مطابق انسانی حکمت غیر روحانی ہے۔ یہ ابلیس کی طرف سے ہوتی ہے۔ بالفاظ دیگر، جسمانی حکمت انسانی خیالات کا ایک ایسا نظام ہے جو انسان کی سوچ اور خیالات سے خدا کو نکال دیتا ہے۔ جسمانی حکمت کو خدا سے کچھ لینا دینا نہیں ہوتا۔ مرد وزن خدا کی مرضی اور مقصد کو بالائے طاق رکھتے ہوئے اپنے منصوبوں کو پایہ تکمیل تک پہنچاتے ہیں۔ جب ایسا ہوتا ہے تو ابلیس کی تو سمجھ لیں عید ہو جاتی ہے۔ ابلیس تو یہی چاہتا ہے کہ ہم بے دینی کا طرزِ زندگی اپنائیں اور ہمیشہ خدا اور اُس کے اصولوں کی خلاف ورزی کریں۔ باغِ عدن میں ابلیس نے حوا کو نیک و بد کی پہچان کے درخت کا پھل کھانے کے لئے دُنیوی حکمت کے تحت ہی قائل کیا تھا۔ ابلیس نے اسے پورے طور پر بہکالیا کہ اس پھل کے کھانے کے بہت سے فوائد ہیں۔ ابلیس آج بھی اپنی ایسی ہی ناپاک حرکتوں میں مصروفِ عمل ہے۔ بہت سے لوگ اس بے دین حکمت کا شکار بن چکے ہیں۔

دنیوی حکمت صرف غیر ایمانداروں میں ہی نہیں پائی جاتی۔ آج کی کلیسیا میں بھی ایسی حکمت دیکھنے کو ملتی ہے۔ اکثر و بیشتر ہماری کلیسیاؤں اور مسیحی تنظیموں کا انتظام و انصرام

بالکل جسمانی اور دنیوی حکمت کے تحت ہی چل رہا ہوتا ہے۔ عہدِ عتیق کے اوراق میں بار بار ہمیں یہ بات دیکھنے کو ملتی ہے کہ اسرائیل کے بادشاہ خداوند سے دریافت کرتے تھے کہ آیا وہ جنگ کے لئے جائیں یا نہ جائیں۔ وہ خدا کی مرضی اور ارادے سے آگاہی حاصل کرنے اور اس کے مطابق عمل کرنے میں دلچسپی رکھتے تھے۔ آج کی کلیسیائیں تو ایسا طرزِ فکر نہیں رکھتیں۔ بہت سی کلیسیائیں انسانی حکمت کے تحت وجود میں آتی ہیں۔ ہم خداوند کی مرضی اور ارادے کو جانے بغیر اپنے اہداف مقرر کر لیتے اور پھر اپنے ہی ایجنڈے کو آگے بڑھاتے رہتے ہیں۔ ہم یہ سب کچھ خداوند یسوع مسیح کے نام سے کرتے ہیں لیکن کبھی بھی اس سے صلاح نہیں لیتے اور اُس کی مرضی اور ارادے کے طالب نہیں ہوتے۔

ہمارے لئے یہ کس قدر اہم ہے کہ ہم خدا کی راہوں کے طالب ہو اور اپنی دلیلوں پر بھروسہ نہ کریں۔ جسمانی اور دنیوی حکمت سے خدا کی بادشاہی کو فروغ نہیں ملتا۔ دُنیوی حکمت سے کلیسیائیں تشکیل نہیں دی جانی چاہئے۔ ہم لوگوں کو جوق در جوق اکٹھا کر سکتے اور اور لوگوں کی خوشنودی حاصل کر سکتے ہیں لیکن کیا انسانی حکمت سے تشکیل پانے والی کلیسیا خدا کے جلال اور اُس کی بادشاہی کی وُسعت کا باعث ہو سکتی ہے؟ کیا ہم خدا کی قربت میں زندگی بسر کر رہے ہیں؟ کیا ہماری زندگی اور طرزِ فکر اور خیالات خدا کے جلال کا باعث ہیں؟

ہمیں بدی کی قوتوں پر غالب آنے کے لئے آسمانی اور جلالی حکمت درکار ہے۔ انسانی حکمت اور مہارتوں سے ابلیس ڈرنے والا نہیں ہے۔ لیکن خدا کی طرف سے آنے والی حکمت سے اس کے تمام منصوبے دَھرے کے دَھرے رہ جاتے ہیں۔

دُنیوی حکمت کے متضاد وہ حکمت ہے جو آسمان سے ملتی ہے۔ آسمانی حکمت خالص

(17 آیت) ہوتی ہے۔ اس کا مطلب یہ ہے کہ آسمانی حکمت گناہ آلودہ نہیں بلکہ پاک ہوتی ہے۔ آسمانی حکمت میں تلخی اور خودغرضی نہیں ہوتی۔ آسمانی حکمت ذاتی مفادات سے بالاتر ہوتی ہے۔ یہ مخلص اور بے غرض ہوتی ہے۔ اسے صرف خدا کی مرضی اور جلال کا اشتیاق ہوتا ہے۔

آسمانی حکمت کی ایک اور خوبی امن پسند ہونا بھی ہے۔ دُنیوی حکمت افراتفری اور غلط فہمی کا باعث ہوتی ہے۔ جبکہ آسمانی حکمت یگانگت کا باعث ہوتی ہے۔ آسمانی حکمت کا دل یہی ہوتا ہے کہ دوسروں کی حوصلہ افزائی اور دوسروں کی ضروریات کا خیال رکھا جائے۔ آسمانی حکمت اپنے آپ کو دوسروں سے بالاتر نہیں سمجھتی۔ بلکہ خداوند یسوع مسیح کے نقشِ قدم پر چلتے ہوئے اپنے حقوق سے دست بردار ہو کر بڑی اطاعت سے اپنے آپ کو دوسروں کی خدمت کے لئے وقف کر دیتی ہے۔

خدا کی طرف سے ملنے والی حکمت رحم و ترس سے معمور ہوتی ہے۔ اس میں دُوسروں کی ہمدردی، غمگساری اور معافی بھی ہوتی ہے۔ یہ بدی کے عوض بدی نہیں کرتی۔ بلکہ اپنے قصورواروں پر رحم کرتی ہے۔ یہ معاف بھی کرتی ہے اور بھول بھی جاتی ہے۔ اس کے برعکس جسمانی حکمت دوسروں کی غلطیوں کا ریکارڈ بھی رکھتی ہے۔

الٰہی حکمت غیر جانبدار ہوتی ہے اور کسی کی طرفداری نہیں کرتی۔ یہ بالکل مخلص ہوتی ہے۔ یہ کسی کی ظاہری صورت دیکھ کر اُس کی عزت نہیں کرتی۔ بالفاظ دیگر یہ کسی کے ظاہری حلیہ اور حالت کو مدِ نظر نہیں رکھتی۔ یہ بالکل دیانتدار اور کشادہ ذہنیت کی مالک ہوتی ہے۔ آسمانی حکمت کا منشا اور ارادہ یہ ہوتا ہے کہ حق اور انصاف کا بول بالا ہو۔

یعقوب رسول ہمیں یاددہانی کراتا ہے کہ آسمانی حکمت کا پھل راستبازی ہوتا ہے۔ اگر آپ چاہتے ہیں کہ آپ کی خدمت خداوند یسوع مسیح پر منحصر ہو تو پھر آپ کو الٰہی حکمت کی

ضرورت ہے۔ اگر آپ ایسی زندگی بسر کرنے کے خواہاں ہیں جس سے خدا کو عزت اور جلال ملے۔ تو پھر اپنی دلیلوں پر بھروسہ کرنا ترک کر دیں۔ روز بروز، ہمیں خداوند اور اس کے مقصد کے طالب ہونا ہے۔ ہمیں خدا کے کلام کی تعلیم سے خود کو سیراب کرنا ہوگا۔ ہمیں خدا کی رہنمائی اور اس کی قیادت کی ضرورت ہے۔ اسی لئے، تو ہم خدا کی قربت اور گہری حضوری کے طالب ہوتے ہیں۔ ہمیں زیادہ سے زیادہ خدا کی رہنمائی اور ہدایت کے طالب ہونا ہے نہ کہ اپنی سمجھ اور دلیلوں کی پیروی میں چلنا ہے۔

چند غور طلب باتیں

☆۔ دُنیوی حکمت کے کیا اوصاف ہوتے ہیں؟ آسمانی حکمت دُنیوی حکمت سے کیوں منفرد ہوتی ہے؟

☆۔ روحانی حکمت کہاں سے آتی ہے؟

☆۔ کیا آپ نے کبھی انسانی حکمت سے خدمت کرنے کی کوشش کی ہے؟ انسانی حکمت سے آپ کس طرح کے پھل کی توقع کر سکتے ہیں۔

☆۔ راستبازی کی فصل پیدا کرنے کے لئے آسمانی حکمت کیوں کر ضروری ہے؟

چند اہم دُعائیہ نکات

☆۔ خداوند سے ایسے وقتوں کے لئے معافی مانگیں جب آپ نے آسمانی حکمت کو نظر انداز کیا۔ اور اپنے طریقہ سے کام کرنے کا چناؤ کیا۔

☆۔ خداوند کی شکر گزاری کریں کہ وہ ہمیں اپنی حکمت دینے کے لئے ہمیشہ تیار رہتا ہے۔

☆۔ خداوند سے دُعا کریں کہ وہ آپ کے دل و دماغ کو اپنے مقصد کے لئے اور زیادہ کھولے۔ آج کے دن کے لئے خداوند سے حکمت اور دانائی مانگیں۔

☆۔ خداوند سے فضل اور توفیق مانگیں تاکہ آپ سب باتوں میں اس کی مرضی اور مقصد کے مشتاق اور طالب ہو سکیں۔

باب 12

دُنیا سے دوستی

یعقوب 4 باب 1-6 آیت

گزشتہ باب میں یعقوب رسول نے آسمانی اور دُنیوی حکمت پر روشنی ڈالی تھی۔ ایک فرق جو واضح طور پر دیکھنے کو ملاوہ یہ ہے کہ آسمانی حکمت فروتنی اور انکساری کی طرف جبکہ دنیوی حکمت تکبر، حسد اور تلخی کی طرف لے جاتی ہے۔ خط کے 4 باب میں یعقوب رسول اسی حسد اور تلخی پر بات کرتا ہے۔ وہ بیان کرتا ہے کہ کس طرح یہ سب کچھ جھگڑے اور لڑائیوں کا باعث ہوتا ہے۔

1 آیت میں، یعقوب رسول نے بڑی دلیری سے یہ سوال پوچھا ہے؟ "تم میں لڑائیاں اور جھگڑے کہاں سے آگئے؟" ظاہری بات ہے کہ مصنف ایماندار لوگوں سے مخاطب ہے۔ جن کے آپس کے تعلقات کشیدگی کا شکار تھے۔ ایک دوسرے کے تعلق سے وہ اپنے ایمان کے عملی مظاہرے میں ناکام تھے۔ یعقوب رسول اسی موضوع پر بات کرنا چاہتا ہے۔

جھگڑوں کی وجہ پوچھنے کے بعد، مصنف خود ہی اس سوال کا جواب دینے کے لئے قلم اُٹھاتا ہے۔ اُس نے اپنے قارئین کو یاد دہانی کرائی کہ جھگڑے جسمانی فطرت سے پیدا ہوتے ہیں۔ جسم حسد سے بھرا تھا۔ جب کسی کو برکات سے معمور دیکھا تو حسد پیدا ہوا کہ میں کیوں پیچھے رہ گیا۔

اگر یہ ایماندار روح کی رہنمائی میں چلتے اور خدا کی آواز اور مرضی پر دھیان کرتے تو جو کچھ

ان کے پاس تھا وہ اسی پر صبر و قناعت کرتے ہوئے اُس کی شکر گزاری کرتے۔ اُنہیں دوسروں کو باعث برکت دیکھ کر خوشی ہوتی۔ اور وہ اُن کے لئے مزید برکت چاہتے۔ وہ اپنے مسیحی بھائیوں اور بہنوں کے لئے اپنے مفادات کو قربان کر دیتے۔

جسمانی خواہشوں پر توجہ کرنے کے باعث، حالات اور صورتحال اُن کے لئے مختلف ہو گئی۔ جب جسم کی خواہشیں اور رغبتیں پایہ تکمیل تک نہیں پہنچتیں تو یہ حسد سے بھر جاتا ہے۔ اس میں تلخی اور کڑواہٹ پیدا ہو جاتی ہے۔ اپنے مفادات کے حصول کے لئے یہ اپنے مفادات کے پیش نظر فساد کھڑا کر دیتا ہے۔ جسمانی خواہشیں اور مفادات اُن کے خیالات اور افعال پر قبضہ جما لیتے ہیں یہی اُن کا مقصدِ حیات بن جاتا ہے۔ ہم جسم کی ناپاک خواہشوں پر کیسے قابو پا سکتے ہیں؟ اس حصہ میں یعقوب رسول کچھ عملی قسم کی ہدایات پیش کرتا ہے۔

2 آیت میں، یعقوب رسول نے بیان کیا ہے کہ ہمیں اس لئے نہیں ملتا کیونکہ ہم مانگتے نہیں، یہاں پر ہمیں ایک اہم اصول سمجھنے کی ضرورت ہے۔ یعقوب رسول ایمانداروں کو اُبھار رہا ہے کہ وہ اپنی ساری خواہشوں کو خداوند کے تابع کر دیں۔ اُس کے کہنے کا یہ ہرگز مطلب نہیں کہ خدا ہماری خواہشوں کو پورا کرے گا۔ بلکہ یہ کہ ہم اپنی ساری درخواستوں کو اس کے حضور لے کر آئیں۔ جب ہم اپنی خواہشوں کو درخواستوں کی صورت میں خدا کے حضور رکھتے ہیں تو خدا " ہاں " بھی کر سکتا ہے اور "ناں" بھی۔ اہم نکتہ یہی ہے کہ ہم اپنی خواہشوں کو اُس کے تابع کر دیں۔ ہم اُس کی رہنمائی اور حکمت کے طالب ہوں۔ جو کچھ ہماری ضروریات ہیں وہ پورا کرے گا۔ خدا ہی کو ہماری برکات کا منبع ہونا چاہئے۔ جو کچھ خدا ہمیں نہ دینے کا فیصلہ کرتا ہے، اسے ہم خدا کی مرضی جان کر قبول کر لیتے ہیں۔ جو کچھ خدا ہمیں دیتا ہے ہم اس کے لئے خدا کی پرستش کرتے ہیں۔ ہر صورت میں ہم اس کی

تعریف کرتے ہیں۔ اور اپنی خواہشوں کو اس کے تابع کر دیتے ہیں۔ اگر آپ اپنی جسمانی خواہشوں پر غالب آنا چاہتے ہیں، تو پہلا قدم یہی اُٹھائیں کہ انہیں خدا کے حضور لے کر آئیں۔ اور بڑے فروتن دل اور تابعداری سے اُس کی مرضی کو اپنی زندگی کے لئے قبول کر لیں۔

دوسرا کام ہمیں اپنی خواہشوں کے تعلق سے یہ کرنا ہے کہ ہمیں اپنے دلی محرکات کا جائزہ لینا ہے۔ 3 آیت میں یعقوب رسول نے اپنے قارئین کو بتایا کہ ہر ایک خواہش اچھی اور خدا کی راستبازی اور کلام مقدس کے دائرہ میں نہیں ہوتی۔ بعض حالتوں میں، جسمانی خواہشیں اور رغبتیں ہمیں مغلوب کر لیتی ہیں۔ ایسی خواہشوں سے خداوند کو جلال نہیں ملتا۔ بعض اوقات اس دُنیا کے لئے شہوت پرستی سے معمور محبت بھی اُن خواہشوں کے پیچھے کار فرما ہوتی ہے۔

آپ اس بات کا غلط مطلب نکال کر اس سوچ کو نہ اپنا لیں کہ خدا ہماری خوشیوں اور تفریحی لمحات کو پسند نہیں کرتا۔ اس نے اس دُنیا میں ہمیں بہت سی چیزیں لُطف اُٹھانے کے لئے مہیا کی ہیں۔ لیکن بعض اوقات یہ چیزیں خدا سے بھی زیادہ اہمیت اختیار کر لیتی ہیں۔ یاد رہے کہ ہمارے دل میں خدا کا ہمیشہ اوّل اور اونچا مقام رہنا چاہئے۔

جب ہم اپنی خواہشوں کے لئے خدا کے پاس جائیں، ہمیں اپنے آپ سے یہ سوال پوچھنا ہے، کیا میرے دلی محرکات اور خواہشیں خدا کی خوشنودی کا باعث ہیں اور کیا خدا کو ان سے عزت اور جلال ملے گا؟ اگر خدا اس خواہش کے لئے مجھے کوئی قربانی دینے کے لئے کہے، تو کیا میں ایسا کرنے کے لئے تیار اور رضامند ہوں؟

4 آیت میں، یعقوب رسول نے ایمانداروں کو اس بات کے لئے ابھارا کہ وہ خداوند کے ساتھ اپنے تعلق اور رشتے کو یاد رکھیں۔ اگر آپ آج ایماندار ہیں، تو اس کا مطلب یہ ہے

کہ خداوند کے ساتھ آپ کا ایک رشتہ اور تعلق ہے۔ وہ آپ کا خداوند اور نجات دہندہ ہے۔ آپ نے اُس کے ساتھ عہد وفا کیا ہے۔ آپ نے اپنی زندگی اس کے سپُرد کی ہے۔ دنیا کی خواہشوں اور رغبتوں کے لئے اس سے منہ موڑنا آپ کو مجرم ٹھہرائے گا۔ یہ روحانی زناکاری ہے۔ ہماری خواہشیں کبھی بھی ہمارے خداوند کا مقام اور رُتبہ ہم سے چھیننے نہ پائیں۔

یعقوب رسول نے اپنے قارئین کو یہ بھی یاد دلایا کہ دُنیا کے ساتھ دوستی خدا کے ساتھ عداوت اور دشمنی ہے۔(4 آیت) دنیا کے ساتھ دوستی خداوند پر سے ہماری توجہ اور دھیان اُٹھا دیتی ہے۔ ہمیں اپنے آپ سے یہ سوال پوچھنا ہے۔ کیا ہماری خواہشیں خداوند کے ساتھ ہماری وفاداری کو متاثر کرتی ہیں ؟ کیا ہماری خواہشیں ہمیں اپنے حقیقی دوست کی محبت سے جدا کرتی ہیں ؟ بالکل ایسے ہی جس طرح ایک شوہر اپنی بیوی کی پوری اطاعت چاہتا ہے، اسی طرح خداوند یہ چاہتا ہے کہ اس کے لوگ پوری توجہ اور دھیان سے اس کے ساتھ محبت کریں اور اُس کے ساتھ لپٹے رہیں۔

5 آیت میں مصنف اپنے قارئین کو بتاتا ہے کہ خدا کا پاک روح جو ہم میں رہتا ہے، اگر ہم دوسری چیزوں کو اس سے زیادہ عزت اور اہمیت دیں تو پاک روح اسے بالکل بھی پسند نہیں کرتا۔ کیونکہ وہ غیور خدا ہے۔ یہ کس قدر اہم بات ہے کہ ہم اپنی خواہشوں کی تسکین اور تکمیل کے لئے اس بات کو مد نظر رکھیں۔ کوئی بھی شوہر اس بات کو پسند نہیں کرتا کہ اُس کی اہلیہ محترمہ کسی اور آدمی سے اپنے مراسم اور رفاقت بڑھائے۔ اسی طرح خدا بھی یہ پسند نہیں کرتا کہ ہم اپنی دلچسپیاں اور محبتیں اس دُنیا اور اس دُنیا کی چیزوں کے لئے بڑھائیں۔ وہ ہماری محبت کا طلبگار ہے اور ہماری پوری توجہ چاہتا ہے۔ اس کا دل ہماری محبت بلکہ پوری اور کامل محبت کے لئے پکار رہا ہے۔ جب آپ کے دل میں دُنیا اور اس کی محبت

اور جسم کی خواہشیں اور رغبتیں زور پکڑیں تو خدا کی محبت کو یاد کریں جو وہ آپ کو اپنے فرزند جان کر کرتا ہے۔ یاد کریں کہ اس نے آپ کی محبت اور نجات کے لئے اپنی جان قربان کر دی۔ اس کا دل یہی چاہتا ہے کہ آپ اس سے پوری محبت اور عقیدت سے رہیں۔ وہ آپ سے ایسی محبت کرتا ہے جیسی محبت کوئی بھی آپ سے نہیں کر سکتا۔ جب آپ خداوند کی اس محبت اور غیرت کو سمجھ اور پہچان جاتے ہیں جو وہ آپ کے لئے کرتا ہے تو پھر جسمانی خواہشوں اور رغبتوں اور دُنیا اور اُس کی چیزوں کی محبت کا زور ٹوٹ جاتا ہے۔

یعقوب رسول 6 آیت میں ہمیں یاد کراتا ہے کہ خدا فروتنوں اور اور عاجز دلوں پر اور زیادہ فضل کرتا اور اُنہیں توفیق دیتا ہے۔ لیکن خدا مغرُوروں کا مقابلہ کرتا ہے۔ یہاں پر گناہ آلودہ خواہشوں کے تعلق سے بھی بیان کیا گیا ہے۔ ہمیں معلوم ہے کہ جسم بھی اپنی قوت اور غلبہ رکھتا ہے۔ ہمیں اس بات کا تجربہ ہے کہ کس طرح جسم ہمیں اپنی قوت سے مغلوب کرنے کی کوشش کرتا ہے۔ یعقوب رسول در اصل یہ کہہ رہا ہے کہ جب ایسی صورتحال ہوتی ہے تو خدا ہمیں غالب آنے کا فضل دیتا ہے۔ اس کا فضل ہی آزمائش کی گھڑی میں ہمارے لئے کافی ہو گا۔ اگر آپ اس بات کے طالب ہیں کہ خدا کے لئے پاک زندگی بسر کریں اور وہی کریں جو درُست اور واجب ہے تو خدا آپ کو طاقت اور توفیق دے گا تاکہ آپ آزمائش پر غالب آسکیں۔

لیکن اگر آپ جسمانی خواہشوں کے سامنے گھٹنے ٹیک دیں اور خدا اور اُس کے کلام کو نظر انداز کر دیں تو پھر گناہ میں گر جائیں گے۔ خدا اُنہی پر فضل کرتا ہے جو اُسے لینا چاہتے ہیں۔ لیکن ان پر سے اپنا فضل اُٹھا لیتا ہے جو باغیانہ روّیہ اختیار کرتے ہوئے اپنی ڈگر پر آگے بڑھنے کا چناؤ کرتے ہیں۔

جب آپ کو جسمانی خواہشوں کا سامنا ہو اور بُری رغبتیں جسم میں زور مارنا شروع کریں، تو

یعقوب رسول ہمیں یہی تلقین کرتا ہے کہ ہم ان خواہشوں اور رغبتوں کو خداوند کے تابع کرتے ہوئے خدا کی حکمت اور دانائی کے طلبگار ہوں۔ مصنف ہمیں اپنے دلی محرکات کا جائزہ اور معائنہ کرنے کی تلقین کر رہا ہے۔ کیا ہمارے دلی محرکات، خواہشات اور ارادے خدا کے جلال اور اس کی بزرگی کا باعث ہیں؟ یا پھر سب کچھ ہم اپنی ذات اور جسم کی تسکین کے لئے چاہتے ہیں؟ کیا یہ خواہشیں ہمیں خدا سے دُور لے جائیں گی اور اُس کی محبت ہمارے دلوں سے کم یا پھر ختم ہو جائے گی؟ وہ ایماندار جو خداوند کے سامنے حلیم اور فروتن ہو کر خدا کے چہرہ کے طالب اور اس کے مقصد اور ارادے کو ترجیح دیتے ہیں، یعقوب رسول یقین دہانی کراتا ہے کہ ایسے لوگوں کے لئے خدا کا فضل بکثرت ظاہر ہو گا۔

چند غور طلب باتیں

☆۔ آج آپ کو کون سی جسمانی خواہش کا سامنا ہے؟

☆۔ جسمانی خواہشوں سے نبرد آزما ہونے کے لئے یعقوب رسول ہمیں کون سے اصول پیش کرتا ہے؟

☆۔ ہمارے لئے خدا کی اُتم اور بے انتہا محبت کے تعلق سے ہم کیا سیکھتے ہیں؟

☆۔ کیا سبھی خواہشیں گناہ آلودہ ہوتی ہیں؟ ہماری خواہشیں کب گناہ آلودہ بنتی ہیں؟

چند اہم دُعائیہ نکات

☆۔ جسمانی خواہشوں پر غلبہ اور فتح مندی کے لئے خداوند سے دُعا مانگیں۔

☆۔ خداوند کی شکر گزاری کریں کہ وہ آپ سے بے انتہا محبت اور آپ کے لئے بڑی غیرت رکھتا ہے۔

☆۔ خداوند سے توفیق اور فضل مانگیں تاکہ آپ کے دل میں اُس کے لئے بڑی محبت اور عقیدت بڑھتی چلی جائے۔

☆۔ خداوند کے اس فضل کے لئے اس کی شکر گزاری کریں جو فروتنی اختیار کرتے ہوئے اس کے طالب ہونے سے ہمیں ملتا ہے۔ جس کی ہمیں روزمرہ زندگی میں ضرورت ہوتی ہے۔ یہی وہ فضل ہے جس میں ہمیں چلنے کی ضرورت ہے تاکہ ہم اس کے مقصد اور مرضی کو اپنی زندگی میں پورا کر سکیں۔

باب 13

اُوپر کی طرف جانے والی راہ

یعقوب 41 باب 7-10 آیت 1

ایمانداروں کے لئے ایک بامقصد اور کثرت کی زندگی کی راہ کون سی ہے؟ اس حوالہ میں، یعقوب رسول نے اس بات کو منکشف کیا ہے کہ کس طرح ہم اپنی زندگی میں حقیقی خوشی اور ایک مقصد اور معنی حاصل کر سکتے ہیں۔

خدا کے تابع ہو جاؤ

یعقوب رسول اپنے قارئین کو یہ بتانے سے اس حصے کا آغاز کرتا ہے کہ اگر وہ اپنی زندگی میں خدا کی معموری اور اپنی زندگی میں خدا کی برکات کا تجربہ کرنا چاہتے ہیں، تو پھر انہیں خدا اور اُس کے مقصد اور ارادے کے تابع ہونا ہو گا۔ " تابع ہونا" ایک عسکری اصطلاح ہے۔ جو بیان کرتی ہے کہ کس طرح سپاہی اپنے کمانڈر کے ماتحت اپنے آپ کو منظم رکھتے ہیں۔ یاد رہے کہ فوجی / سپاہی اپنی خوشی سے اپنے کمانڈر کے ماتحت اور تابع رہتا ہے۔ دشمن کو تابعداری کے لئے مجبور کیا جا سکتا ہے جبکہ ایک سپاہی خود کو بخوشی و رضا اپنے کمانڈر کے ماتحت کرتا ہے۔ یعقوب رسول اپنے ہم ایمان ایمانداروں کو بتا رہا ہے کہ اُنہیں بخوشی و رضا اپنے آپ کو خدا کی تابعداری کے لئے تیار اور مُستعد رکھنا ہے۔

دنیا اس بات کو دیکھتی تو ہے لیکن ان کی سمجھ سے بالاتر ہے کہ کیسے یہ سب کچھ ممکن ہے اور کس طرح خدا کی تابعداری زندگی کو ایک مقصد اور مفہوم دے سکتی ہے۔

ایسے لوگ جو خدا سے آزاد زندگی بسر کرنے کے خواہاں ہیں، اپنی ڈگر پر چلنا چاہتے ہیں،

ایسے لوگ مایوسی اور لاچاری کا شکار ہو جاتے ہیں۔ اُنہیں اپنی زندگی میں کوئی مقصد اور مفہوم نہیں مل پاتا۔ صرف اور صرف خدا کے تابع رہنے سے ہی زندگی کے معنی اور مفہوم کا مکاشفہ ملتا ہے۔ خدا نے ہمیں خلق کیا اور وہی جانتا ہے کہ ہمارے لئے کیا بہتر اور مفید ہے۔ خدا کی راہیں ہمیں قید نہیں کرتی بلکہ ان راہوں پر چلنے سے ہم حقیقی آزادی کا تجربہ کرتے ہیں۔ اِس کے برعکس، اپنی من مرضی کی زندگی بسر کرنے سے ہم اپنی خواہشوں، رغبتوں اور ارادوں کے اسیر ہو جاتے ہیں۔ یہ ناپاک اور گناہ آلودہ دُنیا کا نظام ہمیں حقیقی آزادی نہیں دے سکتا۔ خدا کی تابعداری کا مقصد اور مطلب یہ ہے کہ زندگی کے مقصد اور مفہوم کو پانے کا یہی ایک واحد راستہ ہے۔

ابلیس کا مقابلہ کرو

یعقوب رسول اپنے قارئین اکرام کو اس کے بعد یہ بتاتا ہے کہ اُنہیں ابلیس کا مقابلہ کرنے کی ضرورت ہے۔ شیطان کی یہی خواہش ہے کہ وہ ایمانداروں کو شک میں مبتلا کر دے تاکہ وہ خدا اور اُس کے کلام کا انکار اور اُس کی نافرمانی میں زندگی بسر کریں۔ ابلیس کا مقابلہ کرنے اور خدا کے تابع ہونے میں ایک تعلق پایا جاتا ہے۔ ہم خدا اور اُس کے کلام اور اس کی راہوں کے تابع ہو کر ہی ابلیس کا مقابلہ کر سکتے ہیں۔ مقابلہ کرنے کا مطلب یہ ہے کہ ہم خدا کی آواز پر دھیان لگائیں۔ اور اس کے حکموں کی پیروی کریں۔ خداوند کی طرف رجوع لاتے ہوئے۔ ہم ابلیس کی طرف سے منہ موڑ لیتے ہیں اور اُس کے بہکاوں پر توجہ اور دھیان نہیں دیتے۔

ہم ہر طرح اور ہر لحاظ سے خداوند کے تابع ہونے سے ہی ابلیس کا مقابلہ کر سکتے ہیں۔ اس کے لئے ہمیں اپنا سب کچھ خداوند کے سپرد کر کے اُس پر توکل اور بھروسہ کرنا پڑتا ہے۔ اس میں یہ تقاضا موجود ہے کہ ہم اپنی خودی کا انکار کریں۔ اپنی خواہشوں اور ارادوں کو

ترک کریں اور صرف اور صرف اُسی کے چہرہ کے طالب ہوں۔ اس کا مطلب ہر اُس رکاوٹ سے رہائی پانا بھی ہے جو ہمیں پاکیزگی اور دینداری کی زندگی بسر کرنے میں رکاوٹ کا باعث بنتی ہے۔ جب ہم خدا کے تابع ہو کر ابلیس کا مقابلہ کرنا جاری رکھتے ہیں، تو خدا کا بندہ یعقوب رسول یہاں پر یہ وعدہ پیش کرتا ہے کہ ابلیس ان سے بھاگ جائے گا۔ ابلیس کو پاکیزگی اور دینداری کی زندگی سے نفرت ہے۔ ہمیں دشمن کو اپنی زندگی میں ہرگز کوئی موقع نہیں دینا۔

خداوند کے نزدیک آؤ

یعقوب رسول ایمانداروں کو تیسرا چیلنج یہی دیتا ہے کہ وہ خدا کے نزدیک آئیں۔ خدا کے تابع ہونے اور خدا کے نزدیک آنے میں فرق پایا جاتا ہے۔ ایک سپاہی اپنے آپ کو کمانڈر کے تابع تو کر سکتا ہے۔ لیکن ہو سکتا ہے کہ وہ پورے طور پر اُس کی قربت میں نہ ہو۔ اسی طرح ایک غلام اپنے آپ کو پورے طور پر اپنے مالک کے قریب آئے بغیر اس کی تابعداری کر سکتا ہے۔ خدا ہمیں بلا رہا ہے کہ ہم ایک دوست یا محبت کرنے والے کے طور پر اس کی قربت میں آئیں۔ خدا ہمیں اپنی قُربت میں بلا رہا ہے۔ ہم خدا کے تابع ہو سکتے ہیں اور ممکن ہے کہ ہم پھر بھی اس کی قربت، گہرے اور مضبوط رشتہ سے لطف اندوز نہ ہو رہے ہیں۔ ایسے لوگ ہیں جو خدا کی تابعداری میں تو زندگی بسر کرتے ہیں لیکن اس میں خوشی اور شادمانی کی زندگی بسر کرنے کے تجربہ سے محروم ہیں۔ خدا ایسے لوگوں کی تلاش میں ہے جن کے دل اس کی قربت میں آنے کے لئے تڑپتے ہوں۔ اسے ایسے لوگوں کی تلاش ہے جو صرف اس کی تابعداری میں زندگی بسر کرنے کی خواہش نہ رکھتے ہو بلکہ اُسے ایسے لوگوں کی جستجو ہے جو اُس سے محبت اور قُربت کا رشتہ بڑھانے کے لئے تڑپتے ہوں۔ اُسے ایسے لوگوں کی ضرورت اور تلاش ہے جو پورے دل سے اس کے ساتھ

محبت کرتے ہوں۔ جب ہم اس طرح کی گہری قُربت اور رفاقت کے تجربہ سے گزرتے، اور پورے طور پر اُس کے تابع ہو جاتے ہیں، تو پھر ہمیں اُس کی تابعداری ایک فرض اور بوجھ محسوس نہیں ہوتی۔ اُس کی قُربت کا تجربہ کرنا ایک گہری شادمانی، ایک بہت بڑا شرف واستحقاق ہے۔ اگر ہمیں خدا کی قربت اور معموری کا تجربہ کرنا ہے، تو پھر یہ خدا کے لئے گہری محبت اور قربت کے وسیلہ سے ہی ممکن ہو سکتا ہے

اپنے ہاتھوں کو صاف کرو

اپنے ہاتھوں کو صاف کرنے کا معنی اور مفہوم ان گناہوں کا اقرار کر کے اُنہیں ترک کرنا ہے جو ہماری زندگی کو داغدار کرتے ہیں۔ ہم سے ایسے کام سرزد ہوتے ہیں جن پر ہم فخر محسوس نہیں کرتے۔ اگرچہ ہم خدا سے محبت کرتے ہیں تو بھی کئی ایک لحاظ سے ہم پورے طور پر اس کے تابع نہیں ہوتے۔ ہم سب خدا کے مقرر کردہ معیار سے کہیں نیچے ہیں۔ یعقوب رسول ہمیں یہی بتا رہا ہے کہ جب ایسا ہوتا ہے، تو پھر ہمیں خدا کے قریب آنے کے ضرورت ہے۔ ہمیں اپنے گناہوں کا اقرار کر کے اپنے آپ کو ان سے الگ کرنا اور خداوند یسوع کے خون سے پاک ہونا ہے۔ صرف مسیح ہی اُن گناہوں کو معاف کر کے ہمیں پاک کر سکتا ہے۔ اگرچہ کوئی گناہ ہمیں کس قدر بھی چھوٹا معلوم ہو رہا ہو۔ اس گناہ کو خداوند کے سامنے لائیں۔ اس سے معافی مانگیں۔ اگر ہم نے زندگی کے حقیقی معنی اور مفہوم کو سمجھنا ہے۔ اور کثرت کی زندگی کا تجربہ کرنا ہے، اس کے مقصد اور ارادے کو اپنی زندگی کے لئے سمجھنا ہے، تو پھر ہمیں اپنی زندگی سے ہر طرح کے گناہ کو دُور کرنا ہو گا۔ جو ہمیں خدا سے دُور لے جاتا ہے۔ لازم ہے کہ ہم اپنے ہاتھوں کو صاف کریں اور اس کے حضور پاک حالت میں کھڑے ہوں۔

یہ بات بہت دلچسپی کی حامل ہے کہ یعقوب رسول ہمیں خدا کے قریب آنے سے پہلے اپنے

ہاتھ صاف کرنے کے لئے نہیں کہہ رہا۔ حقیقت تو یہی ہے کہ خداوند کے قریب آئے بغیر ہم اپنے طور سے اپنے ہاتھوں کو صاف نہیں کر سکتے۔ کیوں کہ خدا ہی ہمیں پاک اور صاف کرنے کی قدرت رکھتا ہے۔ بہت سے لوگ ہیں جو یہ ایمان رکھتے ہیں کہ خدا کے قریب آنے سے پہلے انہیں اپنی زندگی میں ہر ایک چیز کو درست، اپنے آپ کو پاک اور صاف کرنا ہے۔ ایسا طرزِ فکر سوائے پریشانی اور ناکامی کے کچھ نہیں لاتا۔ لازم ہے کہ ہم سب سے پہلے خدا کے قریب آئے۔ وہی صفائی اور پاکیزگی کا کام کرے گا۔ ہمارا کام صرف اور صرف اُس کے قریب آنا اور اُس کے تابع ہونا ہے۔

اپنے دلوں کو پاک کرو

خدا کی معافی کے طلبگار ہوتے ہوئے نہ صرف ہمیں اپنے ہاتھوں کو پاک اور صاف کرنا ہے۔ بلکہ ہمیں اپنے دلوں کو بھی پاک کرنے کی ضرورت ہے۔ گناہوں کی معافی حاصل کرنا ایک چیز جبکہ ایک گناہ آلودہ دل کی تبدیلی ایک مختلف چیز ہے۔ آپ اس بات پر پچھتا سکتے ہیں کہ آپ نے زنا کیا لیکن اب آپ ایسا نہیں کرتے لیکن اپنے دل میں ویسی ہی خواہش اور سوچ رکھتے ہیں۔ جب آپ کا دل پاک ہو جاتا ہے تو پھر آپ اس خواہش سے بھی چھوٹ جاتے ہیں اور آپ بالکل پاک ہو جاتے ہیں۔ خدا صرف یہ نہیں چاہتا کہ ہم گناہ کرنا چھوڑ دیں۔ بلکہ وہ یہ بھی چاہتا ہے کہ ہم گناہ کی خواہش بھی ترک کر دیں۔ یہ نہیں کہ ہم کسی حد تک گناہ سے باز آ جائیں۔ اپنے دل میں گناہ کی خواہش سے آزاد اور پاک ہونے کے لئے خدا کے چہرے کے طالب ہوں۔ خداوند سے کہیں کہ وہ آپ کے دل کو پاک کرے۔ جب ہم بُری خواہشوں سے پاک ہو جاتے ہیں، تب ہی ہم خدا کی اس معموری کا تجربہ کر پاتے ہیں جو وہ ہمارے لئے رکھتا ہے۔

غم کرو، ماتم کرو اور نوحہ کناں ہو

غم کرو، ماتم کرو اور نوحہ کناں ہونے کا تعلق گناہ پر شکستہ دل ہونے سے ہے۔ غم کرنے اور نوحہ کناں ہونے والے، جانتے ہیں کہ اُنہوں نے خدا کو خفا کیا ہے۔ جب تک ہم گناہ اور بدی پر راستبازی کے غم کا تجربہ نہیں کر پاتے، اس وقت تک ہم مسیحی زندگی میں شادمانی کا تجربہ نہیں کر پاتے۔

اس غم اور ماتم کا ایک اور پہلو بھی ہے۔ خدا نے ہمیں پھولوں کی سیج پر زندگی بسر کرنے کے لئے نہیں بلایا۔ بلکہ اُس نے ہمیں دشمن کا مقابلہ کرنے اور اس سے نبرد آزما ہونے کے لئے بلایا ہے۔ یہ لڑائی آسان نہیں ہے۔ اس روحانی لڑائی میں جو ہمیں درپیش ہے، ایک کشمکش اور دکھوں کا سامنا کرنا ہو گا۔ خدا ایسے ہی لوگوں کی تلاش میں ہے جو ایسی زندگی اور اس میں درپیش چیلنجز کا سامنا کرنے کے لئے تیار ہوں۔ جو لوگ درپیش جنگ میں دُکھ اُٹھانے کے لئے تیار ہیں وہی خدا کی برکات اور اس کی نئی زندگی اور حتیٰ کہ ابدی زندگی کے مستحق ٹھہریں گے۔ یعقوب رسول ایمانداروں کو یہ نہیں کہہ رہا کہ وہ ہر طرح کی خوشی اور شادمانی سے محروم ہو جائیں۔ بلکہ وہ ایک سنجیدہ طرزِ زندگی اپنانے کے لئے کہہ رہا ہے۔ یہی وقت ہے کہ ہم خود کو ایک جنگ کے لئے تیار کریں۔ ابدی آرام ہم ضرور پائیں گے لیکن ابھی نہیں۔ وہی لوگ جو لڑائی میں مصروفِ عمل ہوتے ہیں اور بدی کے خلاف نبرد آزما ہو جاتے ہیں اس معموری اور کثرت کی زندگی کا تجربہ کر پاتے ہیں جو خدا اُن کے لئے رکھتا ہے۔

اپنے آپ کو فروتن کرو

یعقوب رسول اس حصہ میں آخری نصیحت حلیم اور فروتن ہونے کے لئے کرتا ہے۔ وہ تلقین کرتا ہے کہ خدا کے لوگ اُس کے سامنے حلیم اور فروتن ہو جائیں۔ حلیم اور فروتن لوگ اپنے آپ کو مکمل طور پر خود کو خدا کے سامنے حلیم اور فروتن بنا دیتے ہیں۔ انہیں اپنے جرم، بدی اور گناہ کا علم ہوتا ہے تو وہ اس کا اقرار کرتے، اُس پر غمزدہ ہوتے اور اس کا اقرار کر کے اُسے ترک کر دیتے ہیں۔ وہ خدا کی خوشی اور شادمانی کے لئے ہر طرح کی بدی اور گناہ کو ترک کر دیتے ہیں۔

10 آیت میں ان لوگوں کے لئے سرفرازی کا وعدہ ہے جو خود حلیم اور فروتن بن جاتے ہیں۔ ایسے لوگ ہی عزت اور سرفرازی پائیں گے۔ اُنہیں ہی مکمل شادمانی اور خدا کی برکات کا تجربہ حاصل ہو گا۔ اُن کی زندگی کا ایک مقصد اور اہمیت ہو گی۔ یہ سب کچھ تب ملتا ہے جب ایک ایماندار دُنیا اور اُس کی خواہشوں کو رد کر دیتا، ابلیس کا مقابلہ کرتا اور خدا کے حضور فروتن اور عاجز ہو جاتا ہے۔

چند غور طلب باتیں

☆۔ خداوند کے تابع ہو جانے کا کیا مطلب ہے؟

☆۔ خداوند کے تابع ہونے اور ابلیس کا مقابلہ کرنے میں کیا تعلق پایا جاتا ہے؟

☆۔ خداوند کے تابع ہو جانے اور اس کے قریب آنے میں کیا فرق ہے؟ اس سے ہمیں اس تعلق سے کیا جانکاری حاصل ہوتی ہے کہ خداوند ہم میں کس چیز کی تلاش میں ہے؟

☆۔ اپنے ہاتھوں کو صاف کرنے اور دلوں کو پاک کرنے کے درمیان کیا فرق پایا جاتا ہے؟ کیا آپ کی زندگی میں کچھ ایسے گناہ پائے جاتے ہیں جن کے آپ مرتکب تو نہیں ہوتے لیکن اُن کی خواہش آپ کے اندر جوش مارتی رہتی ہے۔ کیا خدا ان خواہشوں سے آپ کو پاک کرنے کی قدرت رکھتا ہے؟

☆۔ ہم یہاں پر مسیحی زندگی میں آنے والی مشکلات کے تعلق سے کیا سیکھتے ہیں؟

☆۔ جب یعقوب رسول یہ بیان کرتا ہے کہ خداوند ہمیں سرفراز کرے گا تو اس سے اس کا کیا مطلب ہے؟ اس سرفرازی کے لئے کیا شرائط ہیں؟ کیا آپ اس کثرت کی زندگی کا تجربہ کر رہے ہیں جو خداوند مسیح پر ایمان لانے والوں کو پیش کرتا ہے؟ اگر ایسا نہیں تو جو کچھ ہم نے اس سبق میں سیکھا ہے اس پر غور کریں۔ آپ کی زندگی میں ایسا کیا ہو جس سے آپ مسیحی زندگی کی گہری اور کثرت کی برکات کا تجربہ کر سکیں؟

چند اہم دُعائیہ نکات

☆۔ خداوند سے دعا کریں کہ آپ پر واضح کرے کہ آپ کی زندگی کا کون سا حصہ ابھی تک پورے طور پر اس کے تابع نہیں ہے۔

☆۔ خداوند سے فضل مانگیں تاکہ آپ پہلے سے بھی زیادہ اس کے قریب آ جائیں۔ خداوند سے گہری قربت اور رفاقت میں آگے بڑھنے کے لئے فضل اور توفیق مانگیں۔

☆۔ خداوند سے جسمانی اور دُنیوی خواہشوں کے خاتمے کے لئے دُعا کریں تاکہ آپ اس کی معموری اور برکات کے تجربہ میں آگے بڑھتے چلے جائیں۔

باب14

اپنے پڑوسی پر الزام نہ لگائیں

یعقوب4 باب 11 تا1211 آیت

یعقوب رسول اس حصہ میں مسیح کے بدن میں پائے جانے والے ایک اور عملی پہلو پر بات کرتا ہے۔ آنے والی چند آیات میں وہ تہمت بازی اور ایک دوسرے کی عیب جوئی کے تعلق سے بیان کرتا ہے۔

11 آیت میں یعقوب رسول اپنے قارئین کو یہ بتانے سے آغاز کرتا ہے کہ وہ ایک دوسرے پر تہمت نہ لگائیں۔ تہمت بازی کا مطلب ہے کہ کسی کو دُکھ پہنچانے کے لئے کچھ ایسا کہنا کہ جو اُس کے لئے تکلیف کا باعث ہو۔ یہاں پر ہمیں یہ خیال ملتا ہے کہ بولنے والا زبان کو ایک ہتھیار کے طور پر استعمال کرتے ہوئے دوسروں کو زخمی کرتا ہے۔ زبان کے تیر اور نشتر بہت زیادہ نقصان کر سکتے ہیں۔ زبان لوگوں کی عزت اور ساکھ کو نقصان پہنچا سکتی اور دوسروں کے لئے مایوسی اور پریشانی کا باعث ہو سکتی ہے۔

غور کریں کہ کس طرح یعقوب رسول تہمت بازی کو عدالت کرنے سے جوڑتا ہے۔ کسی پر تہمت لگانے کے لئے، ہمیں اس شخص کی عدالت کرنی پڑتی ہے۔ تہمت بازی ایک طرح سے زبانی کلامی عدالت کرنا ہے۔ ہم ایک دوسرے کی عدالت کرتے ہیں (خواہ معاملہ درست ہو یا پھر جھوٹا) اور اس طرح سے دوسروں کی عدالت کرتے ہیں کہ وہ شخص زخمی ہو جاتا ہے۔ یعقوب رسول یہ بیان کر رہا ہے کہ جب ہم اپنے کسی بھائی یا بہن کی عدالت کرتے ہیں تو دراصل ہم شریعت کے خلاف بولتے اور شریعت کی مخالفت کرتے ہیں۔

یہاں پر ہمیں کچھ غور وخوص کی ضرورت ہے۔

یعقوب رسول نے دوسروں کو مجرم ٹھہرانے والوں کو یاد دہانی کرائی ہے کہ وہ شریعت کی مخالفت کرتے ہیں۔ یعنی تہمت بازی کی باتیں کرنے سے، وہ شریعت کی نافرمانی کرتے ہیں۔ دوسروں کی عدالت کرنے سے وہ شریعت کو توڑنے کے مرتکب ہوتے ہیں۔

مسئلہ اس سے بھی زیادہ گھمبیر نظر آتا ہے۔ دوسروں کی عدالت کرنے والے اپنے بھائیوں اور بہنوں کو حقیر جانتے ہیں، بالکل ایسے ہی جس طرح عہد جدید میں فریسی کیا کرتے تھے۔ وہ دوسروں کو مجرم ٹھہراتے لیکن دراصل وہ خود شریعت کی نافرمانی کر رہے تھے۔ جو کچھ وہ کر رہے تھے وہ انہیں ہرگز گناہ معلوم نہیں ہو رہا تھا۔ وہ یہی کہہ کر خود کو راستباز ٹھہراتے تھے کہ وہ تو خدا کے جلال کے طالب ہیں۔ لیکن در حقیقت وہ تکبر اور غرُور سے بھرے ہوئے تھے۔ اپنے ہی گناہوں کو نظر انداز کرتے ہوئے، وہ دوسروں پر ہر طرح کے الزام عائد کر رہے تھے۔ ایسے لوگ شریعت کی تابعداری کرنے کی بجائے اس کی عدول حکمی کر رہے تھے۔ وہ خود کو شریعت سے بھی بالاتر مقام دے رہے تھے۔ وہ شریعت کی تشریح و تفسیر بھی اپنی من پسند کے مطابق کر رہے تھے۔ یہی وہ لوگ تھے جن کے بارے خداوند یسوع مسیح نے متی 7 باب 3 آیت میں فرمایا۔

"تُو کیوں اپنے بھائی کی آنکھ کے تِنکے کو دیکھتا ہے اور اپنی آنکھ کے شہتیر پر غور نہیں کرتا؟"

مصنف نے 12 آیت میں اپنے قارئین کو یاد دہانی کرایا کہ ایک ہی ہستی ہے جو شریعت کا دینے والا اور منصف ہے۔ خدا ہی نے شریعت دی ہے اور وہی ان لوگوں کی عدالت کرے گا جو اس کی حکم عدولی کرتے ہیں۔ وہ راستی سے عدالت کرتا ہے۔ وہی کامل ہے اور گنہگاروں کی عدالت کرنے کے لائق اور قابل ہے۔ ہم کون ہیں جو دوسرے کے گناہوں کا حساب کریں۔ کیونکہ ہم بھی دوسروں کی طرح ناکامل اور خطاکار ہیں؟ ہم بھی

اُن لوگوں کی طرح ہی ہیں جن کے بارے میں یعقوب رسول نے یہاں پر ذکر کیا ہے۔ ہم اپنے بھائی کے بارے میں ناحق اور بُری باتیں کہتے ہیں جو گر چکا ہے۔ لیکن ہم اس بات کو دیکھنے سے قاصر رہتے ہیں کہ ہم کس طرح اور کس قدر کئی ایک لحاظ سے اس معیار سے کہیں دور اور پیچھے ہیں جو خدا نے ہمارے لئے مقرر کیا ہے۔ خدا کے نزدیک تہمت بازی اور دوسروں کی عدالت کوئی عام سی بات نہیں ہے۔ وہ ہمارے دلوں کی ریاکاری سے واقف ہے اور ہماری عدالت کرے گا۔

یہاں پر ایک اور نکتہ ہے جس پر ہمیں غور کرنے کی ضرورت ہے۔ اگر ہم اپنے بھائی کی عدالت نہیں کرنی تو پھر کس طرح سے کلیسیا کی تربیت ہو سکتی ہے؟ میں یہاں پر کلیسیا میں موجود لوگوں کی تربیت کے تعلق سے چند اہم نکات بیان کرنا چاہوں گا۔

خداوند یسوع مسیح نے متی 18 باب 15-17 آیات میں بیان کیا کہ جب ایک بھائی گناہ میں گرتا ہے، ہم ذاتی طور پر اس کی سرزنش کریں۔ اور اُس پر اُس کا گناہ اور قصور ظاہر کریں۔ اگر وہ ہماری بات سننے سے انکار کرے، تو پھر ہم ایک یا دو گواہوں کو اپنے ساتھ لے جائیں، اگر پھر بھی وہ ہماری بات پر توجہ نہ کرے، تو پھر ہم کلیسیا کے سامنے اس کی سرزنش کریں۔ اگر کلیسیا کی سننے سے بھی انکار کرے، تو اُسے ہم غیر ایماندار کے برابر جانیں۔ ہمیں یہاں پر کئی ایک باتوں کو مد نظر رکھنے کی ضرورت ہے۔

اول۔ قصور وار سے علیحد گی میں بات چیت کی جائے۔ یہاں پر تہمت بازی کا کوئی معاملہ نہیں ہو گا۔ جس شخص کو کسی سے کوئی دُکھ پہنچا ہے، وہ اپنے قصوروار کو بتائے کہ اس نے کیا کیا ہے۔ مقصد آپس کے تعلقات کی بحالی اور خداوند کے ساتھ اُن کا رشتہ بحال رکھنا ہے۔

دوئم۔ اگر قصوروار شخص توبہ کرنے سے انکار کرے، گواہوں کو طلب کیا جائے۔ ایک یا دو گواہ علیحد گی میں سے قصور وار سے بات کریں۔ اس صورت میں بھی معاملہ پوشیدہ ہی

رہے گا۔ اور اس کا چرچا عام نہیں ہو گا۔ یہ گواہ اس بات کے چشم دید گواہ ہوں گے کہ قصوروار نے توبہ کرنے سے انکار کیا اور ساتھ ہی وہ اس کے رویہ کے بھی شاہد ہوں گے کہ قصوروار نے کیسا روّیہ اختیار کیا ہے۔ اس سے یہ بھی ثابت ہو جائے گا کہ قصوروار نے واقعی کچھ ایسا کیا ہے جو دوسرے شخص کے لئے دُکھ یا ٹھوکر کا باعث ہوا ہے۔

گواہوں کی موجودگی اس شخص کی صورتحال کی چھان بین کا موقع بھی فراہم کرتی ہے جس کو دُکھ پہنچا ہے۔

اس معاملہ کو اس وقت تک کلیسیا کے سامنے نہ لایا جائے جب تک گواہان اس بات کو ناگزیر نہ سمجھیں۔ یہی بہتر ہے کہ معاملہ پوشیدگی سے ہی نمٹایا جائے ۔ تاوقتیکہ یہ بات محسوس نہ ہونے لگے کہ قصوروار یا اس شخص کا رویہ پوری کلیسیا کے لئے نقصان کا باعث ہو سکتا ہے جسے دکھ پہنچا ہے۔ معاملہ نپٹاتے وقت اس بات کو مدِ نظر رکھا جائے کہ مقصد یہی ہے کہ مسیح کے بدن میں ہم آہنگی اور یگانگت پیدا اور قائم کی جائے۔

اگر ایک شخص دوسروں کو مجرم ٹھہرانے کی نظر سے حقیر جانتا ہے اور دوسرا شخص مسیح کے بدن میں یگانگت کی راہ میں حائل رکاوٹوں کو دُور کرنے کے پیشِ نظر کوئی بات یا کام کرتا ہے تو ان دونوں میں اچھا خاصا فرق پایا جاتا ہے۔ متی 18 باب میں موجود اصولوں کی پیروی کرتے ہوئے، دونوں فریقین کی جانچ پرکھ کلیسیائی قیادت کرتی ہے۔ ایسی صورت میں تہمت لگانی والی بات نہ ہو گی۔ بلکہ خداوند کے کام اور مقاصد کے پیش نظر کمال تابعداری ہو گی۔

کچھ ایسے لوگ بھی ہوں گے جو یعقوب کے خط میں موجود ان آیات کو یہ کہنے کے لئے استعمال کریں گے کہ کلیسیا کو کسی اس شخص کے تعلق سے کچھ بھی کہنے کا حق نہیں جو گناہ میں زندگی بسر کر رہا ہے۔ وہ کہیں گے کہ ہمیں کسی کی عدالت نہیں کرنی چاہیئے ان کا

مفروضہ یہی ہے کہ ہم خواہ کچھ بھی کریں کلیسیا کو اس سے کچھ لینا دینا نہیں ہے۔ لیکن ایسا طرزِ فکر بالکل بھی قابلِ قبول اور بائبل مقدس کی تعلیمات کے مطابق نہیں ہے۔ مسیح کے بدن میں گناہ کا سدِ باب ضروری بالکل بہت ضروری ہے۔ اس کے لئے دوسروں کو کھلی چھٹی نہیں دی جاسکتی کہ وہ جو کچھ بھی چاہیں کرتے پھریں۔

ہم کسی بھائی یا بہن کے دل کے محرکات کی عدالت نہیں کر سکتے۔ خدا ہی دلوں کے راز بہتر جانتا ہے۔ کسی بھائی یا بہن کو اپنے گناہ سے توبہ کرنے کے لئے کہنا اس کی عدالت کرنے کے زمرے میں نہیں آتا۔ خدا کا کلام ہی لوگوں کی عدالت کرتا ہے۔ ہم تو لوگوں کو اس بات کے لئے اُبھارتے ہیں کہ وہ خدا کے کلام کی روشنی میں چلیں۔

یعقوب رسول مسیح میں اپنے بھائیوں اور بہنوں کے ساتھ ہمیں اپنے تعلقات میں عاجزی اور انکساری اختیار کرنے کے لئے کہتا ہے۔

مصنف ان لوگوں کو ملامت کرتا ہے جو دوسروں کی عدالت کرنے کے پیش نظر خود کو بڑا بناتے اور دوسروں کے حق میں بری باتیں کرتے ہیں۔ حالانکہ وہ بھی ان جیسے گناہوں کے مرتکب ہوتے ہیں۔ مصنف ایسے بہن بھائیوں کے ساتھ اپنے تعلقات میں خاکساری ،عاجزی اور فروتنی کی روح اختیار کرنے کی تلقین کرتا ہے جو راہ حق سے گمراہ ہو چکے ہیں۔ دوسروں کے گناہ پر انگلی رکھنے والا شخص خود بھی اس بات کو محسوس کرے کہ وہ بھی خدا کے معیار اور مقام سے نیچے ہے۔ ہمارا مقصد تو یہی ہونا چاہئے کہ ہم ایک دوسرے کی حوصلہ افزائی کریں تاکہ سبھی کامل وفاداری سے مسیح کے ساتھ گہرے رشتہ میں استوار ہو کر آگے بڑھ سکیں۔ اس مقصد کے پیشِ نظر ہم ایک دوسرے کو ابھاریں، ایک دوسرے کی ہمت افزائی کریں۔ تاکہ سبھی اپنی اپنی کمزوریوں اور خطاؤں کا اقرار کر کے انہیں ترک کریں اور خداوند کے طالب ہوتے ہوئے اس کے ساتھ اس طرح چل سکیں جس طرح وہ

ہم سے چلنے کی توقع کرتا ہے۔

چند غور طلب باتیں

☆۔ وہ کون سی شخصیت ہے جسے عدالت کا اختیار ہے؟ ہمارا جانچنا پرکھنا اور کسی کی عدالت کرنا کس طرح خدا کی عدالت کرنے سے مختلف ہوتا ہے؟

☆۔ کیا ایسا ممکن ہوا ہے کہ آپ دوسروں کے افعال و حرکات پر غور کر کے اُن کی عدالت کرتے رہے اور اپنے گناہوں کو نظر انداز کرتے رہے؟ وضاحت کریں۔

☆۔ متکبرانہ انداز میں دوسروں کی عدالت کرنے اور دوسروں کو اس راہ پر چلنے کے لئے اُبھارنے میں کیا فرق ہے جو خدا نے ہمارے لئے متعین کی ہے؟ یہاں پر بطور منصف خدا کے کلام کا کیا کردار ہے؟ عاجزی اور انکساری کیا کردار ادا کرتی ہے؟

چند اہم دُعائیہ نکات

☆۔ ایسے وقتوں کے لئے خدا سے معافی کے طلبگار ہوں جب آپ اپنے گناہوں کو نظر انداز کرتے ہوئے دوسروں کی عدالت میں مصروف و محو ہے۔

☆۔ خداوند سے ایسے لوگوں کے لئے مزید صبر و تحمل مانگیں جو خدا کے معیار سے نیچے گر چکے ہیں۔ ایسے لوگوں کے لئے خدا سے محبت کو اپنے لئے مانگیں۔

☆۔ خداوند سے درخواست اور مدد مانگیں تاکہ آپ دوسروں کی عدالت اور دوسروں کو اس بات کے لئے مخلصانہ طور پر اُبھارنے کے فرق کو سمجھ سکیں تاکہ وہ پورے دل اور مخلصانہ رویہ کے ساتھ خدا کے ساتھ وفاداری سے چل سکیں۔

باب 15

کل کے بارے فخر نہ کریں

یعقوب 4 باب 13 تا 17 آیت

یعقوب رسول نے 4 باب کے اس حصہ میں زبان کے استعمال پر بہت زور دیا ہے۔ اس نے اس باب میں اپنے قارئین کو یاد دہانی کرائی کہ زبان کو قابو کرنے اور اس کے غلط استعمال سے ہونے والے نقصانات سے بچنے کے لئے تین طرح کی مشکلات در پیش ہوتی ہیں۔ مصنف نے پہلے ہی عیب جوئی اور تہمت بازی کے تعلق سے کافی وضاحت سے بیان کیا ہے۔ چار باب کے اس آخری حصہ میں، وہ زبان کے ایک اور غلط اور بُرے استعمال پر بات کرتا ہے اور وہ ہے شیخی مارنا۔

ہم میں سے کون سا ایسا شخص ہو سکتا ہے جس نے کبھی آنے والے کل کے بارے میں نہ سوچا ہو یا اس کے تعلق سے منصوبہ سازی نہ کی ہو۔ اس میں کوئی بُرائی بھی نہیں، لیکن بعض اوقات ہم اس بات کو مدِ نظر رکھنے سے قاصر رہتے ہیں کہ آنے والا کل ہمارے اختیار میں نہیں ہے۔ ایک مشہور مقولہ ہے " کل کسی نے نہیں دیکھا۔" یہاں پر مصنف ایسے لوگوں کی بات کرتا ہے جو کسی شہر میں جانے کا پروگرام بناتے ہیں۔ وہ دوسرے شہر جا کر کچھ وقت وہاں رہ کر کاروبار کرنے اور پیسہ کمانے کا ارادہ کرتے ہیں۔ لیکن حقیقت تو یہ ہے کہ ہمیں کیا معلوم ہے کہ کل ہم زندہ بھی ہوں گے یا نہیں۔ مصنف انسان کی زندگی کا موازنہ 14 آیت میں بخارات سے کرتا ہے، ابھی نظر آئے، ابھی غائب ہو گئے۔ زندگی میں بہت سی ایسی چیزیں ہیں جنہیں ہم کوئی اہمیت نہیں دیتے۔ ہمارا یہی خیال ہوتا ہے کہ

ہم لمبی عمر پائیں گے اور ہمیشہ تندرست بھی رہیں گے۔ کچھ عرصہ پہلے ہونے والے کار کے ایک حادثہ نے مجھ پر روزِ روشن کی طرح یہ بات عیاں کر دی کہ ہمیں اپنی زندگی پر کوئی اختیار نہیں ہے۔ ہماری زندگی تو خدا کے اختیار میں ہے۔ ہماری صحت اور دیگر حالات و واقعات پل بھر میں بدل سکتے ہیں۔

15 آیت میں یعقوب رسول نے اپنے قارئین کو اس بات کی تلقین کی اور اُنہیں اس بات کے لئے اُبھارا کہ وہ اپنے تمام منصوبوں، اور کل کی منصوبہ سازی میں خدا کو مرکزی اہمیت دیں۔ اُس نے انہیں یہ طرزِ فکر اپنانے کے لئے اُبھارا" اگر خدا کی مرضی ہوئی تو ہم زندہ بھی رہیں گے اور یہ یا وہ کام بھی کریں گے۔" اکثر اوقات جب سب کچھ ہماری مرضی اور منشا کے مطابق نہیں ہوتا تو ہم مایوسی کا شکار ہو جاتے ہیں۔ ہماری اس مایوسی اور بے دلی کی وجہ یہی ہوتی ہے کہ ہم نے اس بات کو پورے طور پر قبول ہی نہیں کیا ہوتا کہ خدا ہی ہر دن پر راج کرتا ہے اور جو اُسے بھلا اور اچھا معلوم ہوتا ہے وہ کرتا ہے۔ جو کچھ خدا ہماری زندگی میں لائے، اسے قبول کرنا سیکھیں۔

اس حصہ سے ہمیں کچھ اور بھی سیکھنے کی ضرورت ہے، چونکہ ہم آنے والے دن پر اختیار اور قدرت نہیں رکھتے، ہمیں ہر دن کے لئے خدا کی مرضی اور ارادے کو جاننے اور سمجھنے کے لئے اس کے چہرہ کے طالب ہونے کی ضرورت ہے۔ اگر خداوند ہی ہمارا خداوند اور مالک ہے تو پھر ہمیں ہر روز کے لئے اس کی مرضی اور ارادے کو سمجھنا بہت ضروری ہے۔ ایک نوکر ہر طرح اور ہر لحاظ سے اپنے مالک کی خوشنودی چاہتا ہے۔ خداوند کو اپنے ارادوں اور پروگرامز میں شامل ہی نہ کریں بلکہ اسے اپنے ارادوں اور منصوبوں کا مالک اور خداوند بھی بنائیں۔ ہمیں کیا معلوم ہے کہ آنے والے کل میں کس طرح کے حالات اور کیسی صورتحال کا سامنا ہمیں کرنا پڑے گا۔ اُس کے ارادے اور مقاصد ہم سے کہیں زیادہ بہتر

اور اعلیٰ ہیں۔ لازم اور بہتر یہی ہے کہ ہم ہر روز کے لئے اپنی زندگی کے لئے اس کی مرضی اور ارادے کے طالب ہوں اور اسے اپنی زندگی میں قبول کریں۔

اگر ہم آنے والے کل اور حالات وواقعات اور کسی بھی صورتحال پر غلبہ اور اختیار نہیں رکھتے تو پھر اس کی شکرگزاری کریں ہر اس دن کے لئے جو وہ ہمیں عطا کرتا ہے۔ اس کی مہربانیوں کے لئے اس کی شکرگزاری اور تعریف کریں۔ ہر روز جس بھی برکت اور فضل کا تجربہ ہوتا ہے، اس کے لئے شکرگزاری کرنا سیکھیں۔ خدا ہمارے حالات و واقعات پر اختیار رکھتا ہے۔ خدا ہمیں اپنی برکات سے نوازتا ہے۔ خدا ہماری زندگی میں اپنے مقاصد اور ارادوں کو پایہ تکمیل تک پہنچاتا ہے۔ ہمیں شکرگزار دل رکھنے والے لوگ بننا ہے۔ کچھ کرنے اور کہیں جانے کے تعلق سے تکبر اور فخر سے کچھ کہنے کی بجائے۔ یہی بہتر ہے کہ ہم اپنے آپ کو خدا کے تابع کر دیں۔ اور اس بات کو تسلیم اور قبول کریں کہ سبھی کچھ اسی کی طرف سے ملتا ہے۔

یعقوب رسول اس باب کو 17 آیت میں ایک زبردست آگاہی اور انتباہ کے ساتھ اختتام پذیر کرتا ہے۔ وہ بیان کرتا ہے کہ اگر لوگوں کو علم ہے کہ وہ یہ نیکی کرسکتے ہیں اور نہیں کرتے تو وہ گناہ کرتے ہیں۔ یعقوب رسول نے ہمیں یاددہانی کرائی ہے کہ ہمیں اپنے ارادوں اور مقاصد میں اُس کی مرضی اور رہنمائی کو مدنظر رکھتے ہوئے اسے اوّل درجہ دینا ہے۔ خدا کی مرضی اور رہنمائی کو حاصل کرنا ایک چیز ہے تو اُس کی مرضی کو قبول کر کے اُس کی تابعداری کرنا ایک مختلف بات ہے۔ اکثر اوقات ہم روح القدس کی طرف سے اپنے باطن میں کچھ کرنے یا نہ کرنے کے تعلق سے رہنمائی محسوس کرتے ہیں، کئی دفعہ خدا ہمارے دل میں کوئی بات رکھتا ہے، کیا ہم خدا کی مرضی کو جان کر اُس کی تابعداری میں مثبت طرزِ عمل اختیار کرتے ہیں؟ ایسا نہ کرنا گناہ ہے؟ یعقوب رسول ایمانداروں کو ابھارتا

ہے کہ وہ خدا کی مرضی کے طالب ہوں۔ اپنی خواہشوں کے اعتبار سے مرنا سیکھیں، اور ہر روز پورے طور پر خدا کی مرضی اور ارادے کے طالب ہوں۔ کیونکہ ایسا نہ کرنا گناہ ہے۔ کچھ بھی کرنے اور کہیں بھی جانے کے تعلق سے کوئی شیخی نہیں ہونی چاہئے۔ بطور ایماندار، ہمیں اس بات کا گہرا احساس ہو چکا ہے کہ ہم اپنی زندگی میں آنے والے حالات و واقعات اور صورتحال پر کوئی اختیار نہیں رکھتے۔ ہمیں ہر روز اپنے آپ کو خدا کے تابع اور سپرد کرنا ہے۔ وہ حاکمِ مطلق ہے، اسی کو اختیار اور قدرت ہے کہ جس طرح کے حالات اور صورتحال ہماری زندگی میں لانا چاہے، وہ لائے۔ ہمارا مقصد اُس کی مکمل تابعداری ہی ہونا چاہئے۔ ہم ہر روز اس کی مرضی اور ارادے کے مطابق تابعداری کی زندگی اختیار کریں۔

چند غور طلب باتیں

☆۔ کیا ہم واقعی اپنی زندگی میں کسی بات پر فخر کر سکتے ہیں؟ ہر طرح کی برکت کہاں سے ملتی ہے؟

☆۔ کیا خدا نے غیر متوقع طور پر آپ سے کوئی چیز واپس لی ہے؟ اس سے آپ کو یہ سیکھنے میں کیا مدد ملی کہ خدا ہی ہر ایک چیز پر اختیار رکھتا ہے؟

☆۔ غیر متوقع طور پر آپ کی زندگی میں آنے والے حالات و واقعات کے تعلق سے آپ کا ردعمل کیسا ہوتا ہے؟ اس سے خدا کے تابع ہونے کے تعلق سے کیا سیکھنے کو ملتا ہے؟ کیا آپ کی زندگی میں کچھ ایسی چیزیں ہیں جو ابھی تک آپ کو آپ کو خدا کے تابع کرنے کی ضرورت ہے؟ وہ کون سی چیزیں ہیں؟

☆۔ کیا خدا نے آپ کے دل میں کسی شخص کو رکھا ہے جس سے آپ کو بات کرنے کی ضرورت ہے؟ کیا خدا نے آپ کے دل میں کوئی چیز رکھی ہے جو آپ کو کرنے یا اس

کے لئے انکساری اور عاجزی اختیار کرنے کی ضرورت ہے؟

چند اہم دُعائیہ نکات

☆۔ جس طور سے خدا نے آپ کی زندگی کے حالات و واقعات کو آپ پر منکشف کیا ہے اس کے لئے خدا کی شکر گزاری کریں۔

☆۔ خداوند کی شکر گزاری کریں کہ اس کا وعدہ ہے کہ ساری چیزیں مل کر آپ کے لئے بھلائی پیدا کریں گی۔ (رومیوں 8 باب 28 آیت)

☆۔ ایسے وقتوں کے لئے خدا سے معافی کے طلبگار ہوں جب آپ نے اُس کے چہرہ کے طالب ہونے سے انکار کیا اور اُس کی مرضی کے تابع نہ ہوئے۔ خدا سے ایسے وقتوں کے لئے معافی مانگیں جب مایوسی کا شکار ہو کر برہم ہوئے کیونکہ خلاف توقع آپ کی ساری منصوبہ سازی بدل گئی۔

☆۔ خدا آپ کی زندگی میں جیسے بھی حالات لایا ہے، اُن کے لئے خدا کی شکر گزاری کریں۔

☆۔ خداوند سے فضل اور توفیق مانگیں تاکہ آپ درپیش حالات و واقعات پر بڑبڑاہٹ کے گناہ سے دُور رہ سکیں۔

باب 16

دولتمندوں سے کلام

یعقوب 5 باب 1-6 آیت

5 باب میں یعقوب رسول اپنی توجہ دولتمندوں کی طرف کرتا ہے۔ مصنف نے خصوصی طور پر ان کا ذکر کیا ہے اور اس بات کو واضح کیا ہے کہ وہ کس طرح اپنی دولت کو استعمال کرتے ہیں۔ اس باب میں اس موضوع کے مطالعہ کے بعد ہمیں ہرگز یہ نہیں سمجھ لینا کہ مال و دولت بُری چیز ہے۔ جن لوگوں کا یہاں پر ذکر ہے وہ اصل میں خداداد نعمتوں اور وسائل کا غلط استعمال کر رہے تھے۔ یعقوب رسول یہاں پر یہ بیان کر رہا ہے کہ حقیقی ایمان مال و دولت کے استعمال پر بھی اثر انداز ہوتا ہے۔

1 آیت میں یعقوب رسول امیر اور دولتمند لوگوں کو آنے والی مصیبت پر آہ نالہ اور واویلہ کرنے کے لئے کہتا ہے۔ اُن پر خدا کی عدالت آنے والی تھی۔ یاد رہے کہ عدالت کا بُرا وقت اُن پر اس لئے نہیں آنے والا تھا کیونکہ اُن کے پاس مال و دولت تھی۔ بلکہ اس وجہ سے کہ وہ مال و دولت کا استعمال کس طرح کر رہے تھے۔ خدا کے کلام میں ہمیں بہت سے مقدسین کا ذکر ملتا ہے جنہیں خدا نے مال و متاع اور دھن دولت سے نوازا تھا۔ اپنے وقت میں داؤد اور سلیمان بادشاہ کسی بھی دوسرے بادشاہ سے نامور اور کثیر مال و دولت کے مالک تھے۔ ابراہام کے پاس کثیر تعداد میں مال مویشی تھے، ایسا کہ اسے اپنے بھتیجے لوط سے علیحدگی اختیار کرنا پڑی۔ کیونکہ ایک جگہ رہتے ہوئے ان کے جانوروں کے لئے کافی چراگاہیں نہیں تھیں۔ (پیدائش 13 باب 6 آیت) مال و دولت بُری چیز نہیں ہے۔ بری

بات تو یہ ہے کہ مال و دولت جب خدا کی جگہ اور اس کا مقام اور نام اپنے لئے حاصل کر لے۔

یاد رہے کہ یہاں پر جو بات مال و دولت کے لئے ہو رہی ہے وہی خدا کی دیگر تمام برکات پر بھی صادق آتی ہے۔ اگرچہ ہم مال و متاع میں برکتوں سے مالا مال نہ بھی ہوں، خدا نے ہم سب کو کسی نہ کسی برکت سے ضرور نوازہ ہے۔ اہم بات یہ ہے کہ ہم ان برکات اور وسائل کا کیسا استعمال کرتے ہیں۔

اس مخصوص حوالہ میں، امیر لوگوں کی عدالت ان کی خود غرضی کی بنا پر آنی تھی۔ ان کے مال و متاع نے گل سڑ جانا تھا اور اُن کی قیمتی پوشاک کو کیڑوں نے کھا جانا تھا۔ وہ سونا چاندی جو انہوں نے جمع کیا تھا رفتہ رفتہ گل سڑ جانا تھا اور اُن کے کسی کام نہیں آنا تھا۔ اُن کی دولت نے پرّ لگا کر اُڑ جانا تھا اور بالکل برباد ہو جانا تھا۔

ہمارے لئے یہ یاد رکھنا مفید ہو گا کہ جب بنی اسرائیل بیابان سے گزر رہے تھے، خدا نے اُنہیں کھانے کے لئے من فراہم کیا(خروج 16 باب 4 آیت)ہر صبح وہ من آسمان سے گرتا تھا۔ خدا کے لوگوں کو جا کر اُس من کو اکٹھا کرنا ہوتا تھا۔ لیکن ضرورت سے زیادہ نہیں۔ اگر وہ ضرورت سے زیادہ اکٹھا کر لیتے تھے تو اس میں کیڑے پڑ جاتے تھے۔ (خروج 16 باب 20 آیت) اس کا مطلب یہ ہوا کہ اُنہیں اپنی ضرورت سے زیادہ اکٹھا نہیں کرنا تھا۔ اُنہیں ہر روز اپنی ضرورت کے لئے خدا پر توکل اور بھروسہ کرنا تھا۔

3 آیت پر غور کریں "تمہارے سونے چاندی کو زنگ لگ گیا۔" ان کی دولت اور مال و متاع کو لگے زنگ نے آخری دن اُن دولتمندوں کے خلاف گواہ ہونا تھا۔ اُن کی جمع شدہ دولت کو لگا زنگ ان کی بد دیانتی پر مبنی مختاری کے خلاف گواہ ہونا تھا۔ ان دولتمندوں نے مال و دولت جمع تو کیا پر اسے خدا کی بادشاہی کے لئے استعمال نہ کیا۔ یعقوب رسول

دولتمندوں کو یاد دلا رہا ہے کہ اُن کا لالچ اور حرص شخصی طور پر تباہ کن ثابت ہو گا۔ وہ آگ کی طرح اُن کے جسموں کو کھائے گا۔

یہاں پر ہمارے لئے ایک اہم سبق پایا جاتا ہے۔ یعقوب رسول نے بیان کیا کہ دولت آگ کی مانند ہے۔ اگر آپ اپنے ہاتھ میں کسی گرم چیز کو پکڑ لیں، تو بہت جلد آپ کا ہاتھ جل جائے گا۔ ہماری دولت بھی کچھ ایسی ہی چیز ہے۔ خدا تو یہی چاہتا ہے کہ ہماری دولت استعمال ہو وہ کسی نہ کسی اچھے مقصد کے لئے صرف کی جائے۔ دولت جمع کرنے کے لئے نہیں استعمال کرنے کے لئے ہوتی ہے۔ لالچ اور حرص سے مال و دولت جمع کرنا بُری بات ہے۔ مقدس پولس رسول نے 1 تیمتھیس 6 باب 10 آیت میں بیان ہے۔

"کیونکہ زر کی دوستی ہر قسم کی بُرائی کی ایک جڑ ہے جس کی آرزو میں بعض نے گُمراہ ہو کر اپنے دِلوں کو طرح کے طرح کے غموں سے چھلنی کر لیا۔"

کون سا جرم اور گناہ ہے جو مال و دولت کے لئے نہیں کیا گیا؟ مال و دولت دشمن کے ہاتھ میں ایک زبردست ہتھیار ہوتا ہے۔ اسی لئے، ہمیں زیادہ دیر تک مال و دولت کو اپنے پاس نہیں رکھنا چاہیئے۔ بلکہ خدا کی بادشاہی کی وسعت اور پھیلاؤ کے لئے اسے صرف کر دینا چاہیئے۔

غور کریں کہ یعقوب رسول کے دور میں مال و دولت جمع کرنے والوں کے ساتھ کیا ہوا۔ مال و دولت کے لئے اُن کی محبت اس قدر تھی کہ اُنہوں نے مزدُوروں کا حق بھی مار لیا۔ (4 آیت) کھیتوں میں کام کرنے والوں نے ان کی فصلیں کاٹیں، اُنہوں نے اُن کی محنت کا صلہ بھی اُن کو نہ دیا۔ اُن کی دولت کا لالچ ان پر اپنی گرفت مضبوط کر چکا تھا۔ جو کچھ ان کے ذمہ واجب الادا تھا، اُنہوں نے وہ بھی ادا نہ کیا۔ شراب کے نشے کی طرح یہ لوگ اور زیادہ مال و دولت کے طلبگار ہوتے چلے جا رہے تھے۔ یوں لگتا تھا کہ وہ مطمئن ہونے کا نام

ہی نہیں لے رہے تھے۔ مال و دولت کے لئے اپنی حرص و ہوس کی تسکین کے لئے اُنہوں نے بد دیانتی اور ظلم و ستم کا روّیہ بھی اختیار کر لیا تھا۔

جن لوگوں، مزدوروں اور حقداروں پر وہ ظلم و ستم کر رہے تھے اُن کی آہ و پکار اور واویلہ خدا کے حضور پہنچ رہا تھا۔ خدا نے اُن پر ڈھائے جانے والے ظلم و ستم اور آہ و پکار کو دیکھا اور سنا۔ اور قصورواروں کو جواب دہی کے لئے روزِ عدالت طلب کر لینا تھا۔ یہ ظالم، لالچی دولتمند اس بات کو سمجھنے سے قاصر رہے کہ خدا نے اُنہیں اس لئے مال و متاع اور وسائل سے نوازا ہے تاکہ وہ دوسروں کے لئے باعث برکت ہوں اور اُن کی ضروریات اور مشکل وقت میں اُن کی مدد کر سکیں۔

جن دولتمندوں کا یہاں پر یعقوب رسول ذکر کر رہا ہے اُنہوں نے اپنی جمع اور چوری شدہ دولت سے خود عیش و عشرت کی زندگی گزارنا شروع کر دی تھی۔ اور وہ کھا کھا کر موٹے ہوتے چلے جا رہے تھے۔ وہ اس بات کو سمجھنے سے قاصر رہے کہ اُن کی عیش و عشرت اور حرص و ہوس کی دوڑ اُنہیں یوم عدالت کی طرف لے جا رہی ہے۔ یہ بدکار اور لالچی امیر لوگ لالچ، حرص و ہوس کی گرفت میں جکڑے اور پکڑے ہوئے تھے۔ ایسا کہ انہیں دولت کے حصول کے لئے دوسروں کو قتل کرتے ہوئے بھی خوف نہیں آتا تھا۔ خدا نے ان کی عدالت صرف اس لئے نہیں کرنی تھی کہ وہ لالچی تھے اور اپنے وسائل کا غلط استعمال کر رہے تھے۔ بلکہ اس لئے بھی اُن کی عدالت ہونی تھی کیونکہ اُنہوں نے دوسروں کے ساتھ ناروا سلوک اختیار کیا تھا۔ اُنہوں نے دوسروں پر ظلم و جبر کر کے دولت اکٹھی کی تھی۔

خدا کے کلام کا یہ حصہ ہمارے سامنے یہی سبق رکھتا ہے کہ جو وسائل، مال و دولت اور برکات خدا نے ہمیں عطا کی ہیں ان پر سنجیدگی سے غور کرتے ہوئے اُن کا درست اور

واجب استعمال کریں۔ اور خدا کی بادشاہی کی وسعت اور پھیلاؤ اور دوسروں کی ضروریات، خبر گیری اور مدد کے لئے اُن وسائل و برکات کو استعمال میں لائیں۔ یاد رہے ایک دن ہم خدا کی طرف سے ملنے والے وسائل و برکات کے استعمال کے تعلق سے خدا کے حضور جوابدہ ہوں گے۔ کیا ہم خدا کی برکات اور وسائل کو جمع کر رکھیں گے تا کہ ان کو زنگ لگ جائے اور کیڑا کھا جائے یا پھر ہم اُنہیں خدا کی بادشاہی کے لئے استعمال کریں گے؟ خدا دیکھ رہا ہے کہ ہم اُس کی عطا کردہ برکات اور وسائل کو کیسے استعمال کر رہے ہیں۔ ہم ایک دن اُس کے حضور جواب دہ ہوں گے کہ ہم نے اُس کی عطا کردہ برکات کو کیسے استعمال کیا۔

چند غور طلب باتیں

☆۔ کیا ہر طرح کی دولت بُری چیز ہے؟

☆۔ کسی طرح ہماری برکات ہمیں برائی کی طرف لے جاتی ہیں؟ آپ کس طرح خدا کی بادشاہت کے لئے اپنی برکات کا استعمال کرتے رہے؟

☆۔ آپ کی زندگی میں قناعت کیا مقام رکھتی ہے؟ قناعت پسندی کس طرح دُنیوی دولت کے جال اور شکنجے سے ہمیں محفوظ رکھتی ہے۔

☆۔ جن چیزوں سے خدا نے آپ کو نوازا ہے، آپ اُنہیں کس طرح خدا کی بادشاہت کے لئے بہتر طور پر استعمال کر سکتے ہیں؟

چند اہم دُعائیہ نکات

☆۔ خداوند سے دعا کریں تاکہ آپ کی زندگی میں اس کی برکات کی معموری کو سمجھنے، جاننے اور پہچاننے اور اُنہیں قبول کرنے کے لئے آپ کی آنکھیں کھل جائیں۔

☆۔ جن برکات سے خدا نے آپ کو نوازا ہے، خداوند سے فضل اور توفیق چاہیں تاکہ آپ ان برکات کو اُس کی بادشاہی کے لئے استعمال کر سکیں۔

☆۔ ایسے وقتوں کے لئے آپ خدا سے معافی مانگیں جب آپ نے اُس کی دی ہوئی برکات کو جسمانی عیش و عشرت پر خرچ کیا۔

باب 17

آمدِ ثانی میں صبر

یعقوب 5 باب 7-12

گزشتہ باب میں ہم نے دیکھا کہ یعقوب رسول ان دولتمندوں سے مخاطب ہوا جو غریب غُربا پر ظلم و ستم ڈھا رہے تھے۔ اس نے انہیں یاد دلایا کہ خدا ان کی عدالت کرنے والا ہے۔ اس باب میں، یعقوب رسول ان سے مخاطب ہے جو ظلم و ستم کا شکار تھے۔ وہ اُن کی حوصلہ افزائی کرتے ہوئے بیان کرتا ہے کہ وہ دن آنے والا ہے جب ان کو انصاف ملے گا۔

7 آیت میں چیلنج یہ ہے کہ اُنہیں دُکھ اور ظلم و ستم سہتے ہوئے صبر و تحمل سے کام لینا تھا۔ ظلم و ستم سہنے والوں سے یعقوب مخاطب ہوتے ہوئے بیان کرتا ہے کہ وہ صبر و تحمل کا رویہ اختیار کریں اور خداوند کی آمد کے منتظر رہیں۔ دُکھ اور ستم کی گھڑی میں اُنہیں ثابت قدم اور قائم رہنا تھا۔ کیونکہ خداوند یسوع مسیح کی آمد میں اُن کے لئے ایک اُمید اور اَجر موجود تھا۔ خداوند یسوع نے زمین پر انصاف اور راستبازی قائم کرنی تھی۔

یہ کس قدر زبردست اور زندہ اُمید ہے۔ کیونکہ خداوند یسوع کی آمدِ ثانی واقع ہوا چاہتی ہے۔ یہی وجہ ہے کہ ایمانداروں کو ثابت قدم اور قائم رہنا ہے۔ خداوند یسوع مسیح ہر ایک غلط ترتیب کو درست کرے گا۔ آج ہمیں آزمائشوں اور امتحانوں کا سامنا ہو سکتا ہے لیکن ایک بات قطعی دُرست ہے کہ جب خداوند یسوع مسیح آئے گا تو ہمیں انصاف اور فتح ملے گی۔

یعقوب رسول نے کسان کی مثال دیتے ہوئے اس نکتہ کو اُجاگر کیا ہے کہ کس طرح وہ انتظار کرتا ہے۔ ایمان سے کسان بیج بوتا ہے، دُرست وقت پر اس کے کھیت سے وہ بیج اُگتا ہے۔ وہ صبر و تحمل سے بہار اور موسم خزاں کی بادوباراں کا منتظر رہتا ہے۔ اس کی یہی اُمید اور توقع ہوتی ہے کہ جب بارش ہو گی تو اس وقت اسے کثیر فصل حاصل ہو گی۔ کسان محنت کرتا اور دیر تک انتظار کرتا ہے کیونکہ اُسے معلوم ہے کہ اَجر یقینی ہے۔ یعنی جب اسے کثیر فصل حاصل ہو گی تو اس وقت اس کی خوشی پایہ تکمیل کو پہنچے گی۔ اسی طرح سے، ہمیں بھی اس حقیقت سے خوشی اور شادمانی حاصل ہوتی ہے کہ جب خداوند یسوع مسیح آئے گا تو ہمیں فتح، شادمانی اور انصاف مل جائے گا۔ کسان کی طرح ہم بھی خداوند یسوع مسیح کی خاطر بہت کچھ برداشت کرتے اور سہتے ہیں۔ اِس بات کا علم و معرفت کہ وہ اپنے وفادار خادموں اور لوگوں کو واپس آکر اَجر دے گا، اس سے ہمیں اُمید اور تقویت ملتی ہے تاکہ ہم مشکل حالات اور صورتحال میں بھی ثابت قدم اور قائم رہیں۔

ہر روز ہمیں خداوند یسوع مسیح کی آمد کی روشنی میں زندگی بسر کرنے کی ضرورت ہے۔ موقع دیں، اپنے دلوں کو کھولیں تاکہ اس کی آمد کا وعدہ ہمیں مشکل حالات، دشمن کی پیدا کردہ رکاوٹوں کے مقابلہ میں ثابت قدم اور قائم رہنے کی ہمت اور توفیق دے۔ خداوند یسوع مسیح آکر ہمیں بالآخر وہیں لے جائے گا جہاں وہ خود بھی رہتا ہے تاکہ ہمیں ہمیشہ کے لئے دُکھ، درد اور تکالیف سے رہائی مل جائے۔ وہ آکر دشمن کی قوت اور تمام بدی اور ناراستی پر غلبہ پائے گا۔ وہ آکر ہمیں اجر و انعام سے نوازے گا۔ اُس کی آمد کے وعدہ میں کس قدر بڑی اُمید، تقویت اور حوصلہ افزائی پائی جاتی ہے۔ ایک اچھے کسان کی طرح، اپنے دلوں کی زمین کو اچھی حالت میں قائم رکھیں۔ اور اُس کے وعدہ کی تکمیل کے منتظر رہیں۔

یعقوب رسول نے 8 آیت میں اپنے قارئین کو یہ چیلنج پیش کیا ہے کہ وہ خداوند یسوع مسیح کی آمد ثانی کے پیش نظر ثابت قدم اور قائم رہیں۔ بالفاظ دیگر، انہیں ایمان میں مضبوط اور قائم رہ کر تابعداری کی زندگی بسر کرنا تھی۔ انہیں ہر گز سُست اور کمزور ہو کر ہمت نہیں ہارنی تھی۔ اُنہیں اپنی جنگ میں پیش قدمی کرتے اور لڑتے رہنا تھا۔

مصنف اپنے قارئین کو یاددہانی کراتا ہے کہ منصف دروازہ پر کھڑا ہے۔ وہ کسی بھی وقت اندر داخل ہو سکتا ہے۔ کیا ہم اُس کی آمدِ

ثانی کے وقت تیار اور مستعد ہوں گے؟ جب وہ اندر داخل ہو گا تو اس وقت اسے کیا دیکھنے کو ملے گا؟ کیا وہ ہمارے دلوں کی سرزمین کو اپنی تازگی اور تقویت دینے والی بارش کے لئے تیار پائے گا؟ یا پھر وہ ہمیں سویا ہوا پائے گا؟ کیا وہ آکر یہی دیکھے گا کہ ہمارے دل کی زمین تیار نہیں ہے؟

9 آیت میں، یعقوب رسول نے اپنے قارئین کی توجہ اس نکتہ پر مبذول کراتا ہے کہ لازم ہے کہ اُن کی زندگیوں میں کاشتکاری کی جائے اور اُنہیں خداوند یسوع مسیح کی آمد کے لئے تیار کیا جائے۔ وہ اپنے قارئین کو یاددہانی کراتا ہے کہ وہ ایک دوسرے کے خلاف بُڑبڑانا چھوڑ دیں۔ بصورت دیگر خداوند یسوع مسیح کی آمد ثانی کے وقت اُن کی عدالت ہو گی۔ جب ہم خداوند یسوع مسیح کی آمد ثانی کے انتظار میں زندگی بسر کرتے ہیں تو ہمیں اپنے بھائیوں اور بہنوں کے ساتھ صلح اور اتفاق سے رہنا ہو گا۔ جب ہم ایسا کرنے کی کوشش کریں گے تو بہت سے اختلافات سر اُٹھائیں گے۔ ابلیس کو یگانگت اور اتفاق کی قوت کا اندازہ ہے اسی لئے وہ ہمارے تعلقات کو برباد کرنے کی کوشش کرتا ہے۔ اُسے معلوم ہے کہ کلیسیا کو کشیدہ تعلقات سے کس قدر نقصان پہنچ سکتا ہے۔ خداوند کی آمد کی منتظر رہتے ہوئے انہیں اچھے اور بہتر تعلقات استوار کرنے کی کوشش میں بھی سرگرمِ عمل

رہنا تھا۔ تا کہ خداوند یسوع مسیح کی آمد ثانی کے وقت کسی طرح کی بڑبڑاہٹ اور کڑواہٹ کا بیج دیکھنے کو نہ ملے۔ بالخصوص ایذاہ رسانی اور آزمائشوں اور دُکھ بھرے حالات وواقعات کے پیش نظر جن میں سے ایماندار گزر رہے تھے۔

مصنف نے اپنے قارئین کو عہد عتیق کے انبیاہ کی یاد دلائی۔ اُنہوں نے اپنے دَور کے لوگوں کے ہاتھوں بہت سے ظلم وجبر برداشت کئے۔ وہ اُن کی حوصلہ افزائی کرتا ہے کہ وہ خدا کے کلام کی منادی کرتے وقت گنہگار لوگوں کے ہاتھوں ظلم وستم برداشت کرنے کے لئے ثابت قدم اور قائم رہیں۔ ایذاہ رسانی کے باوجود یہ لوگ ایمان میں مضبوط اور ثابت قدم رہے۔ مصنف اپنے قارئین کو خداوند کی مرضی جان کر عہد عتیق کے انبیاہ کی طرح مضبوط اور ثابت قدم رہنے کی تلقین کرتا ہے۔ خداوند آکر بدی اور گناہ کی عدالت کرے گا۔ بدی اور گناہ صرف ناپاک اور غیر ایمانداروں کے دلوں میں ہی موجود نہیں بلکہ ہمارے دلوں میں بھی ناراستی اور ناپاکی ہو سکتی ہے۔ خداوند یسوع مسیح کی آمد ثانی میں ہمارے لئے بڑی زبردست امید پائی جاتی ہے۔ لیکن اس کے ساتھ ساتھ ہمارے لئے بھی یہ ایک یقین دہانی ہے کہ خداوند کے لوگ ہوتے ہوئے اگر ہم ناراستی اور ناپاکی کو اپنے درمیان موقع دیتے ہیں تو اس کے لئے ہماری بھی عدالت ہو گی۔ وہ سب لوگ جو خداوند یسوع مسیح کی آمد کے منتظر ہیں اُنہیں اپنے آپ کو پاکیزگی میں کمال درجہ تک لے جانا ہو گا۔ تا کہ وہ خداوند یسوع مسیح کی آمد ثانی کے لئے ہر وقت تیار اور مُستعد رہ سکیں۔

ایسے لوگوں کے لئے اجر یقینی ہے جو مشکل حالات وواقعات میں بھی ثابت قدم اور قائم رہتے ہیں۔ (11 آیت) یعقوب رسول نے اپنے قارئین کی توجہ مرد خدا ایوب کی طرف مبذول کرائی ہے جس نے اپنا سب کچھ کھو دیا اور جسمانی اور جذباتی لحاظ سے بڑے دُکھ اور مشکل حالات سے گزرا۔ اُس کے صبر کی وجہ سے خدا نے اسے پہلے سے بھی زیادہ برکت

دی۔ جن دُکھوں اور مشکلات سے ہم گزرتے ہیں، خدا ان سے ناواقف اور بے بہرہ نہیں ہے۔ جب ہم ثابت قدم اور قائم رہیں گے تو وہ ہمیں اس کا اجر دے گا۔

خدا کے کلام کا یہ حصہ بتاتا ہے کہ وہ لوگ جو خداوند یسوع مسیح کی آمدِ ثانی کو مد نظر رکھتے ہوئے زندگی بسر کریں گے کئی ایک چیزوں سے موسوم ہوں گے۔ اوّل۔ انہیں اپنے دکھوں، امتحانوں میں بلند حوصلہ رہنے کی وجہ ملے گی۔ کیونکہ اُنہیں علم ہوتا ہے کہ وقتی طور پر حالات و واقعات مشکل اور صورتحال ناگوار ہے لیکن خداوند یسوع مسیح کی آمد ثانی پر سب کچھ ٹھیک ہو جائے گا۔ مسیح کے منتظر لوگوں کی زندگی میں ایک مقصد اور اُمید ہوتی ہے۔ وہ اس لئے مایوسی کا شکار نہیں ہوتے کیونکہ اُن کی آنکھیں خداوند پر لگی ہوتی ہیں۔ خداوند نے ایسے لوگوں سے فتح کا وعدہ کیا ہے۔

دوئم۔ ایسے لوگ جو خداوند کی آمدِ ثانی کے منتظر ہوتے ہیں، وفاداری اور تابعداری کی زندگی بسر کرتے ہیں۔ وہ تیار اور انتظار میں ہوتے ہیں کہ خداوند یسوع مسیح آئے اور وہ اُس کے ساتھ ابدیت میں داخل ہو جائیں۔ اُن کی یہی کوشش اور جستجو ہوتی ہے کہ جب خداوند آئے تو وہ بالکل تیار اور مستعد ہوں۔ وہ یہی چاہتے ہیں کہ جب وہ خداوند کو رُوبرُو دیکھیں تو بالکل پاک اور صاف دل ہوں۔ وہ یہی چاہتے ہیں کہ اس کی آمد پر اُنہیں کوئی شرمندگی نہ اُٹھانا پڑے بلکہ وہ ان مقدسین میں شامل ہوں جنہیں اجر و انعام سے نوازا جائے گا۔

سوئم۔ خداوند کی آمد کے منتظر جانتے ہیں کہ اگرچہ اس دنیا میں وہ وقتی طور پر بہت دُکھ اٹھا رہے ہیں، تاہم خدا ان کی مشکلات اور دُکھوں سے واقف ہے۔ اُنہیں علم ہوتا ہے کہ خدا ترس اور رحم سے بھرا ہوا خدا ہے اور اُن کی زندگی میں آنے والے دُکھ بھی ایک مقصد رکھتے ہیں۔ وہ خدا کی بھلائی پر توکل کرتے ہوئے اس کی وفاداری کے پیشِ نظر اس کی

برکات کے منتظر ہوتے ہیں۔

12 آیت میں، یعقوب رسول نے اپنے قارئین کو بتایا کہ وہ خدا کے حضور کوئی بھی عہد و پیمان کرنے میں جلد بازی سے کام نہ لیں کہیں ایسا نہ ہو کہ پورا نہ کرنے کی صورت میں مجرم ٹھہریں۔ کیونکہ مشکلات اور دُکھوں کی صورت میں عین ممکن تھا کہ وہ عہد باندھنے کی طرف مائل ہو جاتے۔ ان ایمانداروں کے لئے عین ممکن تھا کہ وہ خدا کے حضور یہ عہد باندھ لیتے کہ اگر خدا اُنہیں ان کے دُکھوں اور امتحانوں سے نکال لے تو وہ خدا کے حضور کچھ ایسا یا ویسا ضرور کریں گے۔ ہم قضاۃ 11 باب 30-40 آیات میں افتح کے تعلق سے پڑھتے ہیں۔ اس نے خدا کے حضور منت مانی کہ اگر خدا اُسے اُس کے دشمنوں پر فتح بخشے تو جو کوئی بھی سب سے پہلے اس کے گھر سے باہر آئے گا وہ اسے خدا کے حضور قربان کر دے گا۔ جب وہ فاتح ہو کر لوٹا تو اُس کی اکلوتی بیٹی ہی سب سے پہلے گھر سے باہر آئی۔ افتح کو بے سوچے سمجھے عہد و پیمان کے باعث اپنی بیٹی قربان کرنا پڑی۔

اپنی مشکل گھڑی میں لوگوں یا پھر خدا سے کوئی عہد و پیمان کر لینا کس قدر آسان ہوتا ہے، یعقوب رسول یہی بیان کرتا ہے کہ ہم ایسا کرنے سے گریز و پرہیز کریں۔ ہمیں خلوص دل اور دیانتداری سے ثابت قدم اور قائم رہنا ہے۔ اور اپنی رہائی اور مخلصی کے لئے خدا کے منتظر رہنا ہے۔ ہماری ہاں ہاں ہی ہونی چاہئے اور جس بات کے لئے ہم ناں کریں، واقعی ناں ہونی چاہئے۔ ہمیں بولنے سے پہلے اپنی بات کو تولنے والے بننا ہے۔ ہم سمجھوتہ کئے بغیر اپنی بات پر قائم رہتے ہوئے جو راست اور درست ہے اسے سر انجام دیں۔ ہم اپنے دکھ درد سے رہائی پانے کی جلدی میں نہ تو اپنے پڑوسی سے اور نہ ہی اپنے خدا سے عہد باندھنے میں جلد بازی سے کام لیں۔ اپنی مشکل گھڑی اور ناگوار صورتحال میں اپنے آپ کو خدا کے سپُرد کریں۔ اپنے آپ کو خدا اور اُس کے مقصد کے تابع کر دیں۔ وہ اپنے وقت پر

ہمیں مخلصی اور رہائی بخشے گا۔ تاہم دُکھ اور مشکل گھڑی میں صبر سے کام لیں، اُس کے وقت کا انتظار کریں۔ اور جو کچھ اس صورتحال سے خدا ہمیں سکھانا چاہتا ہے، سیکھیں اور قبول کریں۔

یعقوب رسول نے اپنے قارئین کو بتایا کہ خداوند کی آمد کے منتظر رہنے والے لوگوں کا مقصدِ حیات خداوند کی خوشنودی اور اُس کی عزت اور تمجید ہوتا ہے۔ بطور ایماندار ہمیں اس طرزِ فکر میں زندگی بسر کرنا ہے کہ خداوند کی آمد ثانی کسی بھی وقت ہوسکتی ہے۔ یہی اُمید ہمیں مشکلات اور ناگوار صورتحال اور حالات و واقعات میں صبر اور قربانی دینے والے روّیہ کے ساتھ سرگرم زندگی بسر کرنے کے لئے تقویت دیتی رہے۔

لُب لباب یہ ہے کہ ہم کوئی مختصر راہ اختیار کرنے کے لئے کسی بھی طرح کے حالات و واقعات سے سمجھوتہ نہیں کریں گے۔ یہ بھی ضرور ہے کہ ہم اپنے ہم ایمان بہنوں اور بھائیوں کے ساتھ بڑی عاجزی اور انکساری سے زندگی بسر کرنے کے بھرپور کوشش کریں۔ ہم یہی چاہتے ہیں کہ جب ہمارا خداوند آئے تو ہم اُس کے رُوبرو کھڑے ہونے کے لئے تیار اور پاکیزگی کی حالت میں پائے جائیں۔ ہم نہیں چاہتے کہ اُس کی آمد کے وقت ہمیں شرمندگی کا سامنا کرنا پڑے۔

چند غور طلب باتیں

☆۔ اگر آپ کو یہ علم ہو جائے کہ خداوند کی آمد ثانی کل واقع ہو گی تو آپ اپنی زندگی میں کیا تبدیلی لائیں گے؟

☆۔ جب ہم ہر روز اپنی نگاہیں ابدیت پر لگائے زندگی بسر کرتے ہیں تو اس سے کیا فرق پڑتا ہے؟

☆۔ یہ کیوں کر اہم ہے کہ ہم مسیح میں اپنے بھائیوں اور بہنوں کے ساتھ ہم آہنگی سے رہیں؟

☆۔ کیا آپ کی زندگی میں کبھی یہ آزمائش آئی کہ آپ زندگی میں درپیش امتحان، دُکھ اور آزمائش کی گھڑی میں ایمان سے منحرف ہو جائیں۔ یہ کیوں کر اہم ہے کہ ہم اس وقت تک اپنی زندگی میں درپیش مشکلات اور تلخ تجربات کا سامنا صبر و تحمل سے کرتے رہیں جب تک خداوند ہمیں رہائی نہ بخش دے؟

چند اہم دُعائیہ نکات

☆۔ خداوند سے درخواست کریں کہ آپ اپنی زندگی کا ہر ایک دن اُس کی آمدِ ثانی کو سامنے رکھتے ہوئے بسر کریں۔

☆۔ خداوند سے ایسے وقتوں کے لئے معافی مانگیں جب آپ اپنی زندگی کے حالات و واقعات ، اعمال و افعال اور دوسروں کے ساتھ درست روّیہ اختیار کرتے ہوئے اس کی عزت اور تکریم کرنے میں ناکام رہے۔

☆۔ کیا آپ کی زندگی میں کچھ ایسے لوگ ہیں جن سے آپ کو اپنے تعلقات درست کرنے کی ضرورت ہے؟ خداوند سے صلح اور میل ملاپ کے لئے مدد اور فضل چاہیں۔

☆۔ خداوند سے ان امتحانوں اور دکھوں سے گزرنے کے لئے فضل اور صبر چاہیں جو خدا نے آپ کی زندگی میں آنے دئے ہیں۔ ان امتحانوں اور مشکل حالات پر فتح پانے کے لئے خداوند سے مدد اور فضل چاہیں۔

باب 18

آخر میں چند نصیحتیں

یعقوب 5 باب 13-20 آیت

اپنے خط کے آخری حصہ میں یعقوب رسول اپنے قارئین کے سامنے کچھ چیلنجز رکھتا ہے۔ ہم فرداًفرداًان کا جائزہ لیں گے۔

مصیبت کے وقت دُعا کرو

پہلی نصیحت یعقوب رسول ان لوگوں کو کرتا ہے جو دُکھ اور مصیبت کی حالت میں ہیں یا پھر اُنہیں ستایا جا رہا ہے۔یعقوب رسول ایسے ایمانداروں کو دُعا کرنے کی تلقین کرتا ہے۔ یعقوب رسول بیان کرتا ہے کہ دُعا وہ بہترین کام ہے جو ہم اپنے دُکھ، مصیبت اور ایذا رسانی یاکسی بھی مشکل صورتحال کے وقت کر سکتے ہیں۔ دُعا کے وسیلہ سے ہم اپنی مشکلات اور مصائب خداوند کے سامنے رکھتے ہیں۔ زندگی میں درپیش مشکلات کی صورت میں یہی وہ سب سے پہلا کام ہے جو ہمیں کرنا چاہئے۔ اکثر اوقات خدا ہمیں زندگی میں درپیش مشکلات کے وسیلہ سے کچھ نہ کچھ سکھانا چاہتا ہے۔ بغیر گناہ کئے ان مشکلات اور ناگوار حالات میں قائم اور ثابت قدم رہنے کے لئے ہمیں خدا کے فضل کے ضرورت ہے۔ دُعا کے وسیلہ ہی سے ہمیں خدا کی طرف سے حکمت اور قوت ملتی ہے اور ہم خدا کی مرضی اور دُرست روّیہ کے ساتھ اپنی مشکلات کا سامنا کرتے ہیں۔

ایک دفعہ ایک مشنری دوست نے کہا" ایسا بالکل نہیں کہ ہم دُعا نہیں کرتے بلکہ اصل مسئلہ یہ ہے کہ ہم سب سے پہلے یا ترجیحی بنیادوں پر دُعا نہیں کرتے۔" بالفاظ دیگر جب ہم

کسی مشکل یا مصیبت کا شکار ہوتے ہیں تو دُعا وہ پہلا کام نہیں ہوتا جسے ہم اوّلین ترجیح کے ساتھ کریں۔ بہت دفعہ ہم اپنی حکمت اور عقل کے گھوڑے دوڑاتے رہتے ہیں۔ اگرچہ ہم اپنی مشکل کے وقت خدا کو ترجیحی بنیادوں پر نہیں پکارتے تاہم وہی ایک ہستی ہے جو حل مشکلات ہے اور ہماری مصیبت کے وقت بہترین مدد فراہم کرنے کی قدرت رکھتا ہے۔ وہی ہمیں مصیبت اور دُکھ کی حالت میں صبر اور ثابت قدمی فراہم کر سکتا ہے۔ وہ ہر وقت کھلے بازوؤں ہمیں قبول کرنے کے لئے تیار رہتا ہے۔ ہم رنج والم اور ایذاہ رسانی اور دُکھ درد کی حالت میں وہ ہماری مدد کرنا چاہتا ہے۔

خوشی کی حالت میں خدا کی پرستش کریں

مسیحی زندگی ہمیشہ ہی مشکلات اور مسائل سے گھری ہوئی نہیں رہتی۔ ایسے اوقات بھی آتے ہیں جب خوشی اور خداوند کی شادمانی ہمیں پورے طور پر گھیر لیتی ہے۔ ایسے اوقات میں، یعقوب رسول ایمانداروں کو خدا کی پرستش اور ستائش کرنے کے لئے اُبھارتا اور تلقین کرتا ہے۔ موسیقی ہماری انسانی زندگی کا ایک لازمی حصہ معلوم ہوتی ہے۔ موسیقی مسیح میں ہمارے اطمینان، تسلی اور تشفی اور شادمانی کا اظہار ہے۔ یعقوب رسول خوشی کے وقت میں ہی پرستش اور ستائش کرنے کے لئے نہیں کہہ رہا۔ یقیناً ہماری زندگی کے کشمکش سے دوچار حالات اور لمحات میں بھی خداوند کی شادمانی اور الٰہی مسرت ہمارے دلوں سے پھوٹنے لگتی ہے۔ اور ہم سب کچھ بھول کر خدا کی پرستش اور ستائش کرنے لگتے ہیں۔ یعقوب رسول یہ کہنا چاہتا ہے " دُکھ ہو یا سُکھ مُسکراتے رہو، یسوع پیار کا گیت ہے، یہی گنگناتے رہو۔ "جب ہم خوشی سے معمور ہو، وقت سے فائدہ اُٹھاتے ہوئے خدا کے حضور پرستش اور ستائش کی قربانی چڑھائیں۔ وہی اس لائق ہے کہ ہم اُس کی پرستش اور ستائش کریں۔ خدا کرے کہ اُس کی شادمانی اور مسرت ہمارے دلوں کو اس کی پرستش اور ستائش

سے معمور کر دے۔ اور ہم اُس کی بھلائی اور چنگائی کو مد نظر رکھتے ہوئے اُس کی شکر گزاری کے نغمے گائیں۔ مسیحیوں کو واجب ہے کہ شادمانی کے وقت خدا کی پرستش اور ستائش کریں۔

بیمار ہونے کی صورت میں بزرگوں کا بلائیں

بیمار ہونے کی صورت میں ہم اکثر اوقات سب سے پہلے جس شخص کو بلاتے ہیں وہ ڈاکٹر ہی ہوتا ہے۔ لازمی نہیں کہ یہ بات غلط ہے۔ یعقوب رسول ایمانداروں کو یہی نصیحت کرتا ہے کہ بیمار ہونے کی صورت میں کلیسیا کے بزرگوں کو بلایا جائے۔ یہ بزرگ اس بیمار شخص کے لئے دُعا کریں، اور خداوند یسوع کے نام سے تیل مل کر اس بیمار شخص کو مسح کریں۔

اوّل۔ غور کریں یہاں پر کلیسیائی قیادت کو بلانے کے لئے کہا گیا ہے۔ اس لئے کلیسیا کو بلانے کے لئے کہا گیا ہے کیونکہ خدا نے اُنہیں اپنے گلہ پر نگہبان مقرر کیا ہے۔ اور اس لئے بھی کیونکہ اُن کی زندگی خدا اور اُس کے مقصد کے ساتھ ہم آہنگ ہوتی ہے۔ یعقوب رسول بیان کرتا ہے کہ بیمار لوگوں کے تعلق سے کلیسیائی قیادت کی ذمہ داری ہے۔ کلیسیائی قیادت ذمہ دار ہے کہ وہ بیمار اور ضرورت مند لوگوں کی خبر گیری کرے۔ کلیسیائی اراکین کے بیمار ہونے کی صورت میں اُنہیں ایک مثبت اور عملی کردار ادا کرنا ہے۔

دوئم۔ کلیسیائی بزرگوں نے بیمار شخص کو تیل سے مسح کرنا ہے۔ کتاب مقدس میں تیل اکثر روح القدس اور اس کی خدمت کو پیش کرتا ہے۔ بادشاہوں کو بھی تیل سے مسح کیا جاتا تھا، جو خدا کی قوت اور قدرت کی علامت تھی کہ اب وہ اس ذمہ داری سے نبرد آزما ہوسکتے ہیں جو ان پر ڈالی گئی ہے۔ (1 سموئیل 16 باب 13 آیت) جب کلیسیا کے بزرگ کسی شخص کو تیل سے مسح کرتے ہیں۔ تو یہ اس بات کا اقرار اور اظہار بھی ہے کہ

ان کے پاس شفا دینے کے لئے کوئی قوت اور قدرت نہیں ہے۔ ہر طرح کی شفا اور بحالی خدا کے پاک روح کی طرف سے ہی ملتی ہے۔ تیل استعمال کرنے سے، بزرگ اس شخص کو خدا کے ہاتھوں میں دیتے ہیں، کہ وہی اس بیمار شخص کو شفا اور بحالی عطا فرمائے۔

سوئم۔ ہمیں اس بات پر بھی غور کرنے کی ضرورت ہے کہ بزرگوں نے بیمار شخص کو خداوند یسوع مسیح کے نام سے مسح کرنا ہے۔ وہ خداوند یسوع مسیح کے اختیار سے آگے بڑھتے ہیں، اور بیمار شخص کی شفا اور بحالی کے لئے اسے خدا کے ہاتھوں میں دیتے ہیں۔ چونکہ وہ خداوند یسوع مسیح کے اختیار کے ساتھ آتے ہیں، اس لئے بیماری اور کمزوری بھاگ جاتی ہے، اگر دشمن کی کسی کارستانی کا نتیجہ ہو تو دشمن پسپا ہو کر بھاگ جاتا ہے۔ کلیسیائی بزرگ خداوند مسیح کے نمائندگان ہوتے ہوئے آکر اس شخص کے لئے دُعا کرتے ہیں۔ وہ اپنے نام سے اس بیمار شخص کو مسح نہیں کرتے۔ ساری شفا خداوند یسوع مسیح کے نام سے آتی ہے جس کی وہ نمائندگی کر رہے ہوتے ہیں۔

15 آیت پر غور کریں، یعقوب رسول بیان کرتا ہے کہ اگر بیماری کسی گناہ کا نتیجہ ہو تو، خدا گناہ معاف کر کے بحال کرنے کے لئے تیار ہو جاتا ہے۔ بالفاظ دیگر، کچھ ایسی بیماریاں اور کمزوریاں بھی ہوتی ہیں جو ہمارے گناہوں کا نتیجہ بھی ہوتی ہیں۔ ایسی صورت میں گناہ کا اعتراف اور اقرار ہی شفا اور بحالی کا کام سر انجام دے سکتا ہے۔ بعض اوقات خدا ہماری توجہ حاصل کرنے کے لئے بھی بیماری اور کمزوری کو استعمال کرتا ہے۔ یاد رہے کہ ہر ایک بیماری اور کمزوری گناہ کا نتیجہ نہیں ہوتی۔ اسی لئے تو یعقوب رسول "اگر" استعمال کرتا ہے۔ 16 آیت میں وہ ایمانداروں کو یہی تلقین کرتا ہے کہ وہ ایک دوسرے کے سامنے اپنے گناہوں کا اقرار کر کے ایک دوسرے کے لئے دُعا کریں۔ تا کہ اُنہیں جسمانی اور روحانی شفا ملے۔

16 آیت میں یعقوب رسول ایمانداروں کو یاد دہانی کراتا ہے کہ ایمانداروں کی دُعا بہت موثر ہوتی ہے۔ راستباز بزرگوں کی دُعا کی وجہ سے، بیماری شفا میں بدل جاتی ہے۔ دُعا کی قوت کو مثال سے واضح اور ثابت کرنے کے لئے یعقوب رسول عہدِ عتیق سے ایلیاہ نبی کی مثال پیش کرتا ہے۔(17 آیت) اگرچہ ایلیاہ ہمارا ہم طبیعت انسان تھا، تاہم اس نے دُعا کی کہ بارش نہ ہو، خدا نے اس کی دُعا سنی اور آسمان بند ہو گیا۔ پھر ایلیاہ نے دعا کی تو خدا نے ایلیاہ کی دعا کے جواب میں بارش برسادی۔ ایلیاہ کی دُعائیں ایمان کی دُعاؤں کی زبردست مثالیں ہیں۔

یعقوب رسول 19 اور 20 آیت میں اپنے ہم ایمان بھائیوں اور بہنوں کو یاد دلاتا ہے کہ اگر کوئی بھائی یا بہن راہ حق سے بھٹک جائے تو ایک بھائی یا بہن اسے راہ حق پر واپس لے آئے تو یہ ایک شخص کو موت کی راہ سے واپس لانے کے مترادف ہے۔ غور کریں کہ یہاں پر یعقوب رسول ایک ایماندار کے راہ حق سے گمراہ ہو جانے کی بات کر رہا ہے۔ (19 آیت) یہاں سے ہمیں یہ بات بھی سمجھنی ہو گی کہ یہاں پر ایسے ایماندار کی فکر کی جارہی ہے جو سچائی سے واقف ہے بلکہ راہ مستقیم پر چل رہا تھا لیکن پھر گمراہی کا شکار ہو گیا۔ ایسے شخص کو کون سی موت سے بچایا جاتا ہے؟ مقدس پولس رسول نے 1 کرنتھیوں 11 باب 28-30 آیات میں ایسے لوگوں کا بیان کیا ہے جو نامناسب طور پر خداوند کی میز کے قریب آرہے تھے۔

"پس آدمی اپنے آپ کو آزمالے اور اِسی طرح اُس روٹی سے کھائے اور پیالے میں سے پیئے۔ کیونکہ جو کھاتے پیتے وقت خُداوند کے بدن کو نہ پہچانے وہ اِس کھانے پینے سے سزا پائے گا۔اِسی سبب سے تُم میں بہتیرے کمزور اور بیمار ہیں اور بہت سے سو بھی گئے ہیں۔"

پولس رسول اس بات پر ایمان رکھتا تھا کہ یہ لوگ ہیں جو کرنتھس میں نامناسب طور پر

خداوند کی میز کے قریب آنے کی وجہ سے مر رہے تھے۔ کیونکہ وہ اپنے گناہوں کا اقرار کر کے اُنہیں ترک کرنے سے قاصر رہے اور خداوند کی میز کے قریب بھی آتے رہے۔ اب خدا اُنہیں سزا دے رہا تھا۔ خدا اُنہیں مزید گناہ میں گرنے سے بچا رہا تھا۔ خدا ایسے لوگوں کی بدی اور بدکاری کے باعث کلیسیا کو ہونے والے نقصان سے بھی محفوظ کر رہا تھا۔

کسی بھی گمراہ شخص کو واپس بحال کرنے سے ہم نہ صرف اسے قبل از وقت موت سے بچاتے ہیں بلکہ بہت سے گناہوں پر پردہ ڈالنے کا سبب بھی بنتے ہیں۔ بالفاظ دیگر گمراہ ہو جانے والے لوگ مسیح کے بدن کے لئے بڑے نقصان کا باعث ہوتے ہیں۔ گناہ میں گر جانے والے ایمانداروں تک پہنچنے سے، ہم انہیں مزید بُرائی کی راہ پر چلنے سے بچاتے اور روکتے ہیں۔ ہم بہت سے دوسرے لوگوں کو بھی بدی اور ناراستی کے اس نمونے کی پیروی کرنے سے بچا لیتے ہیں۔

ہم سب میں ہٹ دھرمی پائی جاتی ہے جو ہماری زندگی میں خدا کی عدالت لانے کا باعث بنتی ہے۔ خدا بیماری کو استعمال کر کے بھی کسی شخص کو واپس لا سکتا ہے۔ اگر پھر بھی کوئی خدا کی طرف رجوع نہ لائے تو خدا اس شخص کی جان بھی طلب کر سکتا ہے۔

ایمان ہی کافی نہیں بلکہ لازم ہے کہ ہم اپنے ایمان کا اظہار اعمال سے بھی کریں۔ خدا ہمیں فضل اور توفیق عطا کرے تاکہ ہم اُس کے کلام کی باتوں کو جو ہم نے اس خط سے سیکھی ہیں سنجیدگی سے لیں اور اپنے روّیوں سے خداوند یسوع مسیح پر اپنے زندہ اور حقیقی ایمان کا عملی مظاہرہ کر سکیں۔

چند غور طلب باتیں

☆۔ کیا کبھی ایسا ہوا کہ آپ کسی خاص مشکل کے لئے دُعا کرنا بھول گئے؟ اس تعلق سے یعقوب کیا بیان کرتا ہے؟

☆۔ مصنف گناہ اور بیماری کے درمیان کیسا تعلق بیان کرتا ہے؟ کیا ہر طرح کی بیماری گناہ کا نتیجہ ہوتی ہے؟

☆۔ خداوند کی پرستش اور ستائش کے حوالہ سے ایک ایماندار کی ذمہ داری کے تعلق سے مصنف ہمیں کیا تعلیم دیتا ہے؟ اس تعلق سے موسیقی خدا کے ساتھ ہمارے تعلق میں کیا کردار ادا کرتی ہے؟

☆۔ اگر کلیسیا کا کوئی ممبر بیمار اور کمزور ہو تو اس میں ایک ایلڈر کیا کردار ادا کر سکتا ہے؟

چند اہم دُعائیہ نکات

☆۔ اپنا سب کچھ خدا کے سپرد کرنے کے لئے خدا سے مدد اور توفیق چاہیں۔ خداوند کی شکر گزاری کریں کہ وہ ہر روز آپ کی مدد اور رہنمائی کے لئے تیار رہتا ہے؟

☆۔ خداوند کی شکر گزاری کریں کہ وہ آپ کو اپنے قریب لانے کے لئے سب کچھ کرنے کے لئے تیار رہتا ہے۔

☆۔ اپنی زندگی میں خدا کی برکات پر غور و خوص کریں۔ ان برکات کے لئے خدا کی شکر گزاری کریں۔

☆۔ خدا کی پرستش اور ستائش کے لئے خدا سے نیا گیت مانگیں۔

پطرس کے پہلے خط کا تعارف

مصنف

1 پطرس کا مصنف شمعون نامی شخص تھا۔ ہم اس کے والدہ محترم کے بارے میں بہت ہی کم جانتے ہیں۔ صرف یہ معلوم ہے کہ اِس کا نام یوناہ تھا۔ شمعون کے بھائی اندریاس نے اسے یسوع کے ساتھ متعارف کرایا تھا۔ (یوحنا 1 باب 40-42 آیت) یہ شادی شدہ تھا لیکن ہمیں اِس کی اہلیہ محترمہ کے بارے میں کچھ علم نہیں ہے۔ معلوم ہوتا ہے کہ اِس کا گھر کفرنحوم میں تھا۔ جہاں پر اِس کی ساسو ماں بھی رہتی تھی۔ (مرقس 1 باب 29-30 آیات) پیشہ کے اعتبار سے وہ ایک ماہی گیر تھا۔

خداوند یسوع مسیح نے اسے اپنا شاگرد ہونے کے لئے بلایا اور اس کا نام شمعون سے بدل کر پطرس رکھ دیا جس کا معنی ہے چٹان۔ (یوحنا 1 باب 41 آیت) اس وقت کے بعد سے پطرس نے خداوند یسوع مسیح کے ساتھ بہت اچھا وقت گزارا۔ اکثر وہ ہمیں یعقوب اور یوحنا کے ہمراہ خداوند یسوع کی قربت اور رفاقت میں دکھائی دیتا ہے۔

کلام مقدس پطرس کو ایک دلیر شخص کے طور پر بیان کرتا ہے۔ وہ ایک جوشیلا اور خود اعتماد شخص بھی تھا۔ (مرقس 14 باب 31 آیت) جب خداوند یسوع مسیح کے دُکھ کی گھڑی میں اس نے خداوند کا انکار کیا تھا تو پھر وہ انتہائی پست ہو گیا۔ خداوند نے بعد ازاں اسے ابتدائی کلیسیا میں انجیل کی منادی کے لئے بڑے زور دار طریقہ سے استعمال کیا۔ بنیادی طور پر اس نے یروشلیم کے علاقہ میں ایمانداروں کے درمیان خدمت سرانجام دی۔

پس منظر

پطرس کا پہلا خط یہودی ایمانداروں کو لکھا گیا تھا جو ایذاہ رسانی کے باعث تتر بتر ہو گئے تھے۔ پطرس دُکھ اور آزمائش کی اس گھڑی میں اُن کے ایمان کی ہمت افزائی کرتا اور اُنہیں ایذاہ رسانی کے اس دَور میں یقین اور ایمان سے معمور کرتا ہے۔ وہ اُن کی توجہ خداوند یسوع مسیح کی طرف مبذوّل کرتا اور انہیں بتاتا ہے کہ وہی اُن کی اُمید اور بھروسہ ہے۔ وہ مسیح سے محبت کرنے والوں کو اُس کی وفاداری میں ثابت قدم اور قائم رہنے کی تلقین کرتا ہے۔ پطرس رسول اپنے قارئین کو خداوند یسوع میں ان کا رُتبہ اور مقام بھی یاد کراتا ہے کہ وہ ایک مقدس قوم، شاہی کاہنوں کا فرقہ اور خدا کی ملکیت ہیں۔(2باب 9 آیت) وہ اُنہیں خدا کے لوگ کہتا اور اُنہیں گناہ اور بدی سے دور رہنے اور اپنے رہنماؤں کے تابع رہنے کی تلقین بھی کرتا ہے۔ حتیٰ کہ اُن کے سخت روّیہ کے باوجود بھی وہ انہیں ان کی تابعداری کرنے کی تعلیم دیتا ہے۔ وہ غلاموں، شوہروں اور بیویوں کو بھی عملی ہدایات دیتا ہے۔ ، نوجوانوں اور کلیسیا کے بزرگوں کے لئے بھی ہدایات اس خط میں موجود ہیں۔ وہ ان سب کو نصیحت کرتا ہے کہ وہ خدا کے قوی ہاتھ کے نیچے فروتنی سے رہیں۔ (5 باب 6 آیت) وہ اُنہیں یہ درس بھی دیتا ہے کہ وہ اپنی ساری فکریں اُس پر ڈال دیں۔(5 باب 7 آیت)

دورِ حاضرہ میں کتاب کی اہمیت

پطرس کا پہلا خط ہمیں یاد کراتا ہے کہ اگرچہ ایمانداروں کو ایذاہ رسانی، آزمائشوں اور اس دُنیا میں کئی طرح کی مشکلات کا سامنا کرنا پڑ سکتا ہے، اس خط میں پطرس مشکلات سے دوچار ایمانداروں کی توجہ اور دھیان مسیح کی طرف کرنے سے ان کی حوصلہ افزائی کرتا ہے۔ وہ

دُکھ اٹھانے اور ایذاہ رسانی سے گزرنے والوں کو مضبوط اور وفادار رہنے کی تلقین کرتا ہے۔ وہ انہیں تعلیم دیتا ہے کہ خداوند کی تابعداری اور فرمانبرداری میں زندگی بسر کرتے ہوئے وہ کسی بھی چیز سے سمجھوتہ نہ کریں۔ رسول ہم سب کو یاد کراتا ہے کہ خداوند کے لئے دکھ اٹھانا بڑے شرف و استحقاق کی بات ہے۔ وہ ہمیں کسی بھی ناگوار اور نامساعد حالات میں اپنی ساری فکریں اور بوجھ مسیح پر ڈال دینے اور اُس پر توکل اور بھروسہ کرنے کی تعلیم دیتا ہے۔ پطرس کے خط سے ہمیں الٰہی تسلی ملتی ہے جو آزمائشوں اور دُکھ کی گھڑی میں بڑے اطمینان کا باعث ہوتی ہے۔

باب 19

ایک زندہ اُمید

1 پطرس 1 باب 1-19 آیت

پطرس رسول نے اُن لوگوں کو خط لکھا جو مسیح یسوع پر اپنے ایمان کے سبب سے طرح طرح کے دُکھوں اور امتحانوں سے گزر رہے تھے۔ اس نے اُمید میں اُن کی حوصلہ افزائی کی جو انہیں مسیح یسوع میں حاصل تھی۔ مصنف کے دل کی یہی لالسا تھی کہ ایماندار خدا کے فضل میں ثابت قدم اور قائم رہیں اور مسیح مخالف دنیا میں اپنے آپ کو مسافر جانتے ہوئے دُکھوں کی حالت میں بھی ثابت قدم رہتے ہوئے آگے بڑھتے رہیں۔

پطرس نے اپنا تعارف خداوند یسوع مسیح کے رسول کے طور پر کرایا ہے۔ اس سے اس کی تحریر کے مستند ہونے کا اشارہ ملتا ہے۔

بطور رسول ہوتے ہوئے خدا نے اسے کلیسیائی خدمت کے لئے بلایا تھا تا کہ وہ مسیح کے گلہ کی نگہبانی کر سکے۔ جو کچھ مصنف بیان کر رہا ہے وہ نہ صرف اس کے رُتبہ اور مقام کے باعث اہم ہے بلکہ اس لئے بھی کہ وہ مسیح کی طرف سے ہو کر اپنے قارئین سے مخاطب ہے۔

اگرچہ پطرس اپنی زندگی میں ہمیشہ ہی وفادار نہ رہا، تو بھی وہ خدا کا چنا ہوا وسیلہ تھا۔ پطرس کی ابتدائی زندگی سے یہ دیکھنے کو ملتا ہے کہ وہ ہمیشہ ایسے جرات مندانہ قدم اٹھانے میں پہل کرتا تھا جن پر وہ ثابت قدم بھی نہ رہ سکتا تھا۔ خداوند یسوع سے یہ وعدہ کرنے کے بعد کہ وہ اسے کبھی نہیں چھوڑے گا، اس نے اپنے خداوند کا تین بار انکار کیا۔ پطرس کی

مثال ان لوگوں کے لئے تسلی کا باعث ہے جو گر چکے ہیں اور جنہیں خدا کے فضل سے معافی مل چکی ہے۔ اگرچہ مصنف خداوند کے انکار کے واقعہ کو کبھی فراموش نہ کرسکا لیکن اس نے اس شرم کو خداوند کی خدمت میں رکاوٹ نہ بننے دیا۔ وہ خداوند یسوع مسیح کی معافی اور خداوند کے ساتھ چلنے کا گہرا تجربہ رکھتا تھا۔ خدا اس سے دستبردار نہ ہوا تھا اور وہ اس کی زندگی کے لئے ایک زبردست منصوبہ رکھتا تھا۔ ہو سکتا ہے کہ آپ اس وقت پڑھ رہے ہیں اور آپ کی زندگی بھی پطرس سے ملتی جلتی ہوں۔ ہو سکتا ہے کہ آپ بھی خدا کے ساتھ چلنے میں ناکام رہے ہوں، توبہ کریں اور خداوند کی خدمت میں آگے بڑھیں۔

پطرس اس خط میں خدا کے برگزیدوں سے مخاطب ہے۔ یونانی میں اس لفظ کا مطلب ہے۔ " بلائے گئے " خدا نے انہیں اپنی خدمت کے لئے بلایا تھا اور خدا ہی ان کے ساتھ ساتھ تھا اور ان کی کامل وفاداری کا خواہش مند تھا۔ 1 آیت کے مطابق، یہ ایماندار، اس دنیا میں اجنبی اور مسافر تھے۔ یہ دُنیا ان کا گھر نہیں تھا۔ خدا آسمان پر ان کے لئے گھر تعمیر کر رہا تھا۔ یہ بہت اہم ہے کہ ہم بھی اس دُنیا میں اسی طرز فکر کے ساتھ زندگی بسر کریں۔ ہمارے لئے اس دنیا میں رہنا کس قدر آسان ہے۔ ہم اس دُنیا میں اپنا اپنا منصوبہ اور ایجنڈا رکھتے ہیں۔ اس زندگی میں ہم بہت کچھ کرنا چاہتے ہیں۔ پطرس ہمیں یہاں پر تلقین کر رہا ہے کہ اپنے آپ کو مسافر جان کر اس دنیا میں زندگی بسر کرو۔

ہم روحانی طور پر اس دُنیا میں اجنبی اور مسافر ہیں کیونکہ مسیح طرزِ زندگی اور ہمارے خیالات اس دُنیا کے نہیں ہیں۔ ہم جو نجات پا چکے ہیں مسیح کی عقل رکھتے ہیں۔ ہم خدا کے بیٹے اور بیٹیاں ہیں۔ ہمارا دُنیوی طرزِ زندگی روز بروز بدلتا چلا جا رہا ہے۔ ہماری ترجیحات بھی درجہ بدرجہ تبدیل ہوتی جا رہی ہیں۔ یہ دُنیا ہمیں سمجھنے سے قاصر ہے۔ ہمارا طرزِ عمل، طرزِ فکر اور طرزِ زندگی اس دنیا کے لوگوں سے مختلف ہے۔ ہماری اُمید اس دُنیا کی چیزوں

سے منسلک نہیں ہے۔ بلکہ ہماری اُمید تو آسمانی اور روحانی چیزوں سے منسلک ہے۔ ہم اس دُنیا کی چیزوں کی حرص و ہوس میں جکڑے اور پکڑے ہوئے نہیں ہیں۔ کیونکہ اس دُنیا کی چیزیں تو فانی ہیں۔ ہماری میراث اور خزانہ آسمان پر ہے۔

وہ ایماندار جنہیں مصنف خط لکھ رہا تھا، مختلف جگہوں پر تتر بتر تھے۔ وہ پنطس، گلتیہ، کپُدکیہ، ایشیاہ اور بتھونیہ میں مقیم تھے۔ اس خط کو روم کے مختلف صوبوں میں گردش کرنی تھی۔ یعنی ان تمام کلیسیاؤں تک باری باری پہنچنا تھا۔ (یاد رہے اس وقت کا شہر روم آج کا ملک تُرکی ہے۔) پطرس کی یہی توقع تھی کہ اس کا خط زیادہ سے زیادہ ایمانداروں تک رسائی حاصل کرے۔

غور کریں کہ 2 آیت ہمیں ان ایمانداروں کے تعلق سے کیا بیان کرتی ہے۔ اوّل۔ یہ ایماندار خدا کے علم سابق کے مطابق بلائے اور چنے گئے تھے۔ درحقیقت ہم میں سے کسی نے بھی فطرتی طور پر خداوند یسوع مسیح کو قبول نہیں کیا ہے۔ فطرتی لحاظ سے تو ہم خدا کی باتوں میں کوئی دلچسپی نہ رکھتے تھے۔ روحانی فہم و فراست کے بغیر، ہمیں اس بات کا علم ہی نہ ہو پاتا کہ ہمیں ایک نجات دہندہ کی ضرورت ہے۔

اگر ہم میں سے کسی نے بھی اپنے گناہوں سے نجات پائی ہے، تو یاد رکھیں صرف خدا ہی ہماری نجات کے کام کو مکمل کر سکتا ہے۔ خدا نے ہم تک رسائی کا عہد کیا۔ ہماری پیدائش سے قبل اس کا ہاتھ ہم پر تھا۔ وہ اس وقت ہماری زندگیوں کے لئے منصوبے رکھتا تھا جب ہم ابھی اپنی ماں کے پیٹ میں تھے۔ اس نے اپنے منصوبے کی تکمیل کے لئے حالات و واقعات ترتیب دیئے۔ اپنے پاک روح کے وسیلہ سے اس نے ہمارا تعاقب کیا اور ہمارے باغی دل کو شکستہ کیا۔ محبت میں، اس نے اپنی نجات اور معافی ہمیں پیش کی۔ اگر خدا مجھے نہ چنتا اور یہ اس کا منصوبہ نہ ہوتا، تو میں کبھی بھی اس کی نجات کا تجربہ نہ کر پاتا۔ میں اپنی

نجات کے لئے خدا کا مقروض ہوں۔

اگرچہ خدا نے مجھ تک رسائی کا چناؤ کیا، تاہم یہ کام پاک روح کی منسٹری کے وسیلہ سے پایہ تکمیل کو پہنچا۔ پطرس رسول نے پاک روح کے تقدیسی کام کا ذکر کیا ہے۔ یہ روح القدس کا ہی کام ہے کہ وہ مجھے درجہ بدرجہ مسیح خداوند کی مانند بناتا چلا جا رہا ہے۔ میری جسمانی فطرت روح القدس کی منسٹری کے باعث تبدیل ہوتی چلی جا رہی ہے۔ خدا کے پاک روح کا یہ کام میری زندگی میں جاری وساری ہے۔ روز بروز میں مسیح کی مانند بنتا چلا جا رہا ہوں۔

2 آیت پر غور کریں کہ خدا نے ہمیں چنا اور ہماری تقدیس بھی کی ہے۔ تاکہ ہم مسیح کی تابعداری میں زندگی بسر کر سکیں۔ قابل غور بات یہ ہے کہ ایسا مسیح کے چھڑکے ہوئے خون کے باعث ممکن ہے۔ اُس کی صلیبی موت کے باعث ہی ایسا ممکن ہوا۔ اُس کی موت اور اُس کے چھڑکے گئے خون نے ہماری معافی کے لئے پوری قیمت ادا کر دی۔ اور خدا کے ساتھ ہمارا رشتہ قائم اور بحال ہو گیا۔ عہدِ عتیق کے کاہن چیزوں کو پاک کرنے اور اُنہیں پاک مقاصد کے لئے مخصوص کرنے کے لئے اُن پر خون چھڑکا کرتے تھے۔ خداوند یسوع مسیح نے یہی کام کیا۔ اُس کے خون کے باعث ہم اپنے گناہوں سے پاک ہو گئے اور ہمیں معافی مل گئی۔ صرف یہی نہیں بلکہ ہم اُس کے جلال کے لئے اُس کے فرزند ہونے کے لئے بھی اس دُنیا سے الگ کر لئے گئے۔

پطرس رسول کے مطابق۔ تمام ایماندار خدا باپ کی مرضی کے مطابق نجات کے لئے چنے اور بلائے گئے ہیں۔ روح القدس نے گناہوں کا اقرار کر کے انہیں ترک کرنے کے لئے ان کے دلوں کو تیار کر کے انہیں مسیح کا نجات بخش علم و فہم عطا کیا۔ روح القدس نے انہیں پاک کر کے خداوند یسوع مسیح کی مانند بننے کی توفیق دی۔ خداوند یسوع مسیح نے گناہوں کی قیمت اپنی صلیبی موت کی صورت میں ادا کر کے خدا اور انسان کے درمیان ایک پل کا

کردار ادا کیا۔ خدا کے اس کام کے باعث، ایماندار اس دُنیا میں مسافرانہ زندگی بسر کر رہے ہیں۔ اُن کا کردار اور طرزِ زندگی ابدیت پر توجہ مرکوز کئے ہے۔

3 آیت کے میں، پطرس رسول نے خدا باپ کی بے حد ستائش اور تعریف کی ہے کہ اس نے ہمیں نئی پیدائش دینے کے لئے خداوند یسوع مسیح کے وسیلہ سے ہم تک رسائی حاصل کی۔ ہم اپنی خوبی اور لیاقت کے باعث نہیں بلکہ اس کے رحم و ترس کے باعث اس کے فرزند ٹھہرے۔ ہم نجات اور معافی کے مستحق نہ تھے۔۔ گناہ کے باعث ہم خدا کے دشمن تھے۔ ہمارے گناہ خدا کے حضور مکروہات سے کم نہ تھے۔ اس نے اپنے رحم کی بدولت ہمارے گناہوں اور باغیانہ روّیہ کو معاف کیا۔ اس نے ہمیں ایک زندہ اُمید بلکہ ایک زندہ اُمید بخشی، حتیٰ کہ اب اس وقت بھی ہم اپنے وجود میں اس زندہ اُمید کی حقیقت کا تجربہ کر رہے ہیں۔ ہم اُس دن کے لئے تیار اور درجہ بدرجہ تبدیل ہوتے جارہے ہیں جب ہم اپنے خداوند کو رُوبرُو دیکھیں گے۔

ہماری اُمید براہ راست خداوند یسوع مسیح کے مُردوں میں سے زندہ ہونے کے ساتھ منسلک ہے۔(3 آیت)۔ چونکہ خداوند یسوع مسیح مُردوں میں سے زندہ ہوا۔ اس لئے ہم بھی مُردوں میں سے زندہ ہونے کی اُمید رکھ سکتے ہیں۔ موت ہمارا سب سے بڑا دشمن تھا۔ اس میں ہو کر ہم بھی موت پر غالب اور فاتح ہو گئے ہیں۔ اس دُنیا میں ہماری زندگی اور وجود عارضی ہے۔ چونکہ ہمیں خداوند یسوع مسیح کے خون کے سبب سے گناہوں کی معافی مل گئی ہے۔ اس لئے خداوند یسوع مسیح نے ایک ایسی زندگی کا وعدہ کیا ہے جس کا ہم اس دُنیا میں تجربہ نہیں کر سکتے۔ جو لوگ خداوند یسوع مسیح پر ایمان رکھتے ہیں اور گناہوں کی معافی حاصل کر لیتے ہیں، ان کے لئے ایسی عظیم اور ناقابلِ بیان برکات کا وعدہ کیا گیا ہے جو انسانی تخیل سے بعید ہیں۔ 1 کرنتھیوں 2 باب 9 آیت میں پولس رسول نے یسعیاہ نبی کے صحیفہ

کا حوالہ دیتے ہوئے بیان کیا۔

"بلکہ جیسا لکھا ہے ویسا ہی ہوا کہ جو چیزیں نہ آنکھوں نے دیکھیں نہ کانوں نے سُنیں نہ آدمی کے دِل میں آئیں۔ وہ سب خُدا نے اپنے محبت رکھنے والوں کے لئے تیار کر دیں۔"

جو چیزیں خداوند ہمیں بطور میراث دیتا ہے، وہ غیر فانی ہیں۔ (4 آیت) اس دنیا میں ہر وہ چیز جس کا ہم تجربہ کرتے ہیں، وہ گناہ کے سبب سے متاثر ہوتی ہے۔ وقت کے ساتھ ساتھ ہماری دولت، مال و متاع اور جائیداد سبھی کچھ زوال پذیر ہو جائے گا۔ ہمارا رُوپ، جوانی اور صحت و تندرستی سبھی کچھ وقت کے ساتھ ساتھ غائب ہوتا چلا جاتا ہے۔ کیونکہ اس دُنیا میں سبھی کچھ زوال کا شکار ہے۔ اس دنیا میں کوئی بھی ایسی چیز نہیں ہے جو قائم رہنے والی ہے۔ خدا نے آسمان پر جو ہمارے لئے برکات رکھی ہیں وہ غیر فانی اور ہمیشہ قائم رہنے والی ہیں۔ ہم ہمیشہ خداوند کی حضوری میں رہیں گے۔ جو کچھ خدا ہمیں دے گا، کوئی ہم سے چھین نہ پائے گا۔ ہم وہاں پر مکمل تحفظ محسوس کریں گے۔

ہم سب کے لئے یہ کیسا گہرا اور آرام دہ احساس ہے، کیونکہ ہم اس دنیا میں دکھ درد اور مشکلات سے گزرتے ہیں۔ ہم دیکھتے ہیں کہ ہماری صحت اور توانائی وقت کے ساتھ ساتھ کم ہوتی چلی جاتی ہے۔ ہم دیکھتے ہیں کہ ہمارے عزیز و اقارب دیکھتے ہی دیکھتے اس جہاں فانی سے کوچ کر جاتے ہیں۔ چور ہمارا قیمتی سامان چرا کر چلے جاتے ہیں۔ قدرتی آفات کے باعث بھی ہمیں کئی طرح کے نقصانات کا سامنا کرنا پڑتا ہے۔ ہم میں سے کوئی بھی ایسا نہیں ہے جسے آج تک اس دُنیا میں کسی نہ کسی نقصان کا سامنا نہ ہوا ہو۔ آسمان پر کیسا باعث برکت تجربہ ہو گا جہاں کوئی چور یا کسی طرح کی ناگہانی آفت ہمیں کوئی گزند (نقصان) نہ پہنچا سکے گی۔ موت بھی ہمارے عزیز و اقارب کو ہم سے چھین نہ پائے گی۔ ہم ایک پر اعتمادی اور مکمل تحفظ کے ساتھ اپنے نجات دہندہ اور خداوند کے ساتھ زندگی بسر کریں

گے۔

جی ہاں ایسی زبردست اور عالیشان برکات ہمارے لئے آسمان پر محفوظ ہیں۔(4 آیت) وقت آنے والا ہے جب ہم ان سب برکات کو حاصل کرلیں گے۔ (5 آیت) کوئی چیز بھی ایمانداروں کو ابدی اور غیر فانی برکات سے محروم نہیں رکھ سکتا۔ کوئی چیز بھی ایمانداروں کو نااہل قرار نہیں دے سکتی کہ وہ یہ برکات حاصل نہ کر پائیں۔ ہمارے لئے یہ کس قدر شادمانی اور مسرت کی بات ہے۔(6 آیت)

پطرس رسول نے ایمانداروں کو اس جلالی اور یقینی امید میں شادمان ہونے کے لئے ابھارا۔ حتیٰ کہ اس نے انہیں دُکھوں اور امتحانوں کے وقت بھی خوشی منانے کی تلقین کی۔ اس نے اپنے قارئین کو بتایا کہ در پیش مشکلات اور ناگوار حالات بے مقصد اُن کی زندگی میں نہیں آئے۔ بلکہ ان دُکھوں کے وسیلہ سے ان کے ایمان کی مضبوطی ہو رہی تھی۔ اس میں ایک نکھار پیدا ہو رہا تھا۔ بالکل ایسے جس طرح سونا آگ میں سے گزرتا ہے تو اس میں سے میل کچیل صاف ہو جاتی ہے اور وہ کندن بن جاتا ہے۔ اسی طرح لازم ہے کہ ایماندار بھی دُکھوں، امتحانوں اور مشکلات سے گزریں تاکہ گناہ اور بغاوت کی صفائی ہوتی رہے۔ (یعقوب 1 باب)

جب ناگوار حالات، نامساعد حالات اور دُکھوں سے گزرتے ہیں تو ہم موقع دیتے ہیں کہ ہمارے کردار کی پختگی اور تعمیر ہو، اور ہم خداوند کی تمجید، ستائش اور تعریف کرنے اور اسے جلال دینے کے لئے زیادہ سے زیادہ اہلیت حاصل کر پائیں۔ ہمیں اس کی محبت اور ترس کا اور زیادہ گہرا احساس ہوتا ہے۔ ہمیں یہ احساس اور ایمان گھیر لیتا ہے کہ وہ ہم سے کبھی دستبردار نہ ہو گا۔ ہمارے دل اور بھی زیادہ اُس کی پرستش اور ستائش میں محو و مصروف ہو جاتے ہیں۔ خدا ہمیں ہمارے نجات دہندہ خداوند یسوع کی آمدِ ثانی کے لئے

تیار کرنے کے لئے دکھوں، نامساعد حالات اور مشکلات کو استعمال کرتا ہے۔ جب خداوند اپنے لوگوں کو اپنے ساتھ لے جائے گا۔ جس طرح دلہن اپنی شادی کے دن عروسی لباس زیب تن کر کے تیار ہوتی ہے۔ ہم بھی اپنے خداوند کے لئے تیار ہوتے ہیں تاکہ وہ آکر ہمیں اپنے ساتھ ہمیشہ رہنے کے لئے لے جائے۔ اس زندگی میں درپیش مشکلات، ناگوار حالات، دُکھ اور امتحان اسی تیاری کا ایک سلسلہ ہیں۔ (9 آیت)

وہ دن کیسا شاندار اور زبردست ہو گا جب ہمارا خداوند آکر ہمیں اپنے ساتھ لے جائے گا! ہم نے اپنے خداوند کو بدن میں نہیں دیکھا، ہمیں کیا معلوم کہ وہ جلالی حالات میں کیسا دکھائی دے گا۔ ہمیں معلوم ہے کہ وہ ہمارے لئے اس دُنیا میں دوبارہ آرہا ہے۔ ہمیں اس بات کی کامل یقین دہانی ہے، اسی لئے تو ہم صبر سے ہر طرح کے حالات کا سامنا کرتے اور خوشی اور شادمانی سے دُکھ سہتے ہیں۔ اس کی آمدِ ثانی کا علم و فہم ہمیں بڑی شادمانی اور اُمید سے معمور کر دیتا ہے۔ اُس کی آمد ثانی ہماری سب سے بڑی اُمید ہے۔

چند غور طلب باتیں

☆۔ ہمیں خداوند یسوع مسیح میں کیسی امید حاصل ہے؟ یہ اُمید ہمیں کس طرح زندگی میں ثابت قدم رہنے کے لئے تقویت دیتی ہے؟

☆۔ خدا باپ ہماری نجات میں کیا کردار ادا کرتا ہے؟ خداوند یسوع مسیح اور روح القدس کا ہماری نجات میں کیا کردار ہوتا ہے؟

☆۔ خداوند نے اپنی قربت میں لانے کے لئے کس طرح آپ کی مشکلات اور دُکھوں کو استعمال کیا ہے

☆۔ گزشتہ سالوں میں خدا نے کون کون سی ناپاک چیزیں آپ کی زندگی سے الگ کی

ہیں؟ آپ کی زندگی میں روح القدس کے پاک کرنے والے کام کے کون کون سے شواہد پائے جاتے ہیں؟

چند اہم دُعائیہ نکات

☆۔اس زندہ اُمید کے لئے خداوند کی شکر گزاری کریں جو اس نے آپ کو ابدیت میں اپنے ساتھ رہنے کے لئے بخشی ہے۔اس حکمت اور طاقت کے لئے بھی خداوند کی شکر گزاری کریں جو وہ آپ کو دُکھوں اور امتحانوں کا سامنا کرنے کے لئے عطا کرتا ہے۔

☆۔خداوند سے درخواست کریں تاکہ وہ اُس کام کو دیکھنے کے لئے آپ کی آنکھیں کھول دے جو روح القدس آپ کی زندگی میں کر رہا ہے۔

☆۔ان دکھوں اور آزمائشوں کے لئے بھی خدا کی شکر گزاری کریں جو اس نے آپ کی زندگی میں آنے دیئے، اُن عظیم کاموں کے لئے بھی خدا کی شکر گزاری کریں جو وہ ان دُکھوں اور امتحانوں کے وسیلہ سے آپ کی زندگی میں سر انجام دے گا۔

☆۔خداوند سے درخواست کریں کہ وہ کسی ایسی ناپاکی کو آپ کی زندگی میں عیاں کرے جسے آپ کی زندگی سے دُور کرنے کی ضرورت ہے تاکہ آپ مسیح کی مانند بنتے چلے جائیں۔

باب 20

اس نجات کے بارے میں

1 پطرس 1 باب 10-16 آیت

پطرس اپنے قارئین کرام کو اس خوبصورت اُمید کی یاددہانی کرا رہا ہے جو مسیح یسوع میں انہیں حاصل ہے۔ اس خط کے بہت سے قارئین اپنی زندگی میں کئی ایک آزمائشوں، مشکلات اور دشواریوں کا سامنا کر رہے تھے۔ رسول اُنہیں اس بات کے لئے اُبھار رہا ہے کہ وہ عارضی مشکلات اور مصائب سے اپنی نظریں اُٹھا کر خدا کے وعدوں پر اپنی توجہ مرکوز کریں۔

10 آیت میں پطرس نے اپنے ہم ایمان ساتھیوں کو یاد دہانی کرائی کہ عہد عتیق کے انبیا اکرام نے آنے والے فضل کے تعلق سے بات کی۔ انبیاہ اکرام نے آنے والے اس وقت کی بات کی جب مسیح نے آکر اس زمین پر اپنے لوگوں کو گناہ اور ہر طرح کے جوئے اور بندھن سے رہائی دینی تھی۔ (یسعیاہ 53 باب 4-5 آیات اور زکریاہ 13 باب 1-2 آیات) ان انبیاہ اکرام نے اس آنے والے مسیح کے تعلق سے بڑی تفتیش و تحقیق کی۔ وہ اس وقت اور ان حالات اور ماحول کے بارے میں جاننے کے تعلق سے متجسس تھے جب یہ ساری نبوتیں اور پیش گوئیاں پوری ہونی تھیں۔ مصنف اپنے قارئین کو اس بات کے لئے اُبھارتا ہے کہ اگرچہ اُنہیں اس وقت ان دُکھوں اور آنے والے جلال کے تعلق سے زیادہ فہم و فراست حاصل نہیں ہے تو بھی وہ خدا پر توکل اور بھروسہ کر سکتے ہیں کہ وہ اپنے وعدوں کو پایہ تکمیل تک پہنچائے گا۔

اس حصہ میں پطرس رسول اپنے قارئین اکرام کو چند ایک عملی قسم کی ہدایات اور نصیحتیں کرتا ہے۔ اس حصہ میں مصنف چار تجاویز پیش کرتا ہے۔

اپنے ذہن عملی قدم اُٹھانے کے لئے تیار کرو

13 آیت سے پطرس رسول اپنے ہم ایمان ساتھیوں کو اس بات کی یاد دہانی سے آغاز کرتا ہے کہ وہ اپنے ذہن عملی قدم اُٹھانے کے لیے تیار کریں۔ یعنی وہ اُنہیں " اپنی عقل کی کمر کسنے کے لئے کہہ رہا ہے" مطلب کہ وہ محض باتیں نہیں بلکہ عملی طور پر کچھ کر دکھائیں۔ اُس دَور میں مرد حضرات لمبے چوغے پہنا کرتے تھے لیکن جب اُنہیں دوڑنا ہوتا تھا تو وہ ان لمبے چوغوں کو اپنے پاؤں سے اُوپر سمیٹ لیتے تھے تا کہ اُنہیں دوڑنے میں دشواری نہ ہو۔ پطرس رسول اپنے قارئین کو یاد دہانی کرا رہا ہے کہ وہ ہر طرح کی ذہنی اور روحانی رکاوٹ کو دور کر دیں جو انہیں خدا کی بادشاہی میں ترقی کرنے سے روکے ہوئے ہے۔

اگر ان ایمانداروں کو درپیش دَوڑ میں کامیابی سے دوڑنا تھا تو اُنہیں اپنے ذہن سے گناہ آلودہ خیالات اور بے دین رویوں کو نکالنا تھا جو ان کی ترقی میں رکاوٹ بنے ہوئے تھے۔ انہیں مسیح اور اُس کی ذات کے تعلق سے ہر طرح کی شک و شبہات کو دور کرنا تھا۔ انہیں خداوند کی جستجو کے پیش نظر اپنے ذہنوں کو منظم کرنا تھا۔ تاکہ وہ اس کی مرضی اور مقاصد کے تعلق سے مثبت روّیہ اختیار کرتے ہوئے آگے بڑھ سکیں۔ اُنہیں اپنے ذہنوں کو خدا کے کلام سے سیر اب اور آسودہ کرنا اور جسم کے بے دین رویوں کو دُور کرنا تھا۔ کیونکہ ناپاک اور گناہ آلودہ روّیے اُن کی تعمیر و ترقی میں رکاوٹ بنے ہوئے تھے۔ اگر ہمیں اپنی زندگی میں ترقی کرنا اور کامیابی پر کامیابی حاصل کرنی ہے تو پھر ہمیں اپنے ذہنوں کو مسیح کے لئے وقف اور مخصوص کرنا اور ہر اس چیز کو دُور کرنا ہو گا جو ہماری ترقی کی راہ میں رکاوٹ اور

ٹھوکر کا باعث بنی ہوئی ہے۔

خدا کی بادشاہی کے کام کے لئے ذہنوں کو مستعد اور تیار کرنے کے تعلق سے اور بہت کچھ کہا جا سکتا ہے۔ لیکن بس یہی کہنا کافی ہے کہ ہم اپنے ذہنوں کو ہر طرح کے بُرے خیالات اور روّیوں سے پاک اور عملی طور پر کچھ کر دکھانے کے لئے تیار کریں۔ ہم اپنے ذہنوں کو خدا کے کلام اور اُس کے مقصد سے معمور اور بھرپور کر لیں۔ اس کی صداقت ہمارے ذہنوں میں ہر وقت موجود رہے۔ اگر ہمیں درپیش جنگ لڑنی اور جیتنی ہے تو پھر ہماری سوچ، خیالات اور روّیے خدا کے کلام سے ہم آہنگ ہونے چاہئے۔ پطرس رسول اپنے قارئین کو اس بات کے لئے اُبھار رہا ہے کہ وہ اس بات کو اپنی اوّلین ترجیح بنا لیں۔

پرہیز گار بنیں

پطرس رسول اپنے قارئین کو دوسرا چیلنج یہی دے رہا ہے کہ وہ پرہیز گار بنیں (13 آیت) وہ ایماندار جو اپنے نجات دہندہ اور اُس کی نجات سے واقف ہو چکے اور اس کا تجربہ کر چکے ہیں انہیں اپنے بدنوں اور ذہنوں کو منظم کرنے کی ضرورت ہے تاکہ وہ خدا کی نجات کی صداقت میں چلنے کے لئے تیار ہو جائیں۔ مسیحی زندگی جانفشانی کا نام ہے۔ تاریخ گواہ ہے کہ خدا کے لوگوں نے درپیش جنگ لڑنے اور جیتنے کے لئے اپنے بدنوں اور ذہنوں کو منظم کیا۔ پولس رسول 1 کرنتھیوں 9 باب 26-27 آیات میں اپنے نظم و ضبط اور پرہیز گاری کی بات کرتا ہے۔

"پس میں بھی اِسی طرح دوڑتا ہوں یعنی بے ٹھکانا نہیں۔ میں اِسی طرح مکوں سے لڑتا ہوں یعنی اُس کی مانند نہیں جو ہوا کو مارتا ہے۔ بلکہ میں اپنے بدن کو مارتا کوٹتا اور اُسے قابو میں رکھتا ہوں ایسا نہ ہو کہ اَوروں میں منادی کر کے آپ نامقبول ٹھہروں۔"

غور کریں کہ پولس رسول کس طرح ان لوگوں کا ذکر کرتا ہے جو بے منزل اور بے ٹھکانہ

دَوڑتے ہیں۔ اگر ہمیں درپیش دوڑ کامیابی سے دوڑنی ہے، تو ہمیں اپنے اعمال و افعال پر اختیار رکھنا ہو گا۔ ہمیں جسم سے لڑنا ہو گا۔ ایسا ہر گز نہ ہو کہ ہم دُنیا کے دھارے میں بہتے چلے جائیں۔ دنیا کی روش اور ڈگر پر آگے بڑھنے سے انکار اور خدا کی راہ پر چلنے سے پیار، یہی ہماری اولین ترجیح اور زندگی کا نصب و العین ہونا چاہیئے۔ ایسی آزمائشیں اور دشواریاں آئیں گی کہ ہم دنیا کی روش اور ڈگر پر آگے بڑھیں تو ہمیں جسم اور اُس کی روشوں پر غلبہ پاتے ہوئے اسے منظم کرنا اور اختیار میں رکھنا ہو گا۔ مسیح کے ساتھ سچے دل سے چلنے کے لئے ہمیں اپنے آپ کو منظم کرنا ہو گا۔ خواہ ہمیں اس کے لئے کیسی ہی اور کتنی بڑی قیمت ادا کرنی پڑے۔ اس کے لئے زندہ رہنے کے لئے ہمیں اس دنیا کی آزمائشوں اور ہر طرح کی کشش پر غلبہ اور اختیار پانا ہو گا۔ ایمانداروں کو خدا کی بادشاہی کی خاطر قربانی دینے کے لئے ہر وقت تیار اور مستعد رہنا ہو گا۔ ایسا ہر گز نہ ہو کہ وہ زندگی کو پھولوں کی سیج پر گزاریں اور دنیا کی لذتوں اور کششوں سے خود کو محضوظ کرتے رہیں۔ بعض اوقات خدا ہم سے قربانی مانگتا ہے۔ ہمیں اپنے وسائل اور توانائیاں خدا کے لئے وقف کرنا ہوں گی۔ ہمیں خدا کی بادشاہی کے لئے ہر طرح کی قربانی دینے کے لئے تیار اور مستعد رہنا ہو گا۔

پُر اُمید

بعض اوقات خداوند کے ساتھ چلنا بڑا دشوار ہو جاتا ہے۔ ہم دُنیا کی روّش اور ڈگر سے ٹکرا کر مخالف سمت میں چلتے ہیں۔ دنیا ہمیں سمجھ نہ پائے گی۔ بعض اوقات خداوند اور اس کے کام کی خاطر ہمیں ایذاہ رسانی کا سامنا کرنا پڑے گا۔ دشمن ہم پر حملہ آور ہونے کی کوشش کرے گا۔ ایوب نبی کی زندگی اور اُس کے دُکھوں پر نظر کریں۔ وہ خدا کی نظر میں راست باز شخص تھا، ایسا راستباز کہ اُس کی مانند کوئی اور شخص روئے زمین پر موجود نہ تھا۔ ابلیس نے اُس سے اس کا خاندان چھین لیا۔ اس کی دولت اور صحت بھی جاتی رہی۔ دشمن کا سامنا

کئے بغیر اس سے جنگ لڑنا ممکن نہیں ہے۔

بعض اوقات یہ جنگ بہت ہی شدت اختیار کر لیتی ہے۔ پطرس رسول نے ایمانداروں کو اس بات کے لئے اُبھارا کہ وہ خدا کے فضل پر مکمل بھروسہ اور اُمید رکھیں جو مسیح یسوع میں حاصل ہوتا ہے۔(13 آیت) خدا نے وعدہ کیا ہے کہ ہم گناہ پر فتح اور غلبہ پائیں گے۔ ہم موت اور شیطان پر بھی غالب رہیں گے۔ اس نے ہم سے وعدہ کیا ہے کہ ہم ابدیت اس کے ساتھ گزاریں گے۔ اس کے حضور میں ہمیشہ رہیں گے۔ جہاں کوئی غم و اندواہ نہ ہو گا۔ نہ دُکھ اور نہ ہی کوئی درد اور موت وہاں پر ہو گی۔ ہمارے دل ہر وقت خداوند کی شادمانی سے معمور ہوں گے۔ شیطان تو یہی چاہتا ہے کہ ہم خدا کی مرضی اور اس کے مقصد اور اس خوبصورت اُمید پر سے اپنی توجہ اور دھیان ہٹا لیں۔ ایذاہ رسانی اور دکھوں کی راہ پر چلتے ہوئے ہم اپنی توجہ اور دھیان اور زندہ اور خوبصورت اُمید پر لگائیں جو مسیح یسوع میں ہمیں حاصل ہے۔ اس اُمید سے اپنی جانوں اور ذہنوں کو معمور کر لیں۔

پاک بنیں

آخر میں، پطرس رسول نے ایمانداروں کو پاک بننے کی ضرورت کے تعلق سے آگاہ کیا۔(14-16 آیات) خداوند یسوع مسیح کا کام ہمیں ہمارے گناہوں سے پاک کرنا تھا۔ ہم اپنی زندگی میں گناہ کی موجودگی سے ناپاک تھے۔ ہم خدا سے جدا اور الگ تھے۔ جب خداوند یسوع مسیح آ گیا۔ تو اس نے ہمارے گناہوں کی قیمت ادا کر کے ہمیں خرید لیا۔ ہم اُس کے خون سے پاک ہو گئے۔ ہمیں پرانی اور گناہ آلودہ زندگی کو مسیح یسوع کے ساتھ مصلوب سمجھنا چاہیئے۔ ہمیں اس نئی زندگی میں چلنا ہے جو مسیح یسوع میں ہمیں حاصل ہو چکی ہے۔ پاک ہونے کا مطلب اپنے خدوند کے لئے الگ اور مخصوص ہونا ہے۔ پطرس ہمیں اس بات کے لئے اُبھار رہا ہے کہ ہم مکمل طور پر مسیح یسوع کے لئے زندہ رہنے کے لئے کو جسم

کی خواہشوں اور دُنیا کی رغبتوں اور کششوں سے خود کو الگ کر لیں۔

خواہ کیسی بھی ناگواہ صورتحال اور نامساعد حالات ہوں، ایک ایماندار کے دل کی لالسا خدا باپ کی مرضی کو پورا کرنا ہو۔ بہت آسان اور سہل راہ یہی معلوم ہوتی ہے کہ ہم دکھوں اور آزمائشوں کی صورت میں حالات سے سمجھوتہ کر لیں۔ پطرس ذاتی تجربہ سے جانتا تھا کہ مسیح کا انکار کرنے کا کیا مطلب ہوتا ہے۔ اس لئے وہ ایمانداروں کو اُبھارتا ہے کہ وہ اپنی زندگی کے اعمال و افعال اور خیالات میں خود کو پاک رکھیں۔ وہ اُنہیں اُبھارتا اور تیار کرتا ہے کہ خواہ کیسی بھی ناگوار صورت حال اور نامساعد حالات پیدا ہو جائیں وہ خبردار اور چوکس رہیں کہ زندگی میں کوئی ناپاکی اور خیالات میں کوئی آلودگی پیدا نہ ہونے پائے۔ اُنہیں اپنی زندگی میں خداوند کو جلال دینے کے لئے یہی کچھ کرنا تھا۔ یہی بنیادی تقاضا تھا جس کی بنا پر وہ خداوند کو اپنی زندگی میں سربلند کر سکتے تھے۔ ایسا کرنا ہمیشہ ہی آسان تو نہیں ہوتا۔ اس کا مطلب یہی ہے کہ ہم اپنے کلام اور اعمال کا جائزہ لیتے رہیں۔ گناہ آلودہ سوچوں اور خیالات، روّشوں اور جسم کے کاموں سے دُوری اختیار کریں۔ خواہ دُکھ ہو یا پھر سُکھ ہو ایماندار کی زندگی کا یہی نصب العین چاہئے کہ وہ اپنی زندگی سے خداوند کو جلال اور عزت دے اور اپنے خیالات اور اعمال و افعال کو پاک رکھے۔

خداوند یسوع مسیح کے وسیلہ سے جو نجات ہمیں ملی ہے (جس کی پیش گوئی کئی سال پہلے کی گئی تھی) ،اس کے پیش نظر ہمیں کئی ایک کام کرنے کی ضرورت ہے۔ ہمیں اپنے ذہنوں کو مستعد، تیار اور عملی طور پر کچھ کرنے والے بنانے کے ساتھ ساتھ پرہیز گاری اور پاکیزگی کو بھی اپنا نصب العین بنانا ہو گا۔ خداوند یسوع مسیح کی آمد کی امید کے پیش نظر ہمیں دُنیا کے ہم شکل نہیں بننا۔ ہمیں اس کے لوگ ہوتے ہوئے پاک اور مخصوص زندگیاں بسر کرنے کی ضرورت ہے۔ وہ لوگ جو نجات کا تجربہ پا چکے ہیں اُنہیں اس نجات کے معیار اور

مقام کے مطابق زندگی بسر کرنے کی ضرورت ہے۔ نبی اس نجات کی جستجو میں تھے کہ اس کو سمجھ پائیں۔ حتیٰ کہ فرشتگان بھی اس نجات پر حیرت زدہ تھے۔ ہم نے اس وعدہ کی تکمیل پائی ہے جس کی پیش گوئی کئی سال پہلے کی گئی تھی اور لوگ اس کے منتظر تھے۔ ہمیں یہ شرف حاصل ہوا ہے کہ ہم اس وعدہ میں زندگی بسر کر رہے ہیں اور اس دنیا میں اس وعدہ کی تکمیل کو اپنی آنکھوں سے دیکھتے ہوئے اس کا تجربہ بھی کر رہے ہیں۔

چند غور طلب باتیں

☆۔ درپیش روحانی جنگ کے پیشِ نظر کس طرح ہم اپنے ذہنوں کو تیار اور مستعد کر سکتے ہیں؟

☆۔ پرہیز گاری کیا ہے؟ اپنی روحانی زندگی میں کس طرح پرہیز گاری کو عملی جامہ پہنارہے ہیں؟ وضاحت کریں۔

☆۔ دُکھوں اور ایذاہ رسانیوں کے دَور میں سمجھوتہ کرنا کس قدر آسان ہوتا ہے؟ سہل زندگی اور خوشحالی کو دیکھ کر بھی سمجھوتے کی آزمائش کس قدر قریب دکھائی دیتی ہے؟

☆۔ یہاں پر پطرس رسول ہمیں پاک لوگ ہونے کا چیلنج پیش کرتا ہے؟ کیا آپ پاکیزہ زندگی یا پھر سمجھوتے کی زندگی گزار رہے ہیں؟

☆۔ اس زندگی میں آپ کو کیسی آزمائش کا سامنا ہے؟ خداوند یسوع میں حاصل شدہ اُمید کس طرح آپ کو آزمائشوں کا سامنا کرنے میں مدد دیتی ہے؟

چند اہم دُعائیہ نکات

☆۔ خداوند خدا سے دُعا کریں کہ وہ اس اُمید سے آپ کے دلوں کو معمور کر دے جو آپ کو خداوند یسوع میں حاصل ہے۔ دُعا کریں کہ خداوند آپ کی مشکل وقت میں حوصلہ اور تقویت افزائی کرے۔

☆۔ خداوند سے کہیں کہ وہ آپ کے دل کو ٹٹولے اور ہر طرح کے گناہ کو آپ کی زندگی سے دُور کرے۔ اس کی معافی اور فتح کے طالب ہوں۔ درپیش جنگ کے پیشِ نظر خداوند سے دُعا کریں کہ وہ آپ کے ذہنوں کو مستعد کرے اور آپ کی مدد کرے کہ آپ اپنی عقل کی کمر کس لیں۔

☆۔ خداوند سے دُعا کریں کہ وہ آپ کو ہر طرح کی قربانی دینے کے لئے تیار کرے تاکہ آپ میں زیادہ سے زیادہ اس کا جلال ظاہر ہو سکے۔

☆۔ سمجھوتے کے بغیر پاک زندگی بسر کرنے کے لئے خداوند سے دُعا کریں۔ اگر کبھی آپ نے سمجھوتے کی زندگی بسر کی ہے تو خداوند سے معافی مانگیں اور کبھی دوبارہ ایسا نہ کرنے کا عہد کریں اور خداوند سے فضل مانگیں تاکہ آپ اس عہد پر قائم رہ سکیں۔

باب 21

فانی چیزیں

1 پطرس 1 باب 17-25 آیت

پطرس رسول نے اس خط میں خداوند یسوع مسیح کے اُس کام کو واضح کیا اور اُس پر روشنی ڈالی ہے جو اُس نے ہمارے لئے سر انجام دیا ہے۔ اِس کے ساتھ ساتھ اُس نے اُس کی اس خوبصورت نجات پر ہمارے ردِ عمل کو بھی بیان کیا ہے۔ خط کے پہلے باب کے اس حصہ میں وہ اسی موضوع کو جاری رکھتا ہے۔

17 آیت میں، رسول نے اپنے قارئین کو یاد دہانی کرائی کہ اس کے قارئین باپ سے دُعا کرتے ہیں جو بغیر طرفداری ہر ایک کے کاموں کی عدالت کرتا ہے۔ اس لئے اُنہیں پاک خوف میں زندگی بسر کرنی چاہئے۔ اور اس کے ساتھ ساتھ خود کو اجنبی جانتے ہوئے اس دُنیا میں زندگی بسر کریں۔ آئیں اس بات پر مختصر نظر ڈالتے ہیں۔

پہلی قابلِ غور بات یہ ہے کہ خدا بغیر طرفداری کے سب کی عدالت کرتا ہے۔ بالفاظ دیگر، اس کے ہاں کسی کی طرفداری نہیں ہے۔ وہ اس بنا پر آپ کی عدالت میں رورعایت نہیں کرے گا کہ آپ اس کے فرزند ہیں۔ نہ ہی آپ کے رنگ و نسل، قومیت یا مال و دولت کی بنا پر آپ کی کم عدالت کرے گا۔ ہر مرد و زن اس کے تختِ عدالت کے سامنے کھڑا ہو گا۔ خدا ظاہری صورت اور دکھاوے کے کاموں سے دھوکہ نہیں کھاتا۔ وہ دلوں پر بلکہ دل کی گہرائیوں پر نظر کرتا اور دل کے خیالوں اور ارادوں کو جانچتا اور پرکھتا ہے۔ وہ انسان کے روّیوں پر بھی نظر رکھتا ہے۔ ہم اس کے تختِ عدالت کے سامنے کھڑے ہو کر اپنی

زندگیوں اور اس زمین پر جو خدمت سر انجام دے رہے ہیں اُس کے لیے جوابدہ ہوں گے۔ اُس کی عدالت صداقت پر مبنی ہو گی۔

دوسری بات، پطرس رسول 17 آیت میں ایمانداروں کو اس بات کے لئے ابھارتا ہے کہ وہ اس دُنیا میں خود کو اجنبی اور مسافر جانتے ہوئے زندگی بسر کریں(17 آیت) ہم جو کچھ بھی خداوند کے لئے کرتے ہیں وہ اُس کے جلال اور اُس کی بادشاہی کی وُسعت کے لئے کرتے ہیں۔ وہ انجیل کے پھیلاؤ کے لئے دُنیوی طریقہ کار استعمال نہیں کرتے۔ دنیا ہمیں سمجھنے سے قاصر ہے۔ ہمارا طرزِ زندگی، ہماری ترجیحات دُنیا کی سمجھ سے بالاتر ہیں۔ خدا کی بادشاہی کی اقدار اور اس کے اصول و ضوابط ہی ہمارا طرزِ زندگی اور نصب و العین ہیں۔ خدا انہی اقدار کی بنا پر ہماری عدالت کرے گا نہ کہ دُنیوی معیار کے مطابق۔ اس کا مطلب یہ ہوا کہ بطور ایماندار ہمیں خدا کی خدمت سر انجام دیتے ہوئے بہت محتاط ہونے کی ضرورت ہے۔ اور اس بات پر بھی توجہ اور نظر رکھنے کی ضرورت ہے کہ آیا ہم خدا کے معیار کے مطابق اس کے ساتھ چل رہے ہیں۔ کوئی بھی منسٹری انسانی حکمت اور معیار کے مطابق قائم کی جا سکتی ہے۔ جس کے اہداف بھی انسانی عقل اور فہم پر مبنی ہو سکتے ہیں۔ تاہم خدا ہمیں بلا رہا ہے کہ ہم اس دُنیا کی خواہشوں اور روشوں سے اجنبی ہو جائیں۔ اس نے ہمیں اس لئے اپنی بادشاہی میں بلایا ہے کہ تاکہ ہم روزمرہ زندگی اور خدمت کے میدان میں اُس کی رہنمائی اور توانائی سے چلیں۔ کوئی در حقیقت وہی ہمارا قائد اور رہنما ہے۔ اس دُنیا میں بہت سی کامیاب منسٹریز بھی خدا کی عدالت کے زیرِ عتاب آئیں گی۔ کیوں کہ وہ خدا کی رہنمائی اور ہدایت کے مطابق نہیں بلکہ انسانی حکمت، منصوبہ بندی اور محرکات پر مبنی ہیں۔ خدا اس بنا پر ہماری عدالت نہیں کرے گا کہ ہماری منسٹری کس قدر کامیاب تھی، کس قدر بڑا سیٹ اپ یا انتظام تھا۔ بلکہ خدا اس بات پر توجہ کرے گا کہ آیا

ہم اُس کے وفادار تھے، آیا اس کی رہنمائی، اس کا مقصد اور مرضی ہماری اوّلین ترجیح تھی۔
صرف یہی نہیں کہ ہم اس دُنیا میں خود کو اجنبی اور مسافر جانیں بلکہ خدا کے پاک خوف میں بھی زندگی بسر کریں۔ یہ پاک خوف کوئی دہشت اور وحشت نہیں ہے۔ ہم اس لئے خدا سے خوفزدہ نہیں ہیں کیونکہ ہمیں معافی مل چکی ہے۔ بلکہ اس پاک خوف کا مطلب انتہائی گہرا تقدس اور احترام ہے۔ اُس کی راہیں اور اس کی مرضی و مقاصد ہی ہمارا طرزِ زندگی ہیں۔ ہم جو کچھ بھی کرتے ہیں، اس میں خدا کی عزت اور جلال کو مد نظر رکھتے ہیں۔ ہمیں معلوم ہے کہ قدوُس خدا ہماری عدالت کرے گا۔ اسی لئے ہم اپنے طرزِ زندگی سے اس کی خوشنودی کے طالب ہوتے ہیں۔ ہم جو کچھ بھی کرتے ہیں، اُس کی محبت اور عقیدت کی بنا پر کرتے ہیں جو ہمارے دلوں میں موجود ہے۔ کیونکہ ہمارے دلوں میں یہ خواہش ہے کہ ہماری زندگیوں سے اسے عزت اور جلال ملے۔

18 آیت میں پطرس رسول ہمیں یاددہانی کراتا ہے کہ ہماری خلاصی فانی چیزوں سے نہیں ہوئی۔ گناہ اور ابلیس سے مخلصی کے لئے خدا نے دُنیوی وسائل کو استعمال نہیں کیا۔ خدا کی راہیں اس دُنیا کی راہیں نہیں ہیں۔ اس نے ہماری طرف سے انصاف کے تقاضوں کو پورا کیا ہے۔ اُس نے سونا چاندی استعمال نہیں کیا۔ کیونکہ یہ مادی اور فانی چیزیں جاتی رہیں گی۔ نجات کا انتظام و انصرام اس دُنیا کی فانی چیزوں سے نہیں کیا جا سکتا۔ دُنیا بھر سے مرد و زن اس بات کے گواہ ہیں کہ صداقت یہی ہے کہ فانی چیزوں سے نجات خریدی نہیں جا سکتی۔ امیر لوگ بھی غریب لوگوں کی طرح گناہ میں کھوئے ہوئے ہیں۔ مال و دولت کسی بھی شخص کو گناہ اور شریعت کی لعنت سے رہائی نہیں دے سکتا۔

خداوند یسوع مسیح نے ہماری نجات کے انتظام کے لئے دنیوی چیزوں کو استعمال نہیں کیا۔ سونے چاندی سے نہیں بلکہ اپنی پاک اور بے عیب زندگی سے اس نے ہمیں واپس خدا سے

ملا دیا ہے۔ خدا کے نزدیک صرف یہی واحد کرنسی قابلِ قبول تھی۔ خداوند یسوع مسیح کے خون کے ایک ایک قطرے سے وہ کام پایہ تکمیل کو پہنچا جو اس دُنیا بھر کی دولت سے پورا نہ ہو سکا۔ ہمیں گناہ، ابلیس اور موت سے رہائی دلانا ہی خداوند یسوع مسیح کا عظیم کام ہے۔

میں اس اصول پر ایک بار پھر سے زور دینا چاہوں گا۔ خداوند یسوع مسیح نے ہماری نجات کے لئے دنیوی چیزوں کو استعمال نہیں کیا۔ دنیوی طریقہ کار اور انتظام و انصرام ہماری نجات کے لئے کافی نہ تھا۔ اسی طرح ہمیں اس دنیا سے الگ اور اس زمین پر اجنبی اور مسافر سمجھتے ہوئے زندگی بسر کرنے کے لئے خدا نے بلایا ہے۔ ہمیں خدا کی عبادت اور اس کی خدمت بھی اسی کے معیار اور طریقہ کار کے تحت کرنی ہے۔ خدا کی راہیں دنیا اور حتیٰ کہ ہمارے جسمانی سمجھ اور فہم سے بالاتر ہیں۔ ہم تو ایمان سے آگے بڑھتے ہیں۔ خدا پر توکل کرتے ہیں کہ خدا کا مقصد اور ارادہ ہی کامل ہے ہم میں ایسا پھل پیدا کرے گا جو اُس کی مرضی اور خواہش کے مطابق ہے۔

20 آیت میں ہمیں یاددہانی کرائی گئی ہے کہ دنیا کی تخلیق سے قبل خداوند یسوع مسیح کو ہمارا نجات دہندہ ہونے کے لئے چنا گیا۔ حتیٰ کہ گناہ کے دُنیا میں داخل ہونے سے قبل، گناہ اور اس کے اثرات کا حل پہلے سے موجود تھا۔ بنائے عالم سے قبل خداوند یسوع مسیح کو ہماری نجات کے لئے اس دُنیا میں آنے کے لے چنا گیا۔

یہ بات ہمارے لئے کس قدر تسلی اور تشفی کا باعث ہے۔ ساری تاریخ انسانی خدا کے اختیار میں ہے۔ اُس نے سب چیزوں کا انتظام و انصرام پہلے سے کر رکھا ہے۔ خدا کے لئے کوئی چیز بھی حیرت کا باعث نہیں ہے۔ ممکن ہے کہ آپ کسی درپیش صورتحال پر نظر کرتے ہیں تو سوال پیدا ہوتا ہے کہ آپ کیسے اس مشکل کا حل نکال پائیں گے۔ لیکن سچ تو یہ ہے کہ حل پہلے ہی سے موجود ہے۔ خدا آپ کی مشکل اور مسئلے سے بخوبی واقف اور آگاہ ہے۔ اور

آپ کی پیدائش سے قبل اسے معلوم تھا کہ آپ کو یہ مشکل درپیش ہو گی۔ آپ کی فتح کے لئے جو کچھ درکار ہے اس نے پہلے ہی سے اپنی قادرِ مطلق ہستی (خداوند یسوع) میں فراہم کر دیا ہے۔ اگرچہ یہ حل ابھی تک آپ پر واضح نہیں ہوا۔ ایمان سے اس کا انتظار کریں۔ اپنے کامل وقت پر خداوند آپ پر آپ کی مشکل کا حل ظاہر کر دے گا۔

خداوند یسوع مسیح کے وسیلہ سے جسے بنائے عالم سے بیشتر ہماری نجات کے لئے چنا گیا، ہم خداوند خدا پر ایمان لائے اور اس کے مقصد کو اپنی زندگی میں قبول کیا۔ (20 آیت) خدا کی راہوں اور اس کے بھیدوں سے ہم بالکل ناآشنا تھے۔ ہم تو اپنے گناہ اور بغاوت میں کھوئے ہوئے تھے۔ ہمارے ذہن روحانی حقائق کو سمجھنے سے قاصر تھے۔ لیکن " اخیر زمانہ میں" خداوند یسوع مسیح اس دُنیا میں آیا اور ہمارے لئے نجات کا انتظام وانصرام اپنے پاک لہو سے کیا۔ (اخیر زمانہ کی اصطلاح سے مراد مسیح کا دَور ہے۔، یعنی اس کی پہلی آمد سے اُس کی آمد ثانی کا وقت) ہماری امید اور ایمان اس دنیا اور اس دُنیا کی روِشوں پر نہیں ہے۔ ہمارا اعتماد اور بھروسہ تو خداوند خدا پر ہے۔ اور جو کچھ ہمارے خداوند نے ہمارے لئے اپنی موت اور جی اٹھنے سے کیا ہے اس پر ہے۔ ہمارا یہ ایمان ہے کہ اپنے نجات دہندہ کی طرح ہم بھی مُردوں میں سے جی اُٹھیں گے اور جلال میں داخل ہوں گے۔

ہم اس فضل کے مستحق نہیں ہیں۔ لیکن چونکہ یہ فضل ہم پر خدا کی طرف سے ہوا ہے، اس لئے واجب نہیں کہ ہم اس فضل کو اپنے تک محدود رکھیں۔ ہمیں خدا کی طرف سے نئی زندگی ملی ہے۔ خدا کے کلام کے وعدوں کے باعث فانی چیزیں اس ابدی زندگی پر اثر انداز نہیں ہو سکتیں۔ (23 آیت) بقول پطرس رسول ہمارا ردِ عمل یہی ہونا چاہئے کہ ہم ایک دوسرے سے محبت رکھیں۔ بالکل پاک، مخلص اور بے ریا محبت۔ (22 آیت) اس کا مطلب یہ ہے کہ ایک دوسرے سے ہماری محبت بہت گہری اور خالص ہونی چاہئے۔ ہم نے

جو نجات پائی ہے اس کے لئے ہمارا ردعمل یہی ہونا چاہئے۔ اپنے ہم ایمان مسیحی بھائیوں اور بہنوں کے تعلق سے ہمارا فرض کلی یہی ہے۔ خداوند یسوع مسیح میں جو زندہ اُمید اور گناہوں کی معافی حاصل ہے، اس کے مطابق ہم اپنے بھائیوں اور بہنوں سے ایسی ہی خالص محبت اور بے حد محبت کا اظہار کرنا چاہئے۔

جب ہم اس دنیا میں پیدا ہوئے تھے۔ اس وقت ہی سے ہم پر بڑھاپے کے اثرات مرتب ہونا شروع ہو گئے تھے۔ بالاٰخر ہم موت کا سامنا بھی کرتے ہیں۔ اس دنیا کی چیزیں گھاس اور پھولوں کی مانند ہیں جو آج موجود اور کل کو نیست ہو جائیں گی۔ (24 آیت) اس دُنیا کی حشمت عارضی اور فانی ہے۔ پطرس رسول ہمیں یاددہانی کراتا ہے کہ ایک ہی چیز ہے جو ابد تک قائم رہے گی۔ یعنی خدا کا کلام اَٹل اور لا تبدیل ہے۔ خدا نے جو وعدے ہم سے کئے ہیں، اور اس کا مقصد ہر دوَر میں قائم رہے گا۔ خدا کا کلام ہماری رہنمائی اور روشنی ہے۔ اس دنیا میں خدا کا کلام ہی ہماری اُمید اور بھروسہ ہے۔ ہم اس دنیا میں اجنبی اور مسافروں کی طرح زندگی بسر کرتے ہیں کیونکہ ہمارا بھروسہ اور ایمان خدا کے کلام پر ہے۔ جب ہم اس کلام سے وفادار اور لپٹے رہیں گے، ہمارا تمسخر بھی اُڑایا جائے گا اور دنیا ہمیں سمجھنے سے قاصر بھی رہے گی۔ ہمارے دل کی لالسا یہی ہے کہ ہم خدا سے وفادار رہیں اور وفاداری سے اُس کی راہوں پر چلتے رہیں۔ خواہ کیسی ہی قیمت ادا کرنی پڑے، ہماری خوشی اُس کی راہوں پر وفاداری سے چلنا ہی ہے۔ اس کے کلام سے ہمیں خوشی، اُمید اور برکت ملتی ہے۔

چند غور طلب باتیں

☆۔ ہم اس دُنیا میں کس طرح اجنبی اور مسافر ہیں؟ کون سی چیز خاص فرق پیدا کرتی ہے؟

☆۔ جب سے خداوند نے آپ کو نجات بخشی ہے کس طرح آپ میں تبدیلی واقع ہوئی ہے؟

☆۔ کیا یہ ممکن ہے کہ دُنیاوی نکتہ نظر سے خداوند کی خدمت اور اس کی تلاش کی جائے؟ کیا ہم انسانی طاقت اور فہم سے بڑی منسٹری تشکیل دے سکتے ہیں؟ دُنیا کی روش اور ڈگر سے اجنبی ہونے کا کیا مطلب ہے؟

☆۔ جو کچھ خداوند یسوع مسیح نے ہمارے لئے سر انجام دیا ہے اس کے پیشِ نظر ایک دوسرے کے تعلق سے ہماری کیا ذمہ داری ہے؟ ایک دوسرے کے ساتھ ہمارا تعلق کس طرح اس اُمید اور محبت کی عکاسی کرتا ہے جو ہمیں خداوند کی طرف سے حاصل ہوئی ہے؟

چند اہم دُعائیہ نکات

☆۔ خداوند کی شکر گزاری کریں کہ اس کی نجات نے شخصی طور پر آپ کو تبدیل کر دیا ہے۔

☆۔ خداوند سے دعا کریں کہ آپ کی زندگی میں کوئی دُنیاوی روش اور ڈگر موجود نہ رہے۔ دعا کریں تاکہ آپ کو فضل ملے اور آپ اس دُنیا میں اجنبیوں کی طرح زندگی بسر کر سکیں اور خداوند کے کلام اور اس کے پاک روح کی رہنمائی اور بتائی ہوئی راہ پر چلنے کے قابل ہو سکیں۔

☆۔ خداوند سے توفیق مانگیں تاکہ آپ اپنے مسیحی بھائیوں اور بہنوں سے گہری محبت رکھ سکیں۔ خداوند سے اُن کے لئے گہرا بوجھ اور اُن کی ضروریات کا خیال رکھنے کی توفیق مانگیں۔

☆۔ خداوند سے جوش و جذبہ مانگیں تاکہ آپ اس کا کام اس کے طریقہ سے کر سکیں۔ خداوند سے فضل اور توفیق مانگیں تاکہ آپ اس دُنیا کی ڈگر اور خداوند کی راہوں میں امتیاز کر سکیں۔

باب 22

زندہ پتھر

1 پطرس 2 باب 1-8 آیت

پطرس رسول نے اپنے قارئین کو یاد دہانی کرائی ہے کہ خداوند یسوع مسیح کے خون سے وہ خریدے اور خدا کی اُس بادشاہی میں لائے گئے ہیں جو غیر فانی ہے۔ اس عظیم اور خوبصورت سچائی کی روشنی میں، پطرس رسول اپنے قارئین کو چیلنج پیش کرتا ہے کہ وہ پاکیزہ طرزِ زندگی اختیار کریں۔ وہ خداوند یسوع مسیح کے ہو چکے ہیں اور اُنہیں خدا کے فرزندوں کی طرح پاک چال چلن میں زندگی بسر کرنے کی ضرورت ہے۔

پطرس رسول نے خدا کے فضل سے نئی پیدائش کا تجربہ حاصل کرنے والوں کو ان کی ذمہ داری یاد دلائی ہے۔ اس نے ایمانداروں کو یاد دہانی کرائی ہے کہ وہ خدا کی محبت اور اس کے عظیم کاموں کے پیش نظر کئی ایک کاموں کو مدِ نظر رکھیں جو انہیں کرنا واجب ہیں۔

اوّل۔ قابلِ غور بات، پہلی آیت کے مطابق انہیں ہر طرح کے بغض اور کینے سے آزاد ہونا ہے۔ "کینہ" بد نیتی یا کسی کو نقصان پہنچانے کی خواہش اور ارادے کا نام ہے۔ ہو سکتا ہے کہ کینہ رکھنے والا شخص اس خواہش کو دل میں لئے ہو کہ اس کے مخالف دُکھ اٹھائیں کیونکہ اُنہوں نے اُس کے ساتھ بد سلوکی کی ہے۔ خدا کے فرزند ہوتے ہوئے، ہمیں خداوند یسوع مسیح کے عظیم کام کو یاد اور مدِ نظر رکھنا ہے جو اس نے ہمارے لئے سر انجام دیا ہے۔ اس نے ہمارے گناہوں کی معافی کے لئے اپنی جان قربانی کر دی۔ ہم جو خداوند یسوع کی موت اور جی اُٹھنے سے معافی پا چکے ہیں، ہمیں ہر طرح کی ناراضگی اور خفگی کو دُور

کر کے دوسروں کو معاف کر دینا چاہئے۔ ایک ایماندار کے دل میں کسی طرح کے غصے اور انتقام کی کوئی جگہ موجود نہیں ہوتی۔ اگرچہ دُنیادار لوگوں کا وطیرہ تو غصہ اور انتقام ہی ہے۔ لیکن ہم جو دُنیا سے الگ ہو چکے ہیں، ہمیں خداوند یسوع مسیح کے نقشِ قدم پر چلتے ہوئے دوسروں کو معاف کرنا سیکھنا ہو گا۔

دوسری چیز جس سے ایمانداروں کے دل پاک ہونے چاہئے، وہ پطرس رسول کے مطابق ریاکاری اور فریب ہے۔ ایمانداروں کو چاہئے کہ وہ اپنے ارد گرد کے لوگوں کے ساتھ دیانتداری کا برتاؤ کریں۔ مسیحی لوگوں کو سچے، کھرے، ایماندار، وفادار اور کردار کے مخلص لوگ ہونا چاہئے۔ ایماندار کی گفتگو قابل اعتماد ہونی چاہئے۔ جو کچھ ہم کہیں لوگ اُس پر اعتبار کریں، لوگوں کو معلوم ہونا چاہئے کہ جو کچھ ہم کہہ رہے ہیں اس پر بھروسہ کیا جا سکتا ہے۔ اس دُنیا میں فریب اور ریاکاری عام پائی جاتی ہے۔ تاہم ایماندار ایسی چیزوں سے دُور اور پاک ہی رہیں۔ ہر ایک ایماندار قابل بھروسہ ہو اور اس کا کلام بھی ایسا ہو کہ لوگ اُس پر اعتماد اور اعتبار کریں۔

پطرس رسول نے ایمانداروں کو اس بات کی تلقین کی ہے کہ وہ ہر طرح کے حسد اور تہمت بازی کو دُور کر دیں۔ حسد، کا مطلب ہے اپنے ہمسائے کے معیار اور مقام تک آنے کی ایسی خواہش جس میں کڑواہٹ اور بد نیتی اور بد خواہی پائی جائے۔ جس میں خدا کی برکات کی شکر گزاری بھلائی دی جاتی ہے کہ اس نے ہمیں پہلے سے ہی کیا کچھ دیا ہوا ہے۔ جو کچھ دوسروں کے پاس ہے، اس پر نظر کرنے کی بجائے، ایمانداروں کو چاہئے کہ وہ مطمئن اور شکر گزار رہیں جو کچھ خدا نے انہیں فراہم کر رکھا ہے۔ حسد کی جڑیں تکبر سے منسلک ہوتی ہیں۔ تکبر اس وقت خوش اور مطمئن نہیں ہوپاتا جب تک وہ کچھ حاصل نہ کر لے جو دوسروں کے پاس ہوتا ہے۔ حسد اور دوسروں کے برابر آنے کی خواہش ایسی زرخیر

زمین ہے جس پر دیگر کئی ایک گناہ پروان چڑھتے ہیں۔ لازم ہے کہ ہم ان چیزوں کو اپنی زندگی میں جگہ نہ دیں۔ پطرس رسول یہی تلقین کر رہا ہے کہ ہم اس گناہ کو اپنی زندگی میں کوئی موقع اور جگہ نہ دیں۔

پطرس رسول نے ہم ایمان بھائیوں اور بہنوں کو اس بات کی تلقین کی ہے کہ وہ گناہ کو سنجیدگی سے لیں۔ جب گناہ کا معاملہ ہو تو مسیحیوں کو بیدار اور ہوشیار ہو کر اس سے نپٹنا چاہئے۔ لازم ہے کہ گناہ کا زور توڑا جائے۔ ایماندار کی زندگی میں کسی طور پر بھی گناہ جڑ نہ پکڑنے پائے۔ گناہ کی قوت اور زور سے رہائی دینے کے لئے خداوند یسوع مسیح نے ہمارے لئے صلیب پر اپنی جان قربان کی تھی۔ خدا نے ہمیں اپنا پاک روح بھی اسی لئے دیا ہے تاکہ ہم اس سے قوت اور تقویت پائیں اور گناہ کی فطرت پر غلبہ اور فتح پا کر شادمانی کی زندگی بسر کریں۔

وہ ایماندار جو مسیح یسوع کے صلیبی کام کو سنجیدگی سے قبول کرتے ہیں، وہ ہر اس چیز سے دُور رہیں گے جو خدا کی خوشنودی کا باعث نہیں ہے۔ پطرس رسول ہمیں بتا رہا ہے کہ وہ ایماندار جو نئی پیدائش کا تجربہ حاصل کر چکے ہیں وہ نوزائید بچوں کی طرح خالص روحانی دُودھ کے مشتاق رہتے ہیں۔ یونانی لفظ " مشتاق ہونا" کا مطلب ہے بہت زیادہ خواہش رکھنا۔ ہم سب نے شیر خواہ بچوں کو دُودھ کے لئے چلاتے ہوئے دیکھا ہے۔ جب شیر خواہ بچے بھوک محسوس کرتے ہیں، تو ان کے ذہنوں میں اور کچھ نہیں ہوتا، صرف اور صرف اُنہیں دُودھ کی طلب ہوتی ہے۔ اُن کی زندگی کا مرکز و محور صرف اور صرف دُودھ ہی ہوتا ہے۔ ایمانداروں کو چاہئے کہ وہ بھی شیر خواہ بچوں کی طرح خدا کے کلام کی ایسی ہی بھوک پیاس اور تڑپ رکھیں۔

خدا کا پاک روح ہی ہمارے دلوں میں ایسی بھوک پیاس اور تڑپ پیدا کر سکتا ہے۔ خدا کے

کلام کے وسیلہ ہی سے ہم خداوند یسوع مسیح میں ترقی کرتے اور نشوونما پاتے ہیں۔ خدا کے کلام کی تحقیق و تفتیش اور اُس کے کلام کی تابعداری اور فرمانبرداری میں زندگی بسر کرنے سے ہم زیادہ سے زیادہ خداوند یسوع مسیح اور اُس کے مقصد اور ارادے کو اپنی زندگی میں سمجھنا شروع ہو جاتے ہیں۔ ہم محض علم و فہم کے حصول کی خاطر ہی خدا کے کلام کی تفتیش و تحقیق نہیں کرتے۔ بلکہ مسیح کو جاننے بلکہ گہرے طور پر جاننے اور پہچاننے کی ضرورت کے پیشِ نظر ہم ایسا کرتے ہیں۔ خدا کا کلام ایک ایسا وسیلہ ہے جس سے ہم خدا کی معرفت اور پہچان حاصل کرتے ہیں۔ وہ تعلق اور رشتہ جو خداوند کے ساتھ نجات پانے کے وقت شروع ہوا تھا، خدا کے کلام کے تابع ہونے سے مضبوط ہوتا اور پروان چڑھتا چلا جاتا ہے۔ ہم اسی طرح خدا کے کلام کے بھوکے اور پیاسے ہوتے ہیں جس طرح شیر خواہ بچہ دُودھ کا مشتاق ہوتا ہے۔ خدا کے کلام سے ہم تسلی اور تقویت پاتے ہیں کیونکہ اس سے ہم خداوند یسوع مسیح میں مضبوط ہوتے چلے جاتے ہیں۔ خدا کا کلام ہمیں برکت دیتا، ہماری ہمت افزائی کرتا ہے کیونکہ اس سے ہم مسیح کو پہچانتے ہیں۔ اس کے ساتھ ساتھ ہم اپنی زندگی میں اُس کی مرضی، ارادے اور بلاہٹ کو بھی سمجھنا شروع ہو جاتے ہیں۔ اس سے ہمیں زندگی کا مقصد سمجھ آنا شروع ہو جاتا ہے، زندگی میں ایک نئی سمت ملتی ہے۔ لیکن یہ سب کچھ اسی وقت ہوتا ہے جب ہم خدا کے الٰہی اصولوں سے تسلی اور تقویت پاتے اور خدا کے کلام کی مشورت پر چلتے ہیں۔

پطرس رسول کے خط کے قارئین زندہ پتھر سے واقف ہو چکے تھے۔ (4 آیت) پتھر مضبوطی اور قیام کو پیش کرتا ہے۔ خداوند یسوع مسیح بھی ہماری مضبوطی اور دائمی قوت اور قیام ہے۔ کمزور حالت میں، ہم خداوند یسوع میں قوت اور تقویت پاتے اور اُس میں پناہ لیتے ہیں۔

زندگی کے طوفانوں میں خداوند یسوع مسیح ہی ہماری پناہ ہے۔ گناہ کے خلاف خدا کے قہر و غضب کے پیشِ نظر یسوع مسیح ہی ہمارا تحفظ ہے۔ وہی ہماری مضبوط چٹان ہے جس پر ہم اپنی زندگیوں کی بنیاد رکھتے ہیں۔

خدا کا ہاتھ ہمارے خداوند یسوع مسیح پر تھا۔ وہ اپنے باپ کا پیارا تھا۔ وہ گناہ کے مسئلے کا حل تھا۔ آج بھی لوگ اُس سے منہ موڑ لیتے ہیں۔ اگرچہ خداوند یسوع مسیح ہی واحد، حقیقی اور ابدی پناہ ہے۔ لوگ آج بھی خداوند یسوع مسیح کے طالب نہیں ہوتے، تاہم ہر کوئی جو اُس میں پناہ لیتا ہے، خدا کے قہر وغضب سے رہائی اور نجات پائے گا۔

اگرچہ یہ لازم اور اہم ہے کہ خدا گناہ کی عدالت کرے، تاہم اُس نے مسیح یسوع کی صورت میں پناہ کی چٹان فراہم کر دی ہے۔ انصاف اور رحم ساتھ ساتھ چلتے ہیں۔ خدا گنہگاروں کو اُن کے مسئلے کا حل بھی پیش کرتا ہے۔ خدا کی خوشنودی یہ نہیں کہ کوئی ہلاک ہو یا جہنم کا ایندھن بن جائے۔ خدا کے انصاف کا تقاضا یہ ہے کہ گناہ کی قیمت ادا کی جائے۔ لیکن خدا کا رحم و ترس اور اُس کی محبت گنہگار انسان کے لئے نجات کا انتظام و انصرام کرتی ہے۔ وہ سب جو مسیح یعنی زندہ پتھر کے پاس آتے ہیں، خدا کے قہر وغضب سے بچ جائیں گے۔ ہم کبھی بھی خدا کی اس پیشکش سے منہ نہیں موڑ سکتے۔ ہم تو ہر صورت میں تحفظ کے لئے اس چٹان کی طرف دَوڑیں گے۔ یہی ہماری واحد اُمید ہے۔

زندہ پتھر یعنی مسیح یسوع کے پاس آنے سے ہم تبدیل ہو جاتے ہیں۔ وہ ہمیں اپنا پاک روح عطا کرتا ہے، خدا کا پاک روح ہمیں زیادہ سے زیادہ مسیح یسوع کی مانند بناتا ہے۔ ہم بھی زندہ پتھر بن جاتے ہیں۔ (5 آیت) مسیح یسوع ہمیں زندہ پتھروں کی طرح لے کر اپنی کلیسیا کی تعمیر کرتا ہے۔ ہر پتھر اپنی بناوٹ میں مختلف ہوتا ہے۔ ہر پتھر کی اپنی قدر و قیمت اور اہمیت ہوتی ہے۔ ہماری خدمتیں، نعمتیں، صلاحیتیں اور لیاقتیں بھی ایک دوسرے سے

مختلف ہوتی ہیں، لیکن یہ خداوند کی طرف سے ہوتی ہیں اور سب کچھ باہم مل کر خداوند کے لئے ایک عظیم گھر بن جاتا ہے جو اُس کے جلال کا باعث ہوتا ہے۔ خدا کی کبھی بھی یہ مرضی نہیں کہ ہم تن تنہا خدمت سرانجام دیں۔ وہ روحانی گھر جو خدا تشکیل دے رہا ہے، اس میں مختلف زندہ پتھروں کی ضرورت ہے۔ خدا نے کلیسیا کی تشکیل و تعمیر کچھ اس طرح سے کی ہے کہ ہمیں ہمیشہ ہی ایک دوسرے کی ضرورت محسوس ہوتی رہتی ہے۔

پطرس رسول نے یسعیاہ 28 باب 6 آیت کا حوالہ دیا ہے۔ روح القدس کی تحریک سے یسعیاہ نے پیشن گوئی کی کہ خدا ایک ماہر کاریگر اور معمار کی طرح صیون میں ایک پتھر کو بطور ایک بنیاد رکھے گا۔ یہ پتھر چنیدہ اور برگزیدہ اور بیش قیمت ہوگا جس پر خوبصورت عمارت کی تعمیر ہوگی۔ کلیسیا کی تعمیر مسیح پر ہوگی جو کہ کونے کے سرے کا پتھر ہے۔ اسی کے وسیلہ سے کئی ایک بلکہ بے شمار روحیں نجات پائیں گی اور اس عمارت کا حصہ بن جائیں گی۔ پطرس رسول کے مطابق، وہ لوگ جو مسیح یسوع پر توکل اور بھروسہ کرتے ہیں، جو کہ زندہ، بیش قیمت اور کونے کے سرے کا پتھر ہے، کبھی شرمندہ نہیں ہوں گے۔ یہی پتھر بنی نوع انسان کی واحد اُمید ہے۔ یہ بڑے شرف و استحقاق کی بات ہے کہ خداوند یسوع مسیح اور اس کے مقصد کے سامنے اپنی زندگی انڈیل دی جائے۔ ایک خوبصورت روحانی عمارت میں ایک زندہ پتھر ہونا کس قدر عزت اور فخر کی بات ہے۔ ہر قوم اور قبیلہ سے لوگ اس خوبصورت عمارت کا حصہ بن رہے ہیں۔ اگرچہ دُشمن ہر طرح سے کوشش کر رہا ہے کہ خدا کی کلیسیا کی تعمیر روک دے تو بھی خدا اپنی کلیسیا کی تعمیر کرتا چلا آرہا ہے۔ ہم سب خدا کے کام کا حصہ ہیں بشرطیکہ ہم اُس کے حضور تابعداری اور فرمانبرداری کرنا سیکھ لیں۔

ہمارے نزدیک خداوند یسوع مسیح زندہ پتھر نہایت بیش قیمت ہے۔ وہی ہماری پناہ اور اُمید

ہے۔ وہی ہماری بنیاد اور استحکام ہے۔ وہی ہمیں مقصدِ حیات عطا کرتا ہے۔ پطرس رسول کے مطابق، وہ پتھر جسے رد کیا گیا تھا، زندہ اور کونے کا پتھر ہے۔ یہی عمارت کی تعمیر میں آخری پتھر ہے جس کے بغیر عمارت ادھوری اور نامکمل ہے۔ خداوند یسوع مسیح کو رد کرنے والے ٹھوکر کھا کر گر پڑتے ہیں۔ خداوند یسوع مسیح کے دَور کے مذہبی رہنماؤں کے ساتھ یہی کچھ ہوا تھا۔ اگرچہ اَن پڑھ اور ناواقف لوگ جوق در جوق مسیح کے پاس پناہ لینے کے لئے آتے لیکن یہ مذہبی رہنما ان کے سامنے ٹھوکر کھانے کا پتھر بن جاتے۔ بعض نجات پا گئے جبکہ کئی ایک موت اور عدالت کے نیچے چلے گئے۔

چند غور طلب باتیں

☆۔ جو ایماندار خداوند یسوع مسیح سے واقف ہیں، پطرس رسول انہیں یہ چیلنج پیش کرتا ہے کہ وہ ہر طرح کے حسد، عیب جوئی اور کینے سے پاک زندگی بسر کریں۔ کیا آپ کی زندگی میں یہ سب گناہ موجود ہیں؟

☆۔ خدا کے کلام کا موازنہ کس طرح دُودھ کے ساتھ کیا جا سکتا ہے؟

☆۔ پطرس رسول کے مطابق، مسیح کے بدن کا ہر ایک عضو زندہ پتھر ہے۔ خدا کی بادشاہی میں آپ کا کیا کردار ہے؟

☆۔ مسیح بطور زندہ پتھر، اس سے آپ کیا سمجھتے ہیں؟ کس طرح مسیح آپ کے لئے زندہ پتھر ثابت ہوا ہے؟

چند اہم دُعائیہ نکات

☆۔ خدا کے کلام کے لئے اُس کی شکر گزاری کریں اور اس بات کے لئے بھی اُس کے شکر گزار ہوں کہ کس طرح اس کا کلام مسیح یسوع کی طرف آپ کی رہنمائی کرتا ہے۔ خداوند سے دُعا کریں کہ وہ آپ کے دل میں اپنے کلام کی زیادہ سے زیادہ بھوک پیاس پیدا کرے۔

☆۔ اپنی زندگی میں خداوند کی بھلائی کے لئے اُس کی شکر گزاری کریں۔ واضح طور پر دُعا کریں اور اُس کام کے لئے شکر گزاری کریں جو کچھ خدا نے آپ کی زندگی میں کیا ہے۔

☆۔ دُعا کریں تاکہ آپ عاجزی اور انکساری اختیار کرتے ہوئے لوگوں کی اپنی زندگی میں ضرورت کو تسلیم کر سکیں۔ خداوند سے یہ فضل اور توفیق بھی مانگیں کہ آپ لوگوں کی ضرورت کے وقت مدد کر سکیں۔

☆۔ مسیح کے بدن میں آپ کا کیا کردار ہے، اس کو سمجھنے کے لئے خدا سے دُعا کریں۔

☆۔ خداوند کی شکر گزاری کریں کہ وہ ہماری حفاظتی چٹان ہے۔ وہ آپ کے لئے پناہ گاہ بھی ہے۔ اُس کی شکر گزاری کریں کہ آپ تحفظ کے لئے اس چٹان پر بھروسہ کر سکتے ہیں۔

باب 23

اَجنبی اور مُسافر

1 پطرس 2 باب 9-12 آیت

پطرس رسول خط کے اس حصہ میں ان برکات، شرف و استحقاق اور خدا کی ان نعمت و برکات کا ذکر جاری رکھتا ہے جو ایمانداروں کو مسیح یسوع کے ساتھ رشتہ قائم رکھنے کے باعث حاصل ہیں۔ پطرس رسول اپنے قارئین کو یہ چیلنج پیش کرتا ہے کہ وہ اس تاریک دُنیا میں خدا کے فرزندوں کی طرح زندگی بسر کرنا جاری رکھیں۔

9 آیت کے مطابق، ایماندار برگزیدہ اور چنیدہ ہیں۔ دو طرح سے خدا کا یہ چناؤ بالکل واضح ہے۔ اوّل، خدا نے اپنے رحم و کرم سے اس وقت گناہ سے بچانے کے لئے ہم تک رسائی کی جب ہم اُس کے دشمن تھے۔ خدا نے سنگین دلوں کو توڑ کر ہمیں توفیق بخشی کہ ہم اُس کے تابع ہو کر اس کی مرضی اور ارادے کے مطابق زندگی بسر کریں۔ دوئم، خدا نے ہمیں محض اس لئے نجات نہیں بخشی کہ ہم محض اس کی عبادت اور پرستش کریں بلکہ وہ ہمیں اپنی بادشاہی کی وسعت کے لئے استعمال بھی کرنا چاہتا ہے۔ خداوند نے ہمیں اپنا پاک روح بھی دیا ہے۔ اس نے اپنے پاک روح کے وسیلہ سے طرح طرح کی لیاقتیں اور خدمتیں عطا کی ہیں تا کہ ہم اس زمین پر اُس کی بادشاہی کے قیام اور وُسعت کے لئے استعمال ہو سکیں۔

پطرس مزید بیان کرتا ہے کہ خدا نے ایمانداروں کو شاہی کاہنوں کا فرقہ بنایا ہے۔ عہدِ عتیق میں، کاہن ایک ایسی شخصیت تھا جو خدا کے لوگوں کی رہنمائی خدا کی حضوری کی

طرف کرتا تھا۔ وہ خدا کی طرف لوگوں کو لے کر جاتا تھا۔ وہ اس دُنیا میں خدا کا برگزیدہ اور چنیدہ نمائندہ ہوا کرتا تھا۔ اور خدا نے ہمیں بھی اسی مقصد کے پیشِ نظر شاہی کاہنوں کا فرقہ قرار دیا ہے۔ اس نے مجھے آپ کو اس دُنیا سے الگ کیا ہے تاکہ ہم اس دُنیا میں اس کے نمائندگان ہوں۔ اُس نے ہمیں یہ شرف عطا کیا ہے کہ ہم لوگوں کو اس کی حضوری میں لے کر آئیں۔ اس دُنیا میں ہم اس کے نمائندگان ہیں اور اسی کے نام سے ہم اُن لوگوں کے درمیان خدمت سرانجام دیتے ہیں جو ہمارے ارد گرد یا دُور و نزدیک ہوتے ہیں۔ اس دُنیا کے خالق و مالک اور خدائے قادر کے نمائندگان ہونا کس قدر زبردست بات ہے۔

مزید براں، رسول نے ایمانداروں کو ایک مقدس قوم بیان کیا ہے۔ (خروج 19 باب 6 آیت) ہم خداوند یسوع مسیح کی خدمت میں تنہا نہیں ہیں۔ خدا نے ہمیں ایک عظیم گھرانے میں رکھا ہے۔ ہم ایک دوسرے کی خدمت کرتے اور ایک دوسرے کا خیال رکھتے ہیں۔ ہمارے ارد گرد موجود مسیحی بھائیوں اور بہنوں کے ساتھ مل کر ہم اپنی خداداد لیاقتوں اور خدمتوں کے ساتھ خدا کی بادشاہی کو وسعت دیتے ہیں۔ اس مقدس قوم کا مقصد یہی ہے کہ وہ خدا کی عظمت اور فضیلت کو دُنیا پر عیاں کرے۔ ہمیں خدا کی تعریف و تمجید کرنا ہے کیوں کہ اس نے ہمیں گناہ کی تاریکی سے اپنی عظیم روشنی میں بلایا ہے۔ بطور ایک قوم ہم اپنے خداوند خدا کی عبادت اور خدمت کرتے ہیں۔ ہم اُس کی عظیم راہوں پر چلتے ہوئے اس کے مقصد اور مرضی کو اپنی زندگیوں سے پورا کرتے ہیں۔ ہم اس دُنیا کے لوگوں سے مختلف ہیں۔ ہم ایسی قوم سے تعلق رکھتے ہیں جس کی بنیاد آسمان پر ہے اور جس کے اصول و آئین خدا کی طرف سے ہیں۔ یاد رہے کہ یہ ایمانداروں کی ایک مقدس قوم ہے۔ یعنی، خدا کے مقصد اور جلال کے لئے اس قوم کو الگ کیا گیا ہے۔ یہ ایسے لوگوں کی

قوم ہے جنہیں خدا کے طرف سے گناہوں کی معافی مل چکی ہے۔ ایسے لوگ جنہیں خدا نے اپنے بیٹے یسوع کے لہو کے وسیلہ سے پاک کیا ہے۔ ایسی قوم جس کے دل کی لالسا خداوند کی تمجید اور تعریف نہ صرف حمد و ثنا سے بلکہ اپنے کلام اور اعمال سے کرنا بھی ہے۔

ایک وقت تھا کہ ہماری زندگیاں، خدا کے قہر و غضب اور اُس کی عدالت کے زیرِ عتاب تھیں، لیکن اب ہم پر رحم و فضل ہو گیا ہے۔ (10 آیت) ہمیں معافی مل گئی ہے، ہم پاک قرار دے دیئے گئے ہیں۔ ایک وقت تھا کہ ہم خدا سے دُور اور اُس کے دشمن تھے۔ ہم گناہ میں کھوئے ہوئے تھے۔ اب خدا نے ہمیں اپنی قوم کی حیثیت سے قبول کر لیا ہے۔ یہ کس قدر شرف و استحقاق کی بات ہے کہ خدا نے ہمیں اپنے فرزند ٹھہرایا ہے۔ گناہوں کی معافی اور پاک ٹھہرایا جانا کس قدر خوبصورت اور عظیم بات ہے۔ یہ کس قدر پر اُمید بات ہے کہ ہم اس کے لوگ اور اس کے گھرانے کا حصہ ہیں!!!

قابلِ غور بات یہ ہے کہ پطرس رسول ایمانداروں سے ایسے بات کرتا ہے کہ وہ اجنبی اور مسافر ہیں۔ (11 آیت) ہم اپنے طرزِ فکر اور طرزِ زندگی میں مختلف اور منفرد ہیں کیونکہ خدا نے ہمارے ذہنوں کی تجدید کی ہے۔ ہم اپنے روّیوں، اعمال و افعال میں بھی مختلف ہیں۔ خدا نے ہمیں نئے دل عطا کئے ہیں۔ ہماری زندگی کا نصب و العین یا مقصد حیات دنیا کے لوگوں جیسا نہیں ہے۔ دنیا کے لوگ ہمارے طرزِ عمل کو نہیں اپنا سکتے۔ اس دنیا میں ہم اجنبی اور مسافر ہیں۔ کیونکہ ہماری شہریت آسمانی ہے۔ (فلپیوں 3 باب 20 آیت) اس دنیا میں اجنبی اور مسافر ہوتے ہوئے، ہم آزمائشوں اور امتحانوں سے مبرا نہیں ہیں۔ ہمارا جسم تو اب بھی دنیا ہی میں ہے۔ ضرورت ہے کہ ہر روز اس جسم کو مصلوب کیا جائے۔ دشمن ہر روز طرح طرح کی آزمائشیں ہمارے بدن میں لاتا ہے۔ غور کریں کہ پطرس جسم میں زندگی بسر نہیں کرتا تھا۔ بلکہ وہ ایک نئے شخص کے طور پر زندگی بسر کرتا تھا جسے مسیح

نے نیا بنا دیا تھا۔ ہمیں بھی ایسا ہی طرزِ فکر اور طرزِ عمل اختیار کرنے کی ضرورت ہے۔ ہم بخوبی آگاہ اور واقف ہیں کہ گناہ کی رغبتیں اور خواہشیں ہمارے بدن میں کام کرتی ہیں۔ ہمیں خدا کے پاک روح کی حضوری اور قوت و قدرت کا بھی علم ہے۔ بالعموم ہم جسم میں اپنے آپ کو دیکھتے ہیں، یہاں پر پطرس رسول ایمانداروں کو جسم کے اعتبار سے مرنے کی تلقین کر رہا ہے۔ ہمیں پرانے طرزِ عمل اور جسمانی روّشوں کے مطابق زندگی بسر نہیں کرنی۔ ہمیں مسیح یسوع میں خود کو ایک نئے شخص کے طور پر دیکھنا ہے۔

ہم خدا کے فرزند اور کاہن ہیں۔ ہمیں اپنے ارد گرد بے دین لوگوں میں راستبازی کی زندگی بسر کرنا ہے۔ (12 آیت) ہمیں جسم کی پرانی خواہشوں اور رغبتوں کا انکار اور خدا اور اس کی راہوں سے پیار کرنا ہے۔ ہمیں اپنی روحانی فطرت میں مضبوط ہوتے چلے جانا ہے۔ اپنے کردار میں جو تبدیلیاں وقوع پذیر ہوتی دیکھیں تو اس کے لئے خدا کی شکر گزاری کریں۔ جو اس دُنیا کے لئے ایک پیغام ہے کہ ہم اب زندہ خدا کے لوگ ہیں۔ دُنیا کو ہم میں ایک تبدیلی بلکہ یکسر تبدیلی نظر آئے۔ پطرس رسول کے خط کا یہ حصہ ہمیں اس بات کے لئے اُبھارتا ہے کہ ہم ایسی زندگی بسر کریں کہ دُنیا ہم میں خدا کو دیکھے اور یوں خدا کے نام کو عزت اور جلال ہمارے طرزِ عمل اور طرزِ زندگی سے ملے۔ ہماری زندگیاں غیر ایمانداروں کو خدا کی طرف لے کر آئیں۔ ہماری زندگیاں دوسروں کو پیغام دیں کہ خداوند یسوع مسیح نے اُن کے لئے کتنا بڑا کام سر انجام دیا ہے۔

چند غور طلب باتیں

☆۔ خدا کے برگزیدہ ہونے کا کیا مطلب ہے؟ اگر خداوند نے آپ تک رسائی نہ کی ہوتی تو آج آپ کہاں ہوتے؟

☆۔ شاہی کاہنوں کا فرقہ ہونے کا کیا مطلب ہے؟ ایک کاہن کی کیا ذمہ داریاں ہوتی ہیں؟

☆۔ اس دنیا میں ہم کس طرح اجنبی اور مسافر ہیں؟

☆۔ پطرس رسول نے بیان کیا ہے کہ مسیح کی فطرت ہم میں موجود ہے۔ کس طرح یہ حقیقت آپ میں واضح طور پر دیکھنے کو ملتی ہے؟ مسیح کی فطرت نے آپ میں کیا پیدا کیا ہے؟ جسمانی فطرت آپ میں کیا پیدا کرتی ہے؟

چند اہم دُعائیہ نکات

☆۔ خداوند کی شکر گزاری کریں کہ اس نے آپ کو گناہ سے بچانے کا چناؤ کیا۔

☆۔ اپنی زندگی میں مسیح کی خوبصورت حضوری اور معموری کے لئے خدا باپ کی شکر گزاری کریں۔

☆۔ خداوند سے فضل اور توفیق مانگیں تا کہ آپ گناہ آلودہ خواہشوں اور جسم کی رغبتوں کا مقابلہ کر سکیں۔ اگر آج آپ کسی گناہ آلودہ خواہش اور رغبت سے دوچار ہیں تو واضح طور پر دعا کریں اور خداوند سے مخلصی پائیں۔

☆۔ خداوند سے ایسی زندگی بسر کرنے کی توفیق مانگیں جس سے اس کی تعریف اور تمجید ہوتی رہے۔

☆۔ خداوند سے دُعا کریں کہ وہ آپ کی زندگی میں ایسے پہلو واضح کرے جن سے اس کو عزت اور جلال نہیں ملتا۔ خداوند سے دُعا کریں کہ ایسی تمام چیزیں آپ کی زندگی سے دُور کر دے۔

باب 24

تعلقات / رشتے ناطے

1 پطرس 2 باب 13-25 آیت

2 باب کے اس حصہ میں، پطرس رسول اپنے اردگرد کے لوگوں کے ساتھ اچھے تعلقات قائم کرنے کی اہمیت پر بات کرتا ہے۔ یہ بات سچ ہے کہ ہم اس دُنیا میں اجنبی اور مسافر ہے۔ غیر ایماندار ہمارے طرزِ فکر اور طرزِ عمل سے نا آشنا اور ناواقف ہیں۔ کیونکہ ہمارا طرزِ زندگی اُن سے بہت مختلف ہوتا ہے۔ تاہم اپنی پوری کوشش اور جانفشانی کے ساتھ ہمیں اُن کے ساتھ بھائی چارے اور محبت کے ساتھ رہنا ہے۔ یاد رہے کہ پطرس اُن لوگوں کو خط لکھ رہا تھا جو صاحب اختیار لوگوں کے ہاتھوں ظلم وستم اُٹھا رہے تھے۔ پطرس رسول نے اُنہیں تلقین کی کہ وہ ثابت قدم اور قائم رہیں اور ایذاہ رسانی پہنچانے والے لوگوں کو خداوند کی خاطر اچھا نمونہ پیش کریں۔

13 آیت میں، پطرس رسول نے ایمانداروں کو اُبھارا کہ وہ ہر صاحب اختیار شخص کے تابع رہیں۔ آدمیوں میں سے ہی اُن صاحبِ اختیار لوگوں کا چناؤ کیا گیا تھا۔ یہ صاحبِ اختیار لوگ دُنیادار تھے نہ کہ روحانی شخصیات۔ خدا یہی چاہتا ہے کہ ایماندار لوگ صاحبِ اختیار، سیاستدانوں اور اربابِ اختیار کی عزت اور ان کی تابعداری کریں۔ ہمیں مثالی شہری بننا ہے۔ ہمیں کوئی ایسا موقع پیدا نہیں کرنا جس سے خدا کے نام کی بدنامی ہو۔ کیونکہ ہمارے اعمال وافعال، روّیہ، طرزِ زندگی اور کلام وکام ہی ہماری گواہی ہیں کہ ہم خدا کے لوگ ہیں۔ اگر ہمیں ایسے معاشرے یا سرزمین پر زندگی بسر کرنی پڑے، جہاں پر

کرپٹ حکمران، نافرمان اربابِ اختیار اور ظالم سیاستدان رہتے ہوں؟ صرف اسی صورت میں آپ حکمرانوں کی بات پر کان نہ لگائیں جب وہ آپ کو خدا کی نافرمانی کے لئے کہیں۔ کیونکہ وہ حکمرانوں کا حکمران ہے۔ اعمال کی کتاب میں اس واضح مثال کو دیکھا جاسکتا ہے۔ جب اربابِ اختیار نے رسولوں کو حکم دیا کہ وہ خداوند کا نام لے کر منادی نہ کریں، تو ان کا جواب یہ تھا۔ "ہمیں آدمیوں کے حکم کی نسبت خدا کا حکم ماننا زیادہ فرض ہے۔" (اعمال 5 باب 29 آیت) ایسی صورت میں، خدا کو اوّل درجہ دیں نہ کہ نافرمان حکمرانوں کی تابعداری اور اطاعت کریں۔ اگر صورتحال ناگوار اور حالات نامساعد ہو جائیں اور آپ کو چناؤ کرنا پڑے تو پھر خدا کی تابعداری کا چناؤ کر کے نتائج کا سامنا کرنے کے لئے مستعد، قائم اور ثابت قدم رہیں۔

خداوند کی عزت اور تعظیم کے پیشِ نظر حکمرانوں کے تابع رہیں، خدا کے مقصد اور ارادے کو سامنے رکھتے ہوئے بادشاہوں اور گورنرز کے تابع رہیں۔ تاکہ خدا کے انتظام میں کوئی رکاوٹ پیدا نہ ہو۔ کس طرح حکمرانوں اور صاحبِ اختیار لوگوں کے تابع رہنے سے خدا کے مقصد اور ارادے کی تکمیل ہوتی ہے؟

15 آیت کے مطابق، ہماری تابعداری اور اطاعت سے لوگوں کو احمقانہ باتیں کرنے کا موقع نہیں ملے گا؟(لوقا20 باب20 تا26 آیت)اگر ہم مثالی شہری ہیں، تو لوگ ہمیں دیکھ کر ہماری تلقید کریں گے، وہ ہم جیسا بننے کی کوشش کریں گے۔ ہمارے اعمال و افعال بھی ان کے لئے بڑی گواہی ثابت ہوں گے۔ اگر ہم کسی فیکٹری، دفتر یا سکول میں کام کرتے ہیں اور صاحبِ اختیار لوگوں کے تابع رہتے ہیں تو ہم اُنہیں اپنے طرزِ عمل سے بتاتے ہیں کہ ہم خدا کے لوگ ہیں، ہم قابل بھروسہ، دیانتدار اور قابلِ عزت شخصیت کے مالک ہیں۔ ہمارے اردگرد کے لوگ دیکھیں اور جانیں گے کہ مسیح کے پیروکار

قابلِ عزت اور قابلِ بھروسہ ہیں۔ یوں خدا کے نام کو عزت اور جلال ملتا اور اُس کی بادشاہی کے مقاصد بلا رکاوٹ پایہ تکمیل کو پہنچتے ہیں۔ اگر ہم باغیانہ روّیہ اختیار کرتے ہیں اور دوسروں کی عزت نہیں کرتے تو ہم لوگوں کو تنقید کرنے اور اپنے خلاف اُنگلی اٹھانے کا موقع دیتے ہیں۔ جب لوگ ہمارے بُرے نمونے کو دیکھتے ہیں تو پھر وہ ہمارے ایمان اور تعلیم سے کچھ تعلق واسط نہیں رکھنا چاہتے۔

جس دَور میں پطرس رسول نے ایمانداروں کو یہ خط لکھا اُس دَور میں یہودی ان رُومی اربابِ اختیار سے نبرد آزما تھے جو اس وقت اقتدار میں تھے۔ یہودی کسی طور پر بھی رومیوں کو قابلِ قبول نہیں سمجھتے تھے۔ کیونکہ وہ سمجھتے تھے کہ صرف یہودی لوگ ہی خدا کے ماتحت ہیں۔ وہ رومیوں کے پہلو میں ایک کانٹا ثابت ہوئے۔ ردِ عمل کے طور پر رومی حکومت اور عوام نے بھی اُن پر نظرِ عنائت نہ کی اور نہ ہی اُن کے خدا کو تسلیم کیا۔ رومی یہی سمجھتے تھے کہ یہودی لوگ باغی اور مخالفانہ رّویہ رکھنے والی قوم ہے۔ اس لئے اُنہیں دبا کر ہی رکھا جائے تو بہتر ہے۔ ایسی صورتحال کے پیشِ نظر یہودی پس منظر سے تعلق رکھنے والے ایمانداروں کے لئے بہت آسان تھا کہ صرف اور صرف خدا ہی کی تابعداری کرتے اور حکومت اور رومی عوام سے کوئی تعلق واسطہ نہ رکھتے۔ پطرس رسول نے اُنہیں تلقین کی کہ وہ خداوند کی خاطر رومی حکومت کے تابع رہیں۔

16 آیت میں، پطرس نے ایمانداروں کو بتایا کہ وہ خدا کے خادموں کی طرح آزاد زندگی بسر کریں۔ یہاں پر ہمیں آزاد اور خادم کے طور پر زندگی بسر کرنے میں ایک تضاد نظر آتا ہے۔ کیا ممکن ہے کہ ہم ایک ہی وقت میں خادم بھی ہوں اور آزاد بھی ہوں؟ ایک خادم تو اپنے مالک کے زیرِ اختیار ہوتا ہے تاکہ اس کی مرضی کے مطابق چلے۔ اس سوال کا جواب اس آزادی میں موجود ہے جس آزادی کا پطرس رسول یہاں پر ذکر کر رہا ہے۔

پطرس رسول یہاں پر اپنی من مرضی سے چلنے اور کچھ کرنے والی آزادی کا ذکر نہیں کر رہا ۔ بلکہ پطرس رسول اس آزادی کا بیان کر رہا ہے جو خداوند یسوع مسیح نے ہمیں گناہ کی غلامی سے عطا کی ہے۔

ہم سب اس بات کو دریافت کر چکے ہیں کہ اپنی من مانی کرنے والی آزادی ہمیں غلامی میں لے جاتی ہے۔ اگر ہم وہی کچھ کریں جو ہمارے دل اور ذہن میں آتا ہے تو پھر بہت جلد ہم اس دنیا کے فریب کے پھندے میں پھنس جائیں گے۔ صرف اور صرف خداوند یسوع مسیح میں ہی ہمیں گناہ پر فتح ملتی ہے۔ ہم گناہ کے بندھن میں نہیں رہے کہ گناہ ہی کرتے رہیں اور جسم کی رغبتوں اور خواہشوں کی تسکین کرتے رہیں۔ نہ تو ہم دُنیا کے کسی بندھن اور نہ ہی دشمن کی تاریکی کا شکار ہیں۔ بجائے اس کے، ہم دیکھتے ہیں کہ ہماری تخلیق کا کیا مقصد ہے۔ ہم آزاد ہو چکے ہیں تاکہ وہی کچھ بن سکیں جو خدا ہمیں بنانا چاہتا ہے۔ پطرس رسول نے ایمانداروں کو بتایا کہ ایسے لوگوں جیسا طرزِ زندگی اپنائے جو گناہ اور اُس کے اثرات سے رہا ہو چکے ہیں۔

یہاں پر خدا کے رسول نے یہ بھی بتایا ہے کہ ایماندار اس آزادی کو بدی کا پردہ اور بہانہ نہ بنائیں۔ یہ جاننا خوبصورت بات ہے کہ ہمارے گناہ معاف ہو چکے ہیں۔ اب آسمان پر ہمارا ایک گھر ہے۔ یہ کس قدر تسلی بخش بات ہے کہ ابلیس بھی ان آسمانی برکات کو ہم سے چھین نہیں سکتا۔ کچھ ایسے لوگ بھی ہوتے ہیں جو خدا کے فضل کا ناجائز فائدہ اُٹھاتے ہیں۔ پطرس رسول یہاں پر اُنہیں یہ سمجھا رہا ہے کہ اگرچہ وہ آسمانی شہری ہیں تاہم اس کا ہرگز یہ مطلب نہیں کہ وہ زمین پر موجود حکمرانوں کی تابعداری اور فرمانبرداری نہ کریں۔ پطرس رسول انہیں یہ باور کرا رہا ہے کہ وہ خداوند میں اپنی آزادی کو بہانہ بنا کر ان اربابِ اختیار کے خلاف باغیانہ روّیہ نہ اپنائیں جنہیں خدا نے ان پر مقرر کیا ہے۔ انہیں ایسا

طرزِ زندگی اپنانا تھا جو یہ ظاہر کرتا کہ وہ آسمانی شہری لیکن اس زمین پر خدا کے خادم ہیں۔ اس کے خدام ہوتے ہوئے، اُنہیں خدا کی فرمانبرداری میں زندگی بسر کرنی تھی۔ اس صورت میں، اُنہیں زمین پر موجود قائدین اور اربابِ اختیار کی تابعداری اور فرمانبرداری کرنی تھی۔(متی 17 باب 24-27 آیات)

انہیں صرف قائدین اور صاحبِ اقتدار لوگوں کی ہی عزت نہیں کرنی تھی بلکہ سب کے ساتھ عزت کے ساتھ پیش آنا تھا۔(17 آیت) پطرس رسول نے مسیحی لوگوں کو حکم دیا کہ وہ اپنے ہم ایمان بھائیوں اور بہنوں سے محبت رکھیں اور خدا کے خوف میں زندگی بسر کریں۔بادشاہ کی تعظیم کریں۔جب خداوند یسوع اس زمین پر خدمت کرتا تھا۔تو عملی طور پر اُس نے دکھایا کہ کس طرح لوگوں سے عزت سے پیش آنا ہے۔ وہ گنہگاروں تک پہنچا، اور ان سے اس وقت محبت کی جب معاشرہ اُنہیں دھتکار رہا تھا۔وہ کوڑھیوں تک بھی پہنچا جنہیں کوئی ہاتھ بھی نہیں لگانا چاہتا تھا۔اس نے ایک محصول لینے والے کو بھی اپنا شاگرد بننے کے لئے چن لیا۔

اُس نے کوڑھیوں، بھکاریوں اور ناپاک لوگوں کو بھی چھوا۔ اس نے اُن کے گناہوں کو قبول نہ کیا لیکن ہر ایک سے عزت سے پیش آیا۔ ہر اچھا برا اس کی توجہ کا مرکز تھا۔وہ ہر کسی پر رحم و ترس کھاتا تھا۔ ہمیں بھی ایسا ہی روّیہ، طرزِ عمل اور طرزِ زندگی اختیار کرنے کے لئے اس دُنیا سے الگ کیا گیا ہے۔

18 آیت کے مطابق غلاموں کو بھی چاہئے کہ وہ اپنے مالکوں کے تابع رہیں۔(18 آیت) اُنہیں عزت سے اپنے مالکوں کی خدمت کرنی تھی۔ پطرس رسول غلامی کو درست قرار نہیں دے رہا۔ درحقیقت اس دور میں غلامی یا غلاموں کی خرید و فروخت اور اُنہیں اپنے گھروں میں رکھنا اس دَور کے معاشرے کی اقدار میں سے ایک تھا۔ اگرچہ معاشرے

میں غلام کے کوئی حقوق نہ تھے۔ تاہم کلیسیا میں وہ برابر کی حیثیت کے رکن تھے۔ پطرس رسول نے اُنہیں تلقین کی کہ وہ جس حالت میں ہیں اسی میں رہیں اور اپنے مالکوں کی خدمت پورے دل سے کریں۔ قابلِ غور بات یہ ہے کہ پطرس رسول انہیں صرف اچھے مالکوں کی تابعداری کرنے کے لئے نہیں کہہ رہا بلکہ ظالم مالکوں کے تابع رہ کر بہ دل و جان خدمت کرنے کے لئے بھی حکم دے رہا ہے۔ ایسا کرنا آسان کام نہیں ہے۔ غلاموں کو ناگوار صورتحال میں میں خدا کی محبت کا مظاہرہ کرنا تھا۔ انہیں ان مالکوں کو معاف کرنا تھا جو ان پر ظلم ڈھا رہے تھے، اُن کی عزت اور خدمت پورے دل سے کرنا تھی۔

جو سلوک غلاموں سے ہو رہا تھا، خدا اس سے بخوبی واقف تھا، جو مشکلات وہ برداشت کر رہے تھے، خدا نے انہیں ان کا اجر دینا تھا۔ جب حالات اور صورتحال بلکہ درست ہو، اس وقت خدمت کرنا قدرے آسان ہوتا ہے لیکن ناگوار حالات و واقعات میں، جب بے انصافی، برّبرّیت اور ظلم و ستم ہو رہا ہو تو پھر بدل و جان سے خدمت بہت مشکل کام ہے۔ پطرس رسول اُنہیں سمجھا رہا ہے کہ اگر وہ بدی کر کے مار کھائیں تو خدا کی طرف سے ان کے لئے کوئی اَجر نہیں ہے۔ اگر وہ پورے طور پر مالکوں کے وفادار اور تابعداری کرتے تو انہیں خدا کی طرف سے اجر ملنا تھا۔

یہاں پر ہمیں یہ دیکھنے کی ضرورت بھی ہے کہ بعض اوقات خدا ہمیں اس گناہ آلودہ جہاں میں برّبرّیت اور ظلم و ستم ہے، دُکھ اٹھانے اور آزمائشوں اور امتحانوں کا سامنا کرنے کے لئے بلائے گا۔ خدا صرف اچھے وقتوں کا خدا نہیں ہے بلکہ وہ بُرے وقتوں کا بھی خدا ہے۔ اسے ایسے لوگوں کی ضرورت ہے جو اس دُنیا پر یہ ظاہر کر دیں کہ برکت اور خوشگوار ماحول میں خدا کی خدمت کرنا کیسا لگتا ہے۔ اسے ایسے لوگوں کی بھی ضرورت ہے جو دنیا پر یہ ظاہر کر دیں کہ اس کی محبت، اطمینان، خوشی اور شادمانی اس وقت بھی دستیاب اور کام

کرتی ہے جب حالات و واقعات مشکل اور زندگی دُکھوں سے گزر رہی ہو۔ اس وقت بھی خدا کام کرتا ہے جب سب کچھ بکھرتا ہوا دکھائی دے۔ جب خداوند یسوع مسیح نے اپنے دشمنوں کی لعن طعن اور بے عزتی برداشت کی، تو اُس نے بدی کے عوض بدی نہ کی۔ (23 آیت) جب اُنہوں نے اُس کی کمر پر کوڑے برسائے، اُسے مصلوب کیا، اُس نے اُنہیں کوئی دھمکی نہ دی، اُس نے اپنے آپ کو خدا کے حوالے کیا اور اپنے دشمنوں کی عدالت کا کام خداوند ہی کو سونپا۔ ہمیں خداوند یسوع مسیح کے نقشِ قدم اور اچھی مثال پر عمل پیرا ہونے کی ضرورت ہے۔

جب یہودیوں نے ستفنس کو سنگسار کیا، ستفنس نے بھی خداوند یسوع مسیح جیسا روّیہ اور طرزِ عمل اختیار کیا۔ اُس نے انتقام لینے کی نہ ٹھانی۔ اس نے آسمان کی طرف نظر اُٹھا کر اپنے آپ کو خدا کے سپرد کر دیا۔ اپنی موت میں بھی، اُس نے اپنے دُشمنوں سے اظہارِ محبت کیا اور خداوند کی تعظیم اور اس کے نام کو جلال دیا۔ (اعمال 7 باب 60 آیت) خداوند یسوع مسیح نے بخوشی و رضا اپنے آپ کو خدا اور اس کے مقصد کے تابع کر دیا۔ اور دشمنوں کو موقع دیا کہ وہ اسے قتل کر ڈالیں۔ اس نے اپنی زمینی زندگی سے محبت نہ کی بلکہ خدا کی وفاداری کو موت پر ترجیح دی۔ یوں خدا کی نجات کا منصوبہ پایہ تکمیل کو پہنچا۔ مسیح کے مار کھانے اور اُس کی موت کے وسیلہ ہم گناہ کی بھیانک گرفت سے آزاد ہو گئے۔ ہم بھٹکی ہوئی بھیڑوں کی مانند تھے جو قریب المرگ تھی۔ لیکن خداوند یسوع مسیح نے ایک حلیم اور پر محبت چرواہے کے طوپر اپنے باپ سے واپس ملا دیا۔ مسیح کے دُکھوں نے خدا کے جلال کو اور اُس کی بھلائی کو انسان پر واضح کر دیا۔

اس باب کا خلاصہ یہی ہے کہ ہم صاحبِ اقتدار اور اربابِ اختیار بلکہ ہر ایک شخص سے عزت سے پیش آئیں۔ خود کو حلیم و فروتن بنائیں اور ان لوگوں کو پہچانیں جنہیں خدا نے

ہم پر مقرر کیا ہے۔ ہم اس لئے اُن کے تابع ہو جاتے ہیں تاکہ ہم خدا کے کسی مقصد اور کام میں رکاوٹ کا باعث نہ ہوں۔ ہم اس لئے تابعداری اور عزت کا روّیہ اختیار کرتے ہیں تاکہ دُنیا کو بتا سکیں کہ خدا کی محبت ہم میں موجود ہے۔ کسی کو عزت دینے کا مطلب یہ نہیں کہ ہم اُس شخص کے کاموں اور روّیوں سے متفق ہوتے ہیں۔ جب ساؤل داؤد کو ہلاک کرنا چاہتا تھا تو اس وقت داؤد نے ساؤل کی حد درجہ عزت کی لیکن وہ اُس کے کسی کام میں اُس کے ساتھ متفق نہ ہوا۔ لیکن بطور ایک بادشاہ ساؤل کی عزت کرتا رہا۔ داؤد نے اپنے بادشاہ کی جان یا اُس کے کسی بُرے کام کا انتقام نہ لیا۔ کیونکہ اُسے معلوم تھا کہ ساؤل باغیانہ روّیہ اختیار کئے ہوئے ہے۔ وہ جانتا تھا کہ خدا نے اسے مقرر کیا ہے۔ (1 سموئیل 26 باب 23-24 آیت) ہمیں بھی ایسا ہی روّیہ اختیار کرنا ہے۔ ہم ہمیشہ ہی خدا کی راہوں اور اُس کے بھیدوں کو سمجھ نہ پائیں گے۔ لیکن لازم ہے کہ ہر صورت میں اس کے تابع رہیں۔ اس بات کو ذہن میں رکھیں کہ جب ہم وفاداری اور تابعداری سے زندگی بسر کرتے ہیں، تو پھر وہ اپنے مقصد اور کاموں کو اپنے جلال اور ہماری بھلائی کے لئے استعمال کرے گا اور ہم دوسروں کے لئے بھی باعث برکت ہوں گے۔

چند غور طلب باتیں

☆۔ کیا آپ کو کسی سے محبت کرنا دشوار محسوس ہوتا ہے؟ یہ حوالہ کس طرح سے آپ کے اندر ایک تحریک پیدا کرتا ہے؟

☆۔ کیا دوسروں کی عزت کرنے کا مطلب یہ ہے کہ جو کچھ وہ کرتے ہیں آپ بھی اُن کے ساتھ متفق ہو جائیں؟

☆۔ یہ کیوں کر ضروری ہے کہ ہم صاحب اختیار لوگوں کی عزت کرنا سیکھیں؟ یہ کس طرح خداوند کے جلال کے لئے اچھی گواہی ہو سکتی ہے؟

☆۔ خداوند یسوع مسیح نے پیروی اور تقلید کے لئے ہمارے سامنے اپنی زندگی کا کیسا نمونہ رکھا ہے؟

چند اہم دُعائیہ نکات

☆۔ خداوند سے فضل مانگیں تاکہ آپ صاحبِ اختیار لوگوں کے فرمانبردار اور تابع ہو سکیں۔ خداوند سے فضل مانگیں تاکہ آپ اس کے جلال کے لئے اچھی گواہی ثابت ہوں، حتیٰ کہ مشکل حالات وواقعات میں بھی دوسروں کے لئے اچھی گواہی پیدا کریں۔

☆۔ صاحبِ اختیار لوگوں کے خلاف اگر آپ نے کوئی بات کی ہے تو خدا سے معافی مانگیں۔

☆۔ خداوند کی شکرگزاری کریں کہ یسوع باپ کا فرمانبردار رہا، حتیٰ کہ موت تک اس نے فرمانبرداری کی۔ خداوند یسوع کی طرح چلنے کے لئے خدا سے فضل وتوفیق چاہیں۔

باب 25

شوہر اور بیویاں

1 پطرس 3 باب 1-7 آیت

اس خط میں ہم پطرس رسول کی ہدایات کے تعلق سے اپنے تعلقات کا جائزہ لے رہے ہیں جو بطور ایماندار ہم دوسروں کے ساتھ رکھتے ہیں۔ گزشتہ باب میں ہمیں صاحبِ اختیار لوگوں کے ساتھ مؤدبانہ روّیہ اختیار کرنے کی تلقین کی گئی۔ اس باب میں، پطرس رسول شوہروں اور بیویوں کے درمیاں تعلقات پر ہماری توجہ مرکوز کرتا ہے۔

بیویاں

پطرس رسول سب سے پہلے بیویوں کو شوہروں کے تابع رہنے کی تلقین سے آغاز کرتا ہے۔ پطرس کے خط کے باب 3 اور باب 1 کے درمیان تعلق پر غور کریں۔ اس نے بیویوں کو بتایا کہ وہ اپنے اپنے شوہر کے تابع رہیں، اسی طرح اُس نے تمام ایمانداروں سے بھی یہی کہا کہ وہ صاحب اختیار شخصیات کے تابع رہیں۔ ایک بار پھر اس نے اس حقیقت پر زور دیا ہے کہ خواہ ایماندار شوہر ہو یا پھر غیر ایماندار۔ بیویاں اپنے اپنے شوہر کے تابع رہیں۔ باب 2 میں، پطرس رسول نے اس بات کو اور بالکل واضح کر دیا ہے کہ ایماندار لوگ خداوند کی خاطر صاحبِ اختیار شخصیات کے تابع رہیں خواہ وہ غیر ایماندار لوگ ہی کیوں نہ ہوں۔ غلاموں کو اپنے غیر ایماندار مالکوں کے تابع رہنا تھا۔ اسی طرح مسیحی ایماندار بیوی کو اپنے شوہر کے تابع رہنا تھا خواہ وہ ایماندار ہو یا غیر ایماندار۔ یہ بہت اہم ہے کہ اس بات پر توجہ مرکوز کی جائے کہ ایک مسیحی ایماندار بیوی سب سے پہلے اپنی

وفاداری اور محبت میں شوہر سے بڑھ کر اپنے خداوند کو ترجیح دے۔ اعمال 5 باب 29 آیت میں، رسولوں نے شہر کے ناظموں کے اس حکم کی کچھ پرواہ نہ کی جنہوں نے اُنہیں یہ حکم دیا تھا کہ وہ یسوع نام سے پھر منادی نہ کریں۔ کیونکہ صاحبِ اختیار لوگ انہیں خداوند کی نافرمانی کرنے کی ہدایت دے رہے تھے۔ جب شوہر کی فرمانبرداری اور خداوند کی تابعداری میں چناؤ کرنے کا وقت آجائے تو مسیحی بیوی کو واضح طور پر اپنے مالک خداوند کی تابعداری کا چناؤ کرنا چاہئے۔ اُسے بخوشی ورضا اپنے مالک خداوند کی اطاعت کو ہی ترجیح دینی چاہئے۔

یہاں پر پطرس رسول بالخصوص ایسی ایماندار بیویوں سے مخاطب ہے جو غیر ایماندار شوہروں کے ساتھ رشتہ ازدواج میں منسلک ہیں۔ وہ اُنہیں تلقین کرتا ہے کہ وہ اپنے شوہروں کے تابع رہیں۔ اس کی اطاعت اور تابعداری کو دیکھ کر ہو سکتا ہے کہ اس کا شوہر خدا کے کلام پر ایمان لے آئے۔ ایک غیر ایماندار شوہر کے لئے کس قدر بڑی گواہی ہے جب ایک غیر ایماندار اپنے بیوی کو تابع فرمان اور باعزت روّیہ اور پُر محبت سلوک کرتے دیکھتا ہے۔ وہ نہ صرف اس کی عزت کرے گا بلکہ یہ بھی ہو سکتا ہے کہ وہ خداوند کی محبت میں گرفتار ہو جائے جس نے اسے ایسی عورت بنایا ہے۔

یہ بھی اہم ہے کہ فوج میں سپاہی اپنے کمانڈر کی تابعداری کریں۔ اگر وہ ایسا نہ کریں تو میدانِ جنگ میں افراتفری، بد نظمی اور بے ترتیبی اور ذہنی اُلجھاؤ پیدا ہو جائے گا۔ اسی طرح یہ بات خاندان پر بھی صادق آتی ہے۔ بیوی کے لئے ضروری ہے کہ وہ اپنے شوہر کو خاندان کا سربراہ جانتے ہوئے اس کی عزت کرے اور گھر کا انتظام چلانے میں اُس کی مدد کرے۔ ایسا کرنے سے وہ اپنے شوہر کا دل جیت سکتی ہے۔ صرف یہی نہیں ممکن ہے کہ وہ اُس کی روح کو بھی مسیح کے لئے جیت لے۔

دورِ حاضرہ کی عورتوں کے لئے بہت آسان ہے کہ وہ اپنے ظاہری بناؤ سنگھار پر اپنی توجہ مرکوز کرلیں۔ پطرس یہاں پر عورتوں کو اپنی بدن کی دیکھ بھال اور خیال رکھنے سے منع نہیں کررہا۔ بلکہ وہ انہیں یہ تلقین کررہاہے کہ وہ بیرونی یاظاہری بناؤ سنگھار پر بہت زیادہ توجہ نہ دیں۔ بلکہ اپنے کردار کی باطنی اور روحانی خوبصورتی پر توجہ مرکوز کریں۔ بال گوندھنے، سونے کے زیورات اور خوبصورت اور پُر کشش لباس عورت کو خوبصورت نہیں بناتا۔ عورت کی حقیقی خوبصورتی اس کے باطن میں پوشیدہ ہے۔ اُس کی پرسکون اور شائشتہ روح اس کے قیمتی اور خوبصورت لباس سے کہیں زیادہ خوبصورت ہے۔ بناؤ سنگھار اور ظاہری خوبصورتی بہت جلد ختم ہو جاتی ہے۔ لیکن باطنی خوبصورتی وقت کے ساتھ ساتھ بڑھتی چلی جاتی ہے۔ ایک ایماندار عورت کا یہی روّیہ اور ترجیح ہونی چاہئے کہ وہ اپنی باطنی خوبصورتی پر توجہ دے۔ اپنی باطنی شخصیت کی خوبصورتی کے لئے خداوند کی طرف توجہ مرکوز کرے۔ وہ خداوند کے مقصد اور اُس کی مرضی اور اُس کے منصوبوں کی تکمیل و تعمیر کے پیشِ نظر خداوند کے تابع رہنا سیکھے۔ باطنی غصے، تلخی، خفگی، اور حسد کی جگہ روح کے خوبصورت پھل اپنی جگہ بنائیں۔ یہی ایک عورت کا حقیقی سنگھار ہے۔

میں یہاں پر شوہروں کے لئے بھی کچھ بیان کرنا چاہوں گا۔ یہ بہت اہم ہے کہ شوہر اپنی بیوی کو روحانی نکتہ نظر سے دیکھے۔ مرد کے لئے کس قدر آسان ہے کہ وہ عورت کی ظاہری خوبصورتی پر توجہ دے۔ شوہر کے لئے بہت ضروری ہے کہ وہ اپنی شریکِ حیات کی ظاہری خوبصورتی کی بجائے اس کی باطنی خوبصورتی پر توجہ دے اور اس کو پروان چڑھائے۔ ہمیں اپنی آنکھوں کی تربیت کرنا ہوگی تاکہ ہم اپنی اپنی بیوی کے کردار اور اس کی باطنی صلاحیتوں کی خوبصورتی سے محضوظ ہوسکیں۔

پطرس رسول عورتوں کو تلقین کرتا ہے کہ وہ پرانے زمانہ کی مقدس عورتوں کے نقشِ

قدم پر چلتے ہوئے اپنے اپنے شوہروں کے تابع رہیں اور اُن کی مدد اور معاونت کریں تاکہ وہ گھر انتظام و انصرام بخوبی چلا سکیں۔ 6 آیت میں پطرس رسول نے بیویوں کو بتایا کہ اگر وہ دُرست اور واجب روّیہ اختیار کریں اور کسی خوف میں نہ آئیں تو وہ سارہ کی بیٹیاں ہیں۔ اس نصیحت کو سمجھنا قدرے مشکل ہے۔ ہم کس طرح اس جملے کو سمجھ سکتے ہیں؟

ایک اندازہ یا امکان یہ بھی ہے کہ پطرس رسول تابعداری اور اطاعت کے خوف کی بات کر رہا ہے۔ کسی کے تابع ہونا آسان کام نہیں ہے۔ اطاعت و تابعداری کردار کی پختگی کا تقاضا کرتی ہے۔ اس کے لئے اس شخص پر اعتماد کی ضرورت ہوتی ہے جس کی تابعداری اور اطاعت اختیار کی جاتی ہے۔ فوج میں ایک سپاہی کو ہر طرح کا خوف دُور کر کے اپنے کمانڈر پر اعتماد اور بھروسہ کرنا پرتا ہے، تب ہی وہ اُس کے حکم کی تعمیل کر سکتا ہے۔ اپنے اوپر مقرر افسر کے احکامات کی تعمیل اور فرمانبرداری کے لئے اُنہیں اپنی زندگی پر سے اپنے اختیار کی گرفت کو ڈھیلا کرنا پڑتا ہے۔ یہ ایک ایسا کام ہے جس میں ڈر اور خوف بھی ہوتا ہے۔ ہم میں سے کون ہے جس نے اپنا سب کچھ خداوند کے اختیار میں دے دینے کے لئے کبھی خوف محسوس نہ کیا ہو؟ غیر ایماندار اکثر اوقات اس لئے بھی خداوند کے پاس نہیں آتے کیونکہ اُنہیں اپنا سب کچھ خداوند کے تابع کر دینے میں ایک خوف محسوس ہوتا ہے۔

اسی طرح سے، پطرس رسول نے بیویوں کو بھی اپنے اپنے شوہروں کے تابع رہنے کی تلقین کی ہے۔ جب اُنہوں نے اپنے شوہروں سے عہدِ وفا کیا تو انہوں نے اپنا آپ ان کے سپرد کر دیا۔ عورت ازدواج میں عہدِ وفا کرتے ہوئے بخوشی و رضا اپنی آزادی کے خیال اور نظریے کو دانستہ طور پر اپنے ذہن سے نکال دیتی ہے تاکہ اپنے شوہر کے ساتھ بہ دل و جان لپٹی رہے۔ اگرچہ اس میں خوف بھی ہوتا ہے۔ لیکن پطرس رسول یہی تلقین کر رہا ہے کہ

کسی قسم کے خوف کو موقع نہ دیں بلکہ اپنے شوہر کے تابع رہیں۔ خدا پر توکل اور بھروسہ کرتے ہوئے عورت کو ایمان سے قدم اٹھانا اور اپنے شوہر کی مددگار بننا اور اُس کی کاوّشوں میں اُس کا ساتھ دینا ہے۔ ایسا کرنے سے وہ سارہ کی بیٹیاں ٹھہریں گی جس نے اپنے شوہر کی تابعداری کی اور دل سے اس کا ساتھ دیا جب وہ ایک نامعلوم منزل کی طرف روانہ ہو گیا، اس نے اپنی سرزمین، اپنے ناطے داروں اور گھر بار کو چھوڑ دیا تا کہ خدا کی مرضی اور مقصد کو اپنی زندگی سے پورا کر سکے۔

شوہر

پطرس رسول اب شوہروں سے مخاطب ہے، 7 آیت میں وہ شوہروں کو تلقین کرتا ہے کہ اپنی بیویوں کا خیال رکھیں ۔ انہیں اپنی بیویوں کے جذبات ، ضروریات اور خواہشات کا ایسے ہی خیال رکھنا تھا جیسے کہ وہ اپنی ہر ایک خواہش، ضرورت اور جذبات کی قدر، تسکین و تکمیل کرتے ہیں۔ اس تعلیم سے رشتہ ازدواج میں ہر طرح کی آمرانہ سوچ کا قلع قمع ہو جاتا ہے۔ اگرچہ بیوی کو شوہر کے تابع رہنا ہے، تاہم شوہر کے لئے ضروری ہے کہ وہ اپنی بیوی کا ہمدرد ہو اور ہر طرح سے اس کا خیال رکھے اور بڑے باعزت روّیہ سے اس کے ساتھ پیش آئے۔ اسے اپنی بیوی کے مفادات اور ضروریات کو اپنے فیصلوں کا حصہ بنانا چاہئے۔ جو کچھ بھی وہ کرے اس میں اپنی بیوی کی فلاح کا خیال رکھے۔

شوہروں کو لازم تھا کہ وہ اپنی بیویوں کی عزت اس لحاظ سے بھی کریں کہ وہ باہم مل کر زندگی کی نعمت کے وارث ہیں۔ خدا نے مرد وزّن دونوں کو اپنے گھرانے کے لوگ ہونے کے لئے چنا ہے۔ خدا کے وعدے مرد کے لئے بھی ویسے ہی ہیں جس طرح ایک مرد کے لئے ہیں۔ خدا کے ہاں اس تعلق سے کوئی تفریق نہیں ہے۔ اس کی محبت مرد وزّن دونوں کے لئے یکساں ہے۔ اُس نے اپنے بیٹے کو مرد وزّن دونوں کی خاطر قربان ہونے

کے لئے اس دُنیا میں بھیجا۔ جہاں تک نجات کا تعلق ہے، اس میں کسی قسم کا امتیازی سلوک اور روّیہ نہیں۔ خدا نے مرد وزن کے لئے نجات کا ایک ہی انتظام وانصرام کیا ہے۔ عورت بھی مرد کی طرح خدا کی بادشاہی کی وارث ہے۔ ہم مسیح میں برابر کے شریک ہیں۔ شوہر کے لئے واجب ہے کہ اپنی بیوی کے ساتھ رہے اور اس بات کو تسلیم کرے کہ وہ فضل میں باہم شریک ہیں۔ بیوی سے بد سلوکی یا اس کی حقارت ایسے ہی ہے جیسے خدا کے کسی فرزند کے ساتھ بد سلوکی کی جائے۔ ایک ظالم شوہر کی خدا عدالت کرے گا۔ 7 آیت پر غور کریں، اگر شوہر بیوی کے ساتھ عزت سے پیش نہ آئے، اس کا خیال نہ رکھے تو خدا اس سے منہ پھیر لے گا اور اس کی دُعاؤں کا جواب بھی نہیں دے گا۔

ہمیں یہاں پر یہ دیکھنے کی ضرورت ہے کہ اگرچہ خاندان میں مختلف طرح کے کام کاج اور ذمہ داریاں ہوتی ہیں، تاہم شوہر اور بیوی کے درمیان عزت اور باہمی محبت کا روّیہ ہونا چاہئے۔ بیوی شوہر کے تابع رہے اور اُس کی کاوشوں، کاموں اور جدوجہد میں اس کا ساتھ دے۔ شوہر کی بھی ذمہ داری ہے کہ وہ بیوی کے مفادات، اس کی ضروریات اور جذبات کا خیال رکھے اور ہر طرح سے اُس کے ساتھ کھڑا ہو۔ پطرس رسول نے شوہروں اور بیویوں دونوں سے التماس کی ہے کہ وہ ایک دوسرے کی خاطر اپنے مفادات کو پسِ پشت ڈال دیں۔

بیوی کے لئے لازم ہے کہ وہ شوہر کی عزت کرے۔ شوہر کے لئے واجب ہے کہ اپنی بیوی کی عزت کرے اور اُسے اس بات کا احساس ہونا چاہئے کہ اگر وہ ایسا نہیں کرے گا تو اس کی دعائیں قبول نہ ہوں گی بلکہ خدا اس کی عدالت کرے گا۔ دونوں کو باہم مل کر یہ سیکھنا ہے کہ وہ ایک دوسرے کی خاطر اپنے مفادات اور خود غرض خواہشات کا انکار کریں۔ وہ ایک دوسرے کے لئے باعث برکت ہوں اور خداوند کی خاطر ایک دوسرے کا ساتھ دیں۔

پطرس رسول کے مطابق ازدواجی رشتے اور تعلق کے پیچھے خدا کا یہی مقصد اور ارادہ ہے۔

چند غور طلب باتیں

☆۔ آپ کا شریکِ حیات کس قدر مسیح یسوع کو آپ میں دیکھتا ہے؟ کیا آپ اپنے کلام اور کام میں مسیح کی باطنی خوبصورتی کو ظاہر کر رہے ہیں؟

☆۔ تابع ہونے کا کیا مطلب ہے؟ کیا اطاعت اور تابعداری کا مطلب ہے کہ کوئی شخص ہم پر اختیار جتائے یا ہم پر اپنی دھاک بٹھا لے؟

☆۔ اگر آپ شادی شدہ ہیں تو کیا آپ اور آپ کا شریکِ حیات ایک ہی مقصدِ حیات رکھتے ہو؟ کیا آپ ایک ہی مقصد کے لئے متحرک ہو یا پھر آپ کی زندگی کے الگ الگ مقاصد ہیں؟

☆۔ اس حوالہ میں ایسے شوہروں کے لئے کیا انتباہ پایا جاتا ہے جو بیویوں کی عزت نہیں کرتے؟

چند اہم دُعائیہ نکات

☆۔اگر آپ ایک بیوی ہیں تو خداوند سے دُعا کریں کہ آپ اپنے شوہر کے تابع ہو کر اس کے مقصدِ حیات میں اس کے ساتھ کھڑی ہوں۔

☆۔خداوند سے دُعا کریں کہ بطور شوہر آپ پہلے سے زیادہ اپنی اہلیہ محترمہ کا خیال رکھیں اور اپنی بیوی کے ساتھ عزت سے پیش آئیں۔

☆۔خداوند سے فضل مانگیں تا کہ آپ ایسے جیون ساتھی بن سکیں جو خداوند آپ کو بنانا چاہتا ہے۔

☆۔خداوند سے دُعا مانگیں تا کہ آج کے دَور میں ازدواجی رشتوں میں مضبوطی اور استحکام پیدا ہو سکے۔ خداوند سے اپنے ازدواجی بندھن کے لئے بھی دُعا مانگیں۔ تا کہ آپ کے ازدواجی رشتہ سے خدا کی محبت کا عکس نظر آئے۔

☆۔خداوند سے دُعا کریں کہ آپ اپنے جیون ساتھی سے پہلے سے بھی زیادہ محبت کریں اور اُس کے ساتھ متفق اور متحد رہیں۔ تا کہ خداوند کے نام کو عزت اور جلال ملے۔

باب 26

ہم آہنگی سے زندگی بسر کریں

1 پطرس 3 باب 8-12 آیت

پطرس رسول کے خط کے اس حصہ میں یہی موضوع ہے کہ ایماندار اپنے اِرد گرد کے لوگوں کے ساتھ درُست تعلقات اور باہمی محبت اور میل جول کے ساتھ رہیں۔ اُس نے اپنے قارئین کو یہ تلقین کی کہ وہ صاحبِ اختیار لوگوں کی عزت کریں اور ان اربابِ اختیار کے تابع رہیں جو ان پر خدا کی طرف سے مقرر کئے گئے ہیں۔ گزشتہ باب میں ہم نے دیکھا تھا کہ کس طرح اس نے شوہروں اور بیویوں کو ایک دوسرے کے ساتھ باہمی تعلقات اور محبت کے ساتھ زندگی بسر کرنے کی تلقین کی۔ خط کے تیسرے باب میں اُس نے مسیح کے بدن میں مستحکم تعلقات کے لئے چند ایک رہنما اصول بیان کئے ہیں۔

ہم آہنگی سے زندگی بسر کریں

8 آیت میں پطرس رسول نے ایمانداروں کو اس بات کی تلقین کرنے سے آغاز کیا کہ وہ ایک دوسرے کے ساتھ ہم آہنگی سے رہیں۔ ہم آہنگی کا معنی و مفہوم " ہم خیال ہونا " ہے۔ یہاں پر یہ سمجھنا بھی ضروری ہے کہ اس کا ہرگز یہ مطلب نہیں ہے کہ ہم ایک ہی طرح سے سوچنا شروع کر دیں۔ مسیح کے بدن میں اختلاف رائے تو ہوں گے۔ انجن کے مختلف حصے ہوتے ہیں۔ ہر ایک حصے کا اپنا کام ہوتا ہے۔ مختلف حصے مختلف کام کرتے ہیں نہ کہ ایک ہی۔ اگر انجن کو درست طور پر کام کرنا ہے تو پھر لازم ہے کہ ہر ایک حصہ اپنا اپنا کام بخوبی سرانجام دے لیکن وہ ایک دوسرے کے مخالف سمت کام نہ کریں بلکہ ہم آہنگی

سے اپنا اپنا کام کریں۔ تمام حصے ایک ہی مقصد کے لئے کام کرتے ہیں۔ مسیح کے بدن میں ایسا تب ہی ہو سکتا ہے جب ہر شخص اپنے مفادات کو ایک طرف رکھتے ہوئے، مسیح یسوع کو اوّل درجہ دے اور اُس کے مقاصد کو اپنی زندگی کا نصب والعین بنا لے۔ ایسا ہرگز نہیں ہو سکتا کہ ہم اپنے مفادات کو بھی ترجیح دیں اور اس کے ساتھ ساتھ خداوند کے کام کو بھی ترجیحی بنیادوں پر آگے بڑھانا چاہیں۔ یہ کھلا تضاد ہے اور اس سے کچھ حاصل نہ ہو گا۔ یاد رہے کہ خدا کی یہ مرضی نہیں ہے کہ ہم آزادانہ طور پر کام کریں بلکہ وہ یہی چاہتا ہے کہ ہم باہم مل کر کام کریں۔ کیونکہ اسی طریقہ سے ہم خدا کی مرضی اور ارادے کو پایہ تکمیل تک پہنچا سکتے ہیں۔ ہم آہنگی سے رہنے کا مطلب یہ ہے کہ جو کچھ بھی ہم کرے اس میں دوسروں کا خیال رکھیں۔ خود غرضی اور خود بینی کے لئے مسیح کے بدن میں کوئی جگہ اور مقام نہیں ہے۔

ہمدرد بنیں

پطرس رسول ایمانداروں کو ایک دوسرے کے ساتھ ہمدردی سے پیش آنے کی بھی تلقین کرتا ہے۔ ہمدرد ہونے کا مطلب ایک دوسرے کا دُکھ درد محسوس کرنا ہے۔ کیونکہ ہمدرد شخص ہی دوسرے فرد کی جسمانی اور جذباتی تکلیف کو محسوس کر سکتا ہے۔ جب ایک بھائی یا بہن کو مشکل امتحان کا سامنا ہوتا ہے، تو ایک حساس شخص اپنے کڑے امتحان کی تکلیف کو دوسروں سے بیان کرتا ہے۔ ہمدرد شخص اس وقت دُکھ محسوس کرتا ہے جب دوسرے غمزدہ ہوتے ہیں۔ ایسا جذبہ اور حساسیت ہماری خود بینی اور خود غرض روّیوں پر غالب آتی ہے۔ حقیقی اور صحت مند کلیسیا وہی ہے جہاں پر لوگ ایک دوسرے کے دُکھ درد اور جسمانی اور جذباتی تکلیف کو محسوس کرتے ہیں اور صرف اپنے ہی مفادات کو پیش نظر نہیں رکھتے۔

برادرانہ محبت قائم رہے

پطرس رسول ایمانداروں کو برادرانہ محبت رکھنے کی بھی تلقین کرتا ہے۔ "برادرانہ" سے ہمیں یہ وضاحت اور اشارہ بھی ملتا ہے کہ وہ ایک ہی خاندان کے لوگ ہیں۔ اس لحاظ سے ان پر ایک دوسرے کے مفادات، ضروریات کا خیال رکھنا، ایک دوسرے سے محبت رکھنا اور ایک دوسرے کی ہمت افزائی کرنا لازم اور واجب ہے۔ اگرچہ ہم کسی ایسے شخص سے بھی محبت کر سکتے ہیں جس سے ہم بخوبی واقف بھی نہ ہوں۔ تاہم برادرانہ محبت ایک ہی خاندان کے لوگوں کی طرف اشارہ ہے۔ یہاں پر گہری رفاقت اور قربت کا مفہوم بھی پایا جاتا ہے۔

ترس کھانے والے بنیں

ترس کھانے والا شخص ہونے سے مراد نرم دل ہونا ہے۔ اس کا مطلب ہے کہ جب کوئی شخص کسی ضرورت یا امتحان میں ہو تو اس پر ترس کھانا۔ ترس ایک عملی قدم اُٹھانے والا لفظ ہے۔ اگر آپ کسی ضرورت مند شخص کو دیکھیں اور عملی طور پر کچھ نہ کریں تو آپ کہہ نہیں سکتے کہ آپ اس شخص کے لئے اپنے دل میں ترس رکھتے ہیں۔ ترس کا یہ تقاضا ہے کہ ہم آگے بڑھ کر ضرورت مند یا تکلیف میں مبتلا شخص کے لئے عملی طور پر کچھ کریں۔ نرم دل لوگ اپنے بھائیوں اور بہنوں کی تکلیف کو گہرے طور پر محسوس کرتے اور درد میں آرام اور پریشانی میں آسانی پیدا کرنے کے لئے جو کچھ بھی کر سکتے ہیں اس سے گریز نہیں کرتے۔

عاجز بنیں

کنگ جیمز ترجمہ میں اس لفظ کا ترجمہ با اخلاق ہونا کیا گیا ہے۔ اس لحاظ سے عاجز ہونے کا معنی

مہربان ہونا، دوستانہ روّیہ رکھنا اور حسن سلوک سے پیش آنا ہے۔ اس کا معنی یہ بھی ہے کہ ایک دوسرے کے ساتھ عزت اور وقار سے پیش آئیں اور دوسروں کا احترام کریں۔ عاجزی اس بات کو تسلیم کرتی ہے کہ وہ انسانوں سے مہربانی اور اخلاق سے پیش آئیں۔ نہ صرف کلام میں بلکہ اعمال میں بھی۔ اپنے قریب لوگوں کی پرواہ نہ کرنا کس قدر آسان کام ہے، ہم اپنے محسنوں کا شکریہ ادا کرنا بھی یاد نہیں رکھتے، ہم بھول جاتے ہیں کہ ہمیں ان سے عزت سے پیش آنا اور ان سے مہربانی کا روّیہ اختیار کرنا ہے۔ عاجز ہونے کا مطلب یہ نہیں کہ ہم اپنی اخلاقی ذمہ داریوں کو بالائے طاق رکھ دیں۔ عاجزی یہی ہے کہ ہم لوگوں سے مودبانہ رویہ اختیار کریں اور اُن سے مہربانی سے پیش آئیں۔

بدی کے عوض برکت چاہیں

9 آیت میں پطرس رسول ایمانداروں کو یہ تلقین کرتا ہے کہ وہ بدی کے عوض بدی نہ کریں اور نہ ہی بے عزتی کے بدلے کسی کی بے عزتی کریں۔ در حقیقت اس زمین پر رشتے ناطے ہمیشہ ہی کامل نہیں ہوتے، بعض اوقات جسم میں زندگی بسر کرتے ہوئے لوگ ایسی باتیں کہہ جاتے ہیں جن کا انہیں بعد میں پچھتاوا ہوتا ہے۔ ایسی صورتحال میں ایک ایماندار کا روّیہ کیسا ہونا چاہیئے؟ پطرس رسول یہی تعلیم دے رہا ہے کہ جب ہماری بے عزتی کی جائے تو ہم بدلے میں اپنے مخالفوں اور ستانے والوں کی بے عزتی نہ کریں۔ بجائے اس کے، ہم اپنے ستانے والوں اور ہمیں رسوا کرنے والوں کے لئے برکت چاہیں۔ خدا نے ہمیں دوسروں کو معاف کرنے اور ان کے لئے برکت چاہنے کے لئے بلایا ہے۔ حتیٰ کہ ہمیں اپنے دُشمنوں کا بھی برا نہیں سوچنا۔ اس کے بدلے میں خدا ہمیں عزت اور تسلی و تشفی عطا کرے گا۔

بدی سے باز آئیں اور خدا کے طالب ہوں

اگر ہم اپنی زندگی میں اچھے دن دیکھنا اور خدا کی برکات سے محضوظ ہونا چاہتے ہیں تو پھر ہمیں بدی سے باز آنے اور بھلے اور اچھے کام کرنا ہو گا۔ لازم ہے کہ ہم جسمانی آزمائشوں کا مقابلہ کریں اور اپنے مفادات کو پیشِ نظر نہ رکھیں اور جن لوگوں نے ہم سے بد سلوکی کی ہے ان کو معاف کر کے ان کے ساتھ اپنے تعلقات بحال کر لیں۔ لازم ہے کہ ہم بڑی مستعدی اور جانفشانی سے اپنے ارد گرد کے لوگوں کا بھلا چاہیں۔ لازم ہے کہ ہم بنی نوع انسان کی فلاح، عزت اور بھلائی چاہیں۔ کیونکہ خدا کی طرف سے برکت پانے کا یہی ایک طریقہ ہے۔

صلح کی کوشش میں رہیں

ممکن ہے کہ ہم مذکورہ بالا سب کچھ کریں اور پھر بھی ہمیں زندگیوں میں کوئی نہ کوئی کشمکش اور مشکل موجود رہے۔ کچھ ایسے لوگ ہوتے ہیں جن کا نصب والعین ہی یہی ہوتا ہے کہ مسیح کے بدن میں تفرقے اور مشکلات پیدا کرتے رہیں۔ بعض اوقات ایسے لوگوں کی تربیت کرنے کی بھی ضرورت ہوتی ہے۔ ہمارا مقصد اور نصب والعین یہی ہے کہ ہم صلح کے طالب ہوں۔

11 آیت پر غور کریں کہ رسول نے صرف یہی بیان نہیں کیا کہ ایماندار صلح کے طالب ہوں بلکہ اس کی جستجو میں رہیں۔ صلح، امن اور سلامتی ایسی چیز ہے جسے قائم رکھنے کی ضرورت ہوتی ہے۔ اگر ہم مسلسل صلح کی کوشش نہ کریں اور اسے قائم نہ رکھیں تو یہ بہت جلد غائب ہو جاتی ہے۔ اس گناہ بھری دُنیا میں، ہمیں اکثر و بیشتر معذرت سے کام لینا پڑتا اور دوسروں کو معاف بھی کرنا پڑتا ہے۔ کئی ایک طرح کی صورتحال ہمارے درمیان پیدا

ہو سکتی ہے۔ بطور شوہر اور بیوی بھی حالات اور ماحول میں کشیدگی پیدا ہو سکتی ہے یا پھر مسیح کے بدن کے اعضا ہوتے ہوئے بھی ہمارے درمیان تعلقات میں دراڑ اور کڑواہٹ پیدا ہو سکتی ہے۔ یاد رہے کہ دُشمن بھرپور کوشش سے مسیح کے بدن میں تفرقہ پیدا کرنے کی کوشش کرے گا بعض اوقات صلح کے طالب ہونا ہمارے لئے ایک مشکل کام بن جائے گا۔ یہ سب کچھ اپنی جگہ لیکن ہمیں کوشش کرنی بلکہ جانفشانی کرنی ہے کہ ہمارے بھائیوں اور بہنوں کے ساتھ ہمارے تعلقات میں کشیدگی نہیں بلکہ سنجیدگی پیدا ہو۔

اپنے قارئین کو اس بات کی یقین دہانی کرانے کے ساتھ پطرس رسول اپنی نصیحت کو اختتام پذیر کرتا ہے کہ خداوند کی نظر راستبازوں پر اور اُس کے کان اُن کی دُعا پر لگے رہتے ہیں۔ لیکن بدکار خداوند کی نگاہ میں ہیں۔ خداوند اس بات کو دیکھتا ہے کہ ہم اپنے بھائیوں اور بہنوں سے کیسا سلوک کرتے ہیں۔ جو کچھ ہم اُن سے کہتے اور جو کچھ ہم اُن سے کرتے ہیں وہ سبھی جانتا ہے۔ اُن کے لئے ہمارا روّیہ، طرزِ عمل اور سلوک ہر ایک چیز سے خداواقف اور آگاہ ہے۔ مسیح میں کسی بھائی یا بہن سے غیر مہذبانہ روّیہ اختیار کرنا اور اُن کے ساتھ عزت سے پیش نہ آنا خدا کے دل کو رنجیدہ کرتا ہے۔ وہ جو خداوند سے محبت رکھتے ہیں اور جنہیں خدا کی محبت کا اپنی زندگی میں تجربہ ہو چکا ہے وہ اپنے ہمسایہ کے ساتھ صلح اور ہم آہنگی کی زندگی بسر کرتے ہیں۔ وہ کسی طور پر بھی بے اتفاقی اور تفرقے کا سبب نہیں ہوتے۔

چند غور طلب باتیں

☆۔ کیا آپ کا کوئی ایسا بھائی یا بہن ہے جس کی عزت کرنا اور اس سے محبت کرنا آپ کو مشکل معلوم ہوتا ہے؟ یہ حوالہ شخصی طور پر آپ سے کیسے مخاطب ہے؟

☆۔ کیا آپ مسیحی یسوع میں اپنے بھائی یا بہن کے دُکھ درد کو محسوس کرتے ہیں؟ جب ایک مسیحی بھائی یا بہن دُکھ درد سے گزرتا ہے تو آپ کا ردِ عمل کیسا ہوتا ہے؟ کیا آج کوئی ایسا شخص ہے جس کی آپ خداوند کے نام کی خاطر خدمت کرسکتے ہیں؟

☆۔ کیا ممکن ہے کہ ہم اختلافِ رائے رکھنے کے باوجود بھی ایک دوسرے کے ساتھ ہم آہنگی اور بھائی چارے کی زندگی بسر کریں؟

☆۔ کیا سبھی لوگوں کے ساتھ ہمیشہ ہی امن و سلامتی کے ساتھ زندگی بسر کرنا ممکن ہوتا ہے؟ جو لوگ ہمارے ساتھ صلح جوئی، امن اور بھائی چارے سے رہنا نہیں چاہتے، اُن کے لئے ہمارا ردِ عمل کیسا ہونا چاہیئے؟

☆۔ کیا آپ اپنے اردگرد کے لوگوں کے ساتھ عزت اور وقار کے ساتھ پیش آتے ہیں؟ حقیقی عاجزی اور انکساری اور اپنے اردگرد لوگوں کے ساتھ با اخلاق اور مؤدبانہ روّیہ رکھنے میں کیا تعلق پایا جاتا ہے؟

چند اہم دُعائیہ نکات

☆۔ کیا کچھ ایسے لوگ ہیں جنہوں نے آپ کو دُکھ پہنچایا ہے؟ خداوند سے رہنمائی مانگیں کہ آپ کس طرح ان کے لئے باعث برکت ہو سکتے ہیں۔

☆۔ کیا کچھ ایسے لوگ ہیں جن کے ساتھ آج آپ کو صلح کرنے کی ضرورت ہے؟ خداوند سے فضل اور توفیق مانگیں تاکہ آپ خود کو عاجز کر کے اُن کے ساتھ صلح کا ہاتھ بڑھا سکیں۔

☆۔ خداوند سے دُعا مانگیں تاکہ آپ سبھی کے ساتھ عزت اور وقار سے پیش آ سکیں۔

☆۔ خداوند سے فضل مانگیں تاکہ آپ سبھی کے ساتھ صلح اور امن سے زندگی بسر کر سکیں۔ خداوند سے مدد اور توفیق مانگیں تاکہ اپنے بھائی یا بہن سے صلح کی راہ میں ہر ایک رکاوٹ کو دُور کر سکیں۔

باب 27

نیکی کر کے دُکھ اُٹھائیں

1 پطرس 3 باب 13-17 آیت

اس خط میں، پطرس رسول نے ہمیں ایسا طرزِ زندگی اختیار کرنے کی تلقین کی ہے جس پر لوگ اُنگلی نہ اُٹھا سکیں۔ بالعموم اگر ہم ایسا کریں گے تو ہم کئی طرح کی مشکلات اور مسائل سے بچ سکتے ہیں۔ لیکن اس تعلق سے کچھ بھی حتمی طور پر نہیں کہا جا سکتا۔ خداوند یسوع مسیح کے مخالفین بھی تھے جو اس کے تعلق سے منفی، من گھڑت اور بُری باتیں کہتے تھے۔ پوری دُنیا میں ایماندار نیکی اور بھلائی کرنے کے سبب سے بھی ستائے گئے۔

پطرس رسول نے بھی ایذا رسانی برداشت کی، اس لئے وہ سمجھتا تھا کہ خداوند کی خدمت کرنا اور بھلے اور نیکی کے کام کرنا اس بات کی ضمانت نہیں کہ ایماندار مشکلات اور امتحانوں سے محفوظ رہیں گے۔ اُس نے خدا کی بادشاہی کی خاطر مشکلات اور دُکھ سہے۔ 14 آیت میں، پطرس رسول نے لکھا کہ خدا کی برکات اُن لوگوں پر نازل ہوتی ہیں جو نیکی کر کے دُکھ اُٹھاتے ہیں۔

14 آیت پر غور کریں کہ پطرس رسول نے ایمانداروں کو لکھا کہ وہ ایذا رسانی کی صورت میں خوف کو وارد نہ ہونے دیں۔ خوف اور ڈر ایک قابلِ فہم ردِ عمل ہے لیکن یہ ہماری نگاہیں خداوند سے ہٹا دیتا ہے۔ خوف کے باعث ہم بھول جاتے ہیں کہ خدا ہر شے پر قادر ہے اور ہر ایک صورتحال پر اختیار رکھتا ہے۔ خوف کی صورت میں ہماری توجہ صرف اور صرف درپیش صورتحال پر مرکوز ہو جاتی ہے۔

پطرس رسول نے اپنے قارئین کو یاد دہانی کرائی کہ ایک ہی طریقہ ہے جس سے ایماندار خوف کا مقابلہ کر سکتے ہیں اور وہ یہ کہ ایماندار لوگ مسیح کو اپنے دلوں میں خداوند جانیں۔ مطلب یہ کہ مسیح یسوع ہی ہماری زندگیوں میں مرکزی حیثیت رکھے۔ وہی ہماری زندگیوں کا مرکز و محور رہے۔ اسے ہم قادرِ مطلق اور خداوند خدا جانتے ہوئے از سر نو اپنی زندگیاں اس کے تابع اور سپرد کر دیں۔ اس کا مطلب یہ ہے کہ ہم اس بات کو تسلیم کر لیتے ہیں کہ وہی ہر ایک صورتحال پر قوی اور قادر خداوند ہے۔ آزمائش یہ ہوتی ہے کہ ہم خداوند سے زیادہ کسی برائی یا مشکل امتحان کو زیادہ طاقتور سمجھنے لگ جاتے ہیں۔ خداوند کسی بھی بُرائی یا مشکل صورتحال سے بڑا ہے۔ وہی ہر طرح کی صورتحال، حالات اور امتحان پر اختیار اور قدرت رکھتا ہے۔

اس سے قبل کہ ستفنس کو سنگسار کیا جاتا، اُس نے آسمان کی طرف نگاہ کی، خداوند کے جلال اور خداوند یسوع مسیح کو خدا باپ کی دہنے ہاتھ کھڑے دیکھا۔ (اعمال 7 باب 55 آیت) اس کا نتیجہ یہ ہوا کہ ستفنس کو حوصلہ ملا۔ اپنے امتحان کی حالت میں اسے تقویت ملی۔ پریشانی اور دُکھوں میں، ہمیں اپنی نگاہیں خداوند یسوع مسیح پر مرکوز کرنے کی ضرورت ہے۔ اُسے خداوند اور مالک کے طور پر جانیں اور اپنی زندگی میں قبول کریں۔ وہی اِس کائنات کا خالق اور قادرِ مطلق خداوند ہے۔ وہی ہر ایک چیز پر قادر خدا ہے۔ ایک دن ہر ایک گھٹنا اُس کے سامنے جھکے گا۔ کوئی شے بھی اس کے اختیار سے باہر نہیں ہے۔ کوئی دشمن اُسے شکست نہیں دے سکتا۔ ہم اس کے ہاتھوں میں ہیں اور ہم نے اپنی زندگی اس کی اطاعت میں دے دی ہے۔ اب ہم اُس کی محافظت میں ہیں۔ وہی ضرورت کے وقت ہماری مدد کرتا ہے۔ جب ہم اس کو خداوند اور مالک کے طور پر تسلیم اور پورے دل سے قبول کریں گے، تو پھر کڑے سے کڑے امتحان، ایذا رسانی اور دُکھ میں بھی ہمیں سر

اُٹھا کر چلنے کی توفیق ملے گی۔ مسیح کو اپنا خداوند تسلیم کرنے کا مطلب یہ ہے کہ اسے پہنچاننے سے کہیں بڑھ کر ہے۔ جب ہم اسے خداوند مانتے ہیں تو اس کا معنی ہے کہ وہ زندگی میں پیش آنے والے ہر طرح کے حالات پر قوی و قادر ہے، اسے ہر طرح کے حالات و واقعات پر بھی اختیار حاصل ہے، کچھ بھی اُس کے دائرہ کار سے باہر نہیں ہے۔ اس کا مطلب اس کی اطاعت اور تابعداری میں زندگی بسر کرنا نہیں ہے۔ یہ اس بات کو سمجھنا اور تسلیم کرنا ہے کہ وہ خداوند ہے اور میں اس کا تابعدار خادم۔ دُکھوں اور امتحانوں کی صورت میں، سمجھوتہ کر لینا بہت آسان دکھائی دیتا ہے۔ تاہم یاد رہے کہ دُکھوں، مشکلات اور مسائل ہی میں ہم دُنیا کو بتاتے ہیں کہ مسیح یسوع میں ہمارا کیا مقام اور معیار ہے۔ مشکل حالات میں ہی دُنیا واضح طور پر مسیح کو ہم میں دیکھتی ہے۔ لوگ اس کی غالب آنے والی قوت اور قدرت کو ہم میں دیکھتے ہیں۔ ضرورت ہے کہ دُنیا جانے کہ مسیحی لوگ کس طرح دُکھوں، امتحانوں اور مشکلات میں قائم اور ثابت قدم رہتے ہیں۔ لازم ہے کہ وہ دیکھیں کہ مسیحی لوگ دُکھوں کا مقابلہ فضل سے کرتے اور خوشی، شادمانی اور وفاداری کا دامن نہیں چھوڑتے۔ ضرورت ہے کہ دُنیا دُکھوں اور مشکلات میں خدا کی قدرت کو ہم میں دیکھے کہ ہم ان لوگوں کو بھی معاف کرتے اور انہیں بھی محبت کرتے ہیں جو ہمیں دُکھ دیتے ہیں۔ دُنیا کو اس وقت خدا کے فضل اور رحم کو ہماری زندگیوں میں دیکھنے کی ضرورت ہے جب ہم دُکھوں میں سے گزر رہے ہوں۔ کیونکہ اسی صورت میں وہ اپنے آپ سے یہ سوال کریں گے کہ یہ کیسی اُمید اور اعتماد ہے جو دکھوں میں بھی ان مسیحی لوگوں کو حاصل ہے۔ پطرس رسول ایمانداروں کو تلقین کرتا ہے کہ وہ اس اُمید کی وجہ دُنیا کو بتانے کے لئے تیار رہیں۔

(15 آیت) دُکھوں، آزمائشوں اور مسائل کی صورت میں ہماری وفاداری اور مسیح کی

تابعداری اس دُنیا کے لئے بڑی گواہی ہے۔ وہ اُمید اور فضل جو خدا کی طرف سے ملتا ہے تاکہ ہم محبت اور وفاداری سے اس کے ساتھ چلتے رہیں۔

غور کریں تو معلوم ہو گا کہ اس اُمید کی گواہی دینے کا ایک مناسب طریقہ ہے، ہمیں شائستہ روّیے اور بڑے مؤدبانہ طریقہ سے گواہی دینی ہے۔ صرف اور صرف خدا کا پاک روح ہی ہمیں ایسے لوگوں کے لئے شائستہ روّیہ، مہذبانہ گفتگو عطا کر سکتا ہے جو ہمیں ستاتے ہیں۔ اس کی ایک زبردست مثال مردِ خدا داؤد ہے۔ اگرچہ ساؤل داؤد کو ہلاک کرنے کے درپے تھا لیکن داؤد اس کی ہمیشہ عزت کرتا رہا کیونکہ وہ جانتا تھا کہ خدا نے اسے بنی اسرائیل کی قیادت کے لئے چنا ہے۔ اس نے ساؤل کے تعلق سے کچھ بھی برا کرنے اور کہنے سے پرہیز کیا۔ داؤد نے ساؤل کے کاموں کو کبھی نہ سراہا لیکن وہ ہر لحاظ سے اُس کی عزت اور اُس کا احترام کرتا رہا، باجود اس کے کہ ساؤل داؤد کے لئے اچھے خیالات، رویہ اور طرزِ عمل نہیں رکھتا تھا۔ (1 سموئیل 26 باب 9-11 آیات اور 23-24 آیت)

ہم جو کچھ بھی کریں خدا کے سامنے ہمارا ضمیر بالکل صاف رہنا چاہئے۔ تاکہ ہمارے خلاف نکتہ چینی، اور بری باتیں کہنے والے بالاخر شرمندہ ہوں۔ اُن کے جھوٹ بے نقاب ہو جائیں گے۔ لوگ اس سچائی کو ہم میں دیکھ لیں گے جس کے مطابق ہم زندگی بسر کرتے ہیں۔ لوگوں پر یہ بھی واضح ہو جائے کہ ہم کینہ پرور لوگوں کے لئے کیسا ردِ عمل اور روّیہ اختیار کرتے ہیں۔ جب دانی ایل کے دَور کے اربابِ اختیار نے اس کے خلاف الزام تراشی کی وجہ تلاش کرنے کی کوشش کی کہ کس طرح وہ حکومتی معاملات کو سنبھال رہا ہے، لیکن وہ ایسی کوئی وجہ تلاش کرنے میں ناکام رہے کیونکہ وہ انتظامی لحاظ سے دیانتدار، وفادار اور بالکل کھرا شخص تھا۔ (دانی ایل 6 باب 4-5 آیت) ہمیں بھی دانی ایل جیسا طرزِ عمل، طرزِ زندگی اور طرزِ فکر اپنانے کی ضرورت ہے۔

پطرس رسول اپنے قارئین کو یاد دہانی کراتے ہوئے اس بات کا لُب لباب بیان کرتا ہے، کہ اگر خداوند کی یہی مرضی ہے کہ ایماندار نیکی اور بھلائی کر کے دُکھ اٹھائیں تو یہ بہتر ہے۔ ایمانداروں کے لئے حالات و واقعات اور صورتحال ہمیشہ آسان اور سہل تو نہیں ہو گی۔ کبھی ایسا بھی ہو سکتا ہے کہ خداوند ہمیں مخالفت اور مشکلات اُٹھانے کے لئے کہے۔ جب ہم اپنی زندگی میں مشکل ترین صورتحال اور ناگوار حالات کا سامنا کرتے ہیں، تو پھر ہم اپنے آپ کو خداوند کے سُپرد کرتے ہیں، ہم وفاداری، تابعداری اور دیانتداری کے ساتھ اُس کی راہوں پر ثابت قدم رہتے ہوئے آگے بڑھتے رہتے ہیں۔ ہم اپنی زندگی سے اُس کے مقصد اور ارادے کو پایہ تکمیل تک پہنچاتے ہیں۔ دُکھوں، امتحانوں اور آزمائش کی گھڑی میں ہمیں اس پر بھروسہ کرنا اور اس بات پر ایمان رکھنا ہے کہ اپنے ٹھہرائے ہوئے وقت پر وہ ہمیں برکت اور اَجر سے نوازے گا۔

چند غور طلب باتیں

☆۔ یہ حوالہ ایسے ایمانداروں کے تعلق سے کیا تعلیم دیتا ہے جو خداوند کے ساتھ وفاداری سے چلنے کے باوجود دُکھ اٹھاتے ہیں؟ کیا خداوند کی تابعداری اس بات کی ضمانت ہے کہ ہم کبھی دُکھ نہیں اٹھائیں گے؟

☆۔ خوف ایماندار کی زندگی میں کیا کام کرتا ہے؟ خوف کی گرفت میں آنے کی بہ نسبت خدا کی ہمارے لیے کیا مرضی ہے؟

☆۔ اپنے دلوں میں مسیح کو خداوند جاننے سے کیا مراد ہے؟ اس سے ہمیں زندگی کے دُکھوں اور امتحانوں کا سامنا کرنے میں کیا مدد ملتی ہے؟

☆۔ خدا کس طرح دُکھوں اور امتحانوں کو اپنی گواہی کا وسیلہ بنا کر استعمال کرتا ہے؟ کیا آپ دُکھوں اور امتحانوں میں بھی اچھے گواہ ثابت ہوئے ہیں؟

☆۔ جب پطرس رسول یا اپنے دشمنوں کے تعلق سے باعزت روّیہ اختیار کرنے کے تعلق سے کیا بیان کرتا ہے؟ کیا آپ نے اپنی شخصی زندگی میں ایسا روّیہ اختیار کیا ہے؟

چند اہم دُعائیہ نکات

☆۔ خداوند کی شکر گزاری کریں کہ زندگی کے ہر ایک امتحان میں سے وہ آپ کو گزارنے کے قابل ہے۔ خداوند کی شکر گزاری کریں کہ دُکھوں اور امتحانوں میں بھی اُس کی برکات آپ کے لئے موجود ہیں۔

☆۔ اپنی زندگی میں موجود کسی بھی خوف پر غالب آنے کے لئے خداوند سے دُعا کریں۔ خداوند سے مدد مانگیں تاکہ آپ زیادہ سے زیادہ بلکہ پورے طور پر اس پر توکل اور بھروسہ کر سکیں۔

☆۔ کیا آج آپ کو کسی امتحان کا سامنا ہے؟ خداوند سے دُعا کریں کہ وہ آپ کو یہ توفیق بخشے کہ آپ اسے اپنے دل میں خداوند جان سکیں۔

☆۔ خداوند سے دُعا کریں کہ وہ آپ کے امتحانوں اور دُکھوں میں بھی آپ کو وفادار اور عاجز رہنے کی توفیق عطا کرے۔ تاکہ آپ اس دُنیا میں اُس کے لئے مثبت گواہ ثابت ہو سکیں۔

☆۔ خداوند سے تعلیم و تربیت چاہیں تاکہ آپ اپنے دشمنوں کے لئے بھی باعزت روّیہ اختیار کر سکیں۔ خداوند کی شکر گزاری کریں ایسے لوگوں کے لئے کیونکہ خدا ایسے لوگوں کے طرزِ عمل کو استعمال کر کے آپ کی کانٹ چھانٹ اور تربیت کرتا ہے۔

باب 28

مسیح یسوع کا کام

1 پطرس 3 باب 18-22 آیت

مشکلات اور امتحانوں کے درمیان، پطرس رسول نے ایمانداروں کو اس بات کی تلقین کی کہ وہ خداوند یسوع مسیح کو اپنے دلوں میں خداوند جانیں۔ تیسرے باب کے اس حصہ میں پطرس رسول نے ان ایمانداروں کو باور کرایا کہ خداوند یسوع مسیح نے اُن کے لئے کیا کچھ کیا ہے۔

18 آیت میں رسول نے لکھا کہ مسیح یسوع گناہوں کے لئے ایک ہی بار قربان ہو گیا۔ "ایک ہی بار" کی تشریح مختلف طرح سے کی جاسکتی ہے۔ اول۔ جب خداوند یسوع مسیح نے صلیب پر جان دی تو وہ ایک ہی بار قربان ہوا۔ بالفاظ دیگر، اب کسی دوسری موت یا قربانی کی ضرورت باقی نہیں رہی۔ اس ایک ہی موت سے وہ سب کچھ مکمل ہو گیا جس کا خدا تقاضا کر رہا تھا۔

دوئم۔ ایک پہلو یہ ہے کہ مسیح گناہ کی خاطر ہمیشہ کے لئے اپنی قربانی دے گیا۔ اس کی ایک موت نے ہر ایک گناہ کو ڈھانپ دیا ہے جو بنی نوع انسان نے کبھی کئے تھے، یا اب کر رہے ہیں یا آنے والے وقت میں کریں گے۔ عہدِ عتیق میں ہزاروں لاکھوں جانور ذبح کئے گئے لیکن کوئی بھی تمام گناہوں کو نہ ڈھانک سکا۔ خداوند یسوع مسیح کی موت نے ہمیشہ کے لئے ہمارے تمام گناہ معاف کر دئے ہیں۔

سوئم۔ "ایک ہی بار" کا ایک اور پہلو بھی ہے، خداوند یسوع مسیح کی موت نے ان سب کے

گناہوں کو ڈھانک دیا ہے جو اس پر ایمان لائیں گے۔ ہر وہ شخص جو اس کے پاس آئے گا، اس کے لئے معافی اور پاکیزگی کا انتظام ہو چکا ہے۔

18 آیت میں، خداوند یسوع مسیح کی موت ناراست لوگوں کے لئے راست موت تھی۔ بطور ناراست لوگ، ہم سب خدا کے قہر و غضب کے نیچے تھے۔ ہم سب سزا کے مستحق تھے۔ اس کے برعکس مسیح راست تھا۔ اُس کی ذات میں کوئی گناہ نہیں تھا۔ اُس نے کبھی کوئی گناہ نہیں کیا تھا۔ وہ خدا کا کامل برّہ تھا۔ جس نے ہمارے گناہوں کی قیمت ادا کی۔ عبارت کے اس حصہ میں ہم خداوند یسوع مسیح کی عظیم محبت کو دیکھ سکتے ہیں۔ اس کی محبت اس قدر اُتم ہے کہ اس نے بخوشی و رضا ہمارے گناہوں کے لئے اپنی جان قربان کر دی۔ تاکہ خدا کے ساتھ ہمارا ٹوٹا ہوا رشتہ بحال ہو جائے۔

پطرس رسول اپنے قارئین کو بتاتا ہے کہ مسیح یسوع نے بدن میں موت کو اپنے اُوپر لیا۔ لیکن موت اسے اپنی گرفت میں نہ رکھ سکی۔ خدا کے بے گناہ بیٹے کے طور پر، وہ بدن میں قبر سے باہر آ گیا۔ وہ گناہ پر غالب رہا، اُس نے موت پر بھی فتح پائی۔ اس کی فتح ہمارے لئے اُمید کی کرن ہے۔

19 آیت پر غور کریں کہ کس طرح پطرس نے اپنے قارئین کو بتایا کہ جب خدا کے روح نے مسیح یسوع کو مُردوں میں سے زندہ کیا تو اس نے جا کر قیدی روحوں کے درمیان منادی کی۔ جنہوں نے نوح کے زمانہ سے نافرمانی کی تھی۔ بہت سے مفسّرین کے لئے یہ آیت مشکلات کا باعث رہی ہے۔ اچھا ہے کہ ہم یہاں پر اس آیت کا تفصیلی جائزہ لیں۔

یہاں پر پطرس رسول نوح کے واقعہ کا ذکر کیوں کر رہا ہے؟ یوں محسوس ہوتا ہے کہ اس نے دانستہ طور پر ایسا کیا تاکہ وہ مسیح یسوع کے ہمارے لئے اس صلیبی کام کی وضاحت کر سکے جو اس نے ہمارے لئے سر انجام دیا۔ نوح کے زمانہ میں، خدا نے گناہ اور بغاوت کی

عدالت کرنے کا فیصلہ کیا اور دنیا میں طوفان بھیج دیا۔ یہ طوفان پوری دُنیا میں آیا، ساری زمین اس طوفان میں چھپ گئی، مرد وزن، بچے، حتیٰ کہ ہر ذی نفس لُقمہ اجل ہو گئے۔ صرف وہی زندہ بچے جو کشتی میں سوار تھے۔ گناہ کے خلاف باری تعالیٰ کی یہ بہت بڑی عدالت تھی۔

ہم بھی نوح کے زمانے کے لوگوں کی طرح تھے۔ ہم گناہ میں کھوئے ہوئے اور خدا کی عدالت کے نیچے تھے۔ ایسی ہی ناگوار صورتحال میں خداوند یسوع مسیح ہمیں گناہ کا حل پیش کرنے کے لئے اس دُنیا میں ظاہر ہوا۔ اُس نے تحفظ کی کشتی ہمارے لئے فراہم کی۔ وہ ہمارے لئے محافظت کی ایک کشتی بن گیا۔ صرف اسی کے وسیلہ سے یا اُس میں ہو کر ہی ہم خدا کی عدالت کے پانیوں یا طوفان سے ہم گزر سکتے ہیں۔ وہ سب جو مسیح یسوع سے باہر رہتے (اُن لوگوں کی طرح جو نوح کے زمانہ میں کشتی سے باہر تھے) ہیں ان کی عدالت ہو گی۔ لیکن وہ جو مسیح یسوع میں پناہ لیتے ہیں۔ انہیں گناہ کی عدالت سے مجرم ٹھہرائے جانے یا موت کے خوف کے نیچے رہنے کی ضرورت نہیں ہے۔ گناہ پر فتح صرف اور صرف مسیح یسوع ہی میں پائی جاتی ہے۔

پطرس رسول نے اس پانی کو بپتسمہ سے تشبیہ دی ہے جس میں سے نوح کا گھرانہ گزرا۔ نوح کا گھرانہ طوفان سے بحفاظت گزر گیا۔ لیکن وہ سب جنہوں نے کشتی میں داخل ہونے کی پیش کش کو ٹھکرایا تھا، سبھی کے سبھی مر مٹے۔ کشتی میں موجود لوگ اس لئے محفوظ رہے کیونکہ وہ کشتی میں تھے جو کہ مسیح کی عکاسی کرتی ہے۔ کیا بپتسمہ بھی اسی چیز کو پیش نہیں کرتا؟ بپتسمہ مسیح کے صلیبی کام کو بیان کرتا ہے۔ جس نے ہمیں خدا کی عدالت کی قہر آلودہ موجوں سے ہمیں بچالیا ہے۔

پطرس رسول 22 آیت میں مسیح کے کام کو مزید بیان کرتا ہے۔ وہ ہمیں یاددہانی کراتا ہے

کہ مسیح یسوع ہمارے لئے موت کے پانیوں سے گزرا لیکن غالب رہا۔ جیسا کہ مثال سے واضح کیا گیا ہے کہ نوح کا گھرانہ پانیوں طوفان سے گزر کر بھی محفوظ رہا۔ خداوند یسوع مُردوں میں سے زندہ ہو کر دوبارہ باپ کے پاس چلا گیا۔ جہاں آج وہ خدا کی دہنی جانب بیٹھا ہوا ہے۔ دہنا ہاتھ عزت کی جگہ کو پیش کرتا ہے۔

نوح کی کہانی مسیح یسوع کے اس زبردست صلیبی کام کی عکاس ہے جو اس نے ہماری نجات کے لئے سرانجام دیا۔ نوح کی کہانی میں، خداوند خدا نے انجیل کے پیغام کو بیان کیا ہے۔ اُس نے گناہ کے خلاف اپنے قہر و غضب کو بیان کیا ہے۔ یہاں پر اُن لوگوں کی تصویر بھی دیکھنے کو ملتی ہے جو گناہ میں کھوئے ہوئے ہیں۔ اس نے گناہ کے خلاف عدالت کو بھی ظاہر کر دیا۔ اس نے واضح کر دیا کہ وہ گناہ کرنے والے کو سزا دینے کے لئے کس حد تک جا سکتا ہے۔ نوح کے وسیلہ سے خدا نے یہ بھی بیان کر دیا کہ وہ بچنے کی ایک راہ پناہ کی کشتی ہے۔ اُس نے واضح کر دیا کہ خدا کی عدالت سے بچنے کی ایک ہی راہ ہے اور وہ ہے کشتی میں داخلہ۔ صرف کشتی میں موجود لوگ ہی خدا کی عدالت سے بچ پائے۔ نوح کی کشتی اس دَور کے لوگوں کے لئے مسیح یسوع کے صلیبی کام کی علامت ہے کہ وہ آکر کیا کام سرانجام دے گا۔

نسلوں تک، لوگ نوح کے طوفان کی کہانی بیان کرتے رہے۔ اُنہوں نے خدا کی قدوسیت کو دیکھا۔ انہیں یہ علم ہو گیا کہ نجات کے لئے وہ لوگ جو خداوند پر توکل اور بھروسہ کرتے ہیں خدا انہیں بچانے کی قدرت رکھتا ہے۔ خدا نے نوح کے دَور کے لوگوں کو خوشخبری سنائی۔ اُس نے اُنہیں یاد دہانی کرائی کی نجات کا راستہ سکڑا ہے۔ ایک ہی دروازہ ہے جس میں سے گزر کر وہ خدا کے قہر و غضب سے بچ سکتے ہیں۔ اس کشتی میں داخل ہونے کے لئے وقت کی معیاد بھی مقرر تھی۔ خدا کی عدالت یقینی اور حقیقی تھی۔ یہ عدالت اُن پر ہی آئی

جنہیں پہلے سے آگاہ کیا گیا تھا لیکن اُنہوں نے توجہ نہ کی۔ نوح کے دور کے لوگوں کو خوشخبری ایک خاندان کی زبردست گواہی اور مثال کے ذریعہ سنائی گئی جنہوں نے اپنی نجات کے لئے خداوند پر توکل اور بھروسہ کیا تھا۔

کچھ لوگ 1 پطرس 3 باب 19 آیت کی تشریح و تفسیر کچھ اس طرح سے کرتے ہیں کہ خداوند یسوع حقیقی طور پر نوح کے دَور کے لوگوں کے ہاں گیا جو قید کی حالت میں رہے تاوقتیکہ وہ خوشخبری کی منادی سن لیں۔ اس تفسیر میں ایک مسئلہ ہے، اور وہ یہ کہ بائبل مقدس میں ہمیں کوئی ایسا حوالہ نہیں ملتا جہاں پر یہ ذکر پایا جاتا ہو کہ مرنے کے بعد بھی انسان کی خوشخبری سن کر نجات پانے کا دوسرا موقع ملتا ہے۔

21 آیت میں پطرس رسول کشتی کی مثال کو مسیح کے وسیلہ سے نجات کی علامت کے طور پر بیان کرتا ہے۔ وہ اس لیے یہ بیان کرتا ہے کیونکہ یہی ایک وسیلہ ہے جس کے ذریعہ ان قیدی روحوں کو خوشخبری سنائی گئی جو گناہ کی قید کی حالت میں تھیں اور خدا کے خلاف باغیانہ زندگی بسر کر رہی تھیں۔

جس طرح نوح کے خاندان کے لئے کشتی واحد امید تھی، اسی طرح مسیح یسوع ہماری واحد اُمید ہے۔ وہ اس لئے مر گیا تاکہ ہم خدا کے قریب آسکیں۔ وہ اس لئے موا تاکہ ہم خدا کی عدالت کے پانیوں سے بحفاظت گزر جائیں۔ یہ جاننا کس قدر خوبصورت بات ہے کہ اس کا پاک لہو ہمارے تمام گناہوں کو ڈھانپ لیتا ہے۔ ہم بلاخوف و خطر خدا تک رسائی حاصل کر سکتے ہیں۔ اگرچہ خداوند یسوع کو خدا باپ کی تابعداری کر کے ایذاہ رسانی حتیٰ کہ موت کا سامنا کرنا پڑا۔ وہ مُردوں میں سے فاتح بن کر جی اُٹھا۔ اس میں ہم بھی مسیح جیسی فتح کا تجربہ کریں گے۔

چند غور طلب باتیں

☆۔جب پطرس رسول بیان کرتا ہے کہ "مسیح ہمیشہ کے لئے ایک ہی بار موا"۔تو اس سے اِس کا کیا مطلب ہے؟اِس سے آپ کو کیا حوصلہ افزائی ملتی ہے؟

☆۔ مسیح یسوع کا مُردوں میں سے جی اُٹھنا ہمارے لئے کیا اُمید پیدا کرتا ہے؟

☆۔نوح کی کشتی کس طرح مسیح یسوع کے کام کی مثال پیش کرتی ہے؟

☆۔بپتسمہ کس کی علامت ہے؟نوح کی کہانی کس طرح ہمیں بپتسمہ کے تعلق سے تعلیم دیتی ہے؟

☆۔نوح اور اس کی کشتی کس طرح اُس دَور کے لوگوں کے لئے خدا کی نجات کو پیش کرتے ہیں؟نسلوں تک اپنی نجات کا پیغام پہنچانے کے لئے یہاں پر خدا کی خواہش کے تعلق سے ہمیں کیا تعلیم ملتی ہے؟

چند اہم دُعائیہ نکات

☆ خداوند کی شکر گزاری کریں کہ جب ہم گنہگار ہی تھے تو اس نے اپنے آپ کو ہمارے لئے پیش کر دیا۔

☆ خداوند کی شکر گزاری کریں کہ نوح کی کہانی اور کشتی نجات کی راہ بیان کرتی ہے۔ خداوند کی شکر گزاری کریں کہ اس نے عجیب طور سے عہدِ عتیق کے لوگوں تک اس پیغام کو پہنچایا۔

☆ اس فتح کے لئے خداوند کی شکر گزاری کریں جو ہمیں اس وقت مسیح یسوع کے صلیبی کام کے وسیلہ سے ہمیں حاصل ہے۔

☆ خداوند کی شکر گزاری کریں کہ اُس کا صلیب پر ہمارے لئے کیا گیا کام ہمارے تمام گناہوں کو ڈھانپ لیتا ہے۔

☆ خداوند سے فضل اور توفیق مانگیں تاکہ آپ اُس کے انجام دئے گئے کام کی روشنی میں زندگی بسر کر سکیں۔ خداوند سے مدد مانگیں تاکہ آپ اپنے دُکھوں اور آزمائشوں میں بھی اُس پر توکل کر کے وفاداری سے اُس کے ساتھ چل سکیں۔

باب 29

روح میں زندگی بسر کریں

1 پطرس 4 باب 1-6 آیت

پطرس رسول خداوند یسوع مسیح کے اس فتح مند کام کا ذکر کر رہا ہے جو اس نے خدا کی نجات کے منصوبہ کو پایہ تکمیل تک پہنچانے کے لئے صلیب پر سر انجام دیا۔ تیسرے باب کے گزشتہ حصہ میں، اس نے بیان کیا کہ خداوند یسوع مسیح سب کے لئے مُوا۔ یہاں پر 4 باب کے پہلے حصہ میں، وہ بیان کرتا ہے کہ خداوند یسوع مسیح کا صلیبی کام ایمانداروں کے لئے کیا اہمیت رکھتا ہے۔ اور اس کے جواب میں ایمانداروں کا ردِ عمل کیسا ہونا چاہیئے۔

1 آیت میں پطرس رسول ایمانداروں کو مسیح یسوع کی طرح دُکھ اٹھانے کے پیشِ نظر کمر بستہ ہونے کے لئے کہہ رہا ہے۔ بعض لوگ یہ منادی بھی کرتے ہیں کہ اگر ہم خداوند یسوع مسیح کے پاس آجائیں تو پھر ہماری زندگی کے تمام دُکھ درد اور پریشانیاں کافور ہو جائیں گی۔ ایسا بالکل بھی نہیں ہے۔ بلکہ خداوند یسوع مسیح کے پاس آنے سے زندگی کے امتحان اور دُکھوں میں مزید اضافہ ہو جاتا ہے۔ دُنیا کو نہ تو ہماری اور نہ ہی ہمارے طرزِ زندگی کی سمجھ آئے گی۔ جس طرح ابلیس ہمارے خداوند یسوع مسیح کے خلاف نبرد آزما اور کمر بستہ تھا، اسی طرح وہ ہمارے خلاف نبرد آزما ہونے میں کوئی کسر نہ چھوڑے گا۔

یاد رہے کہ یہ سب دُکھ بدن میں رہتے ہوئے ہی آتے ہیں۔ ہم اس بدن کو آسمان پر نہ لے جاسکیں گے۔ یہ بدن مٹی سے ہے اور مٹی ہی میں فنا ہو جائے گا۔ ہمارے بدن مسیح کے بدن کی طرح جلالی بدن ہوں گے۔ یعنی مُردوں میں سے زندہ ہونے والا جلالی بدن۔ (فلپیوں

3 باب 21 آیت، 1 کرنتھیوں 15 باب 42 تا 54 آیت)

غور کریں کہ پطرس رسول پہلی آیت میں بیان کرتا ہے کہ جس نے جسمانی طور پر دُکھ اٹھایا اُس نے گناہ سے فراغت پائی۔ ہاں پر جو کچھ پطرس رسول بیان کر رہا ہے، لازم ہے کہ ہم اس بات کو پورے طور پر سمجھیں،۔ پطرس رسول نے بھی ہمارے خداوند یسوع مسیح کی طرح دُکھ اٹھایا۔ پطرس رسول ان لوگوں کی بات کر رہا ہے جنہوں نے اپنی خودی کے اعتبار سے مرنے کا چناؤ کیا اور خداوند کے طالب ہوئے۔ یہی وہ لوگ تھے جو خداوند یسوع مسیح کی طرح دکھ اٹھانے کے لئے کمر بستہ ہوئے۔ وہ ہر طرح کی قیمت ادا کر کے بھی خداوند یسوع کی پیروی کرنے کے لئے تیار تھے۔ یہ وہ لوگ تھے جو گناہ کے لحاظ سے مر چکے تھے۔ گناہ کا اُن کی زندگیوں میں زور ٹوٹ چکا تھا۔ اور وہ فاتح اور غالب زندگیاں گزار رہے تھے۔ یہ لوگ گناہ سے منہ موڑ کر پورے طور پر خداوند کے طالب ہو چکے تھے۔ وہ قیمت ادا کرنے کے لئے تیار تھے۔ وہ انجیل کی خاطر دُکھ اٹھانے کے لئے تیار اور مستعد تھے۔ در حقیقت ہم میں سے ہر ایک کو مسیح یسوع کے ساتھ رشتہ اور گہرا تعلق رکھتے ہوئے ایسا ہی طرزِ زندگی، طرزِ فکر اور روّیہ اختیار کرنا چاہئے۔

پطرس اپنے قارئین کرام سے واقف تھا۔ اُسے علم تھا کہ خداوند یسوع مسیح کو قبول کرنے سے قبل وہ کس طرح کا روّیہ اور طرزِ زندگی رکھتے تھے۔ ان کا طرزِ عمل دنیا کے دیگر لوگوں کی طرح تھا، شراب نوشی، بدکاری، جسمانی خواہشیں، بُت پرستی یہی آن کی روزمرہ زندگی تھی۔ یہی ان کی خوشی اور یہی اُن کا مستقبل تھا۔ کئی چیزیں ویسی کی ویسی تھیں۔ 3 آیت بیان کرتی ہے کہ وہ اب بھی جسمانی خواہشوں کی تسکین کے لئے تدبیریں کرنے والے تھے۔

4 آیت کے مطابق، غیر ایمانداروں کے نزدیک یہ بڑی تعجب اور حیرت انگیز بات ہے

جب ایماندا دُنیا کی بُری روشوں اور رغبتوں میں کسی طور پر شریک ہونے کی کوئی خواہش اپنی زندگی میں نہیں رکھتے۔ غیر ایماندار لوگ ایمانداروں کی راست خواہشوں اور طرزِ زندگی کا تمسخر اُڑاتے ہیں۔ وہ حیران ہوتے ہیں کہ یہ مسیحی کے پیروکار اپنی زندگی میں تفریح اور خوشی اور فن ٹائم کے لئے آخر کیا کرتے ہیں۔ غیر ایمانداروں کو اس شادمانی اور مُسرت کا قطعاً کوئی علم نہیں جو ایماندار مسیح کے ساتھ رشتہ رکھتے ہوئے اپنی زندگی میں رکھتے ہیں۔ اور نتیجہ کے طور پر، وہ ایمانداروں کا مذاق اُڑاتے ہیں۔

غیر ایماندار اس بات کو نہیں سمجھتے کہ وہ دن قریب ہے جب اُنہیں خداوند خدا کو اپنی زندگیوں کا حساب دینا پڑے گا جو اُن کی عدالت کرے گا۔ (5 آیت) ہو سکتا ہے کہ عدالت بہت جلد واقع نہ ہو، لیکن جلد یا دیر سے عدالت تو یقینی ہے۔ ایک دن اُنہیں خداوند کو اپنی شہوت پرستی، ناپاک خواہشوں، بُرے طرزِ زندگی اور خدا کے لوگوں کا تمسخر اُڑانے کے لئے جوابدہ ہونا پڑے گا۔

خداوند کی عدالت کے پیشِ نظر ہی انجیل کی منادی کی جاتی ہے۔ 6 آیت پر غور کریں، انجیل کی منادی اُن لوگوں کے درمیان بھی کی گئی جو پطرس کے خط لکھنے کے وقت مُردہ تھے۔ ابتدا ہی سے، باغ عدن میں، انجیل کے پیغام کا پرچار شروع ہو گیا تھا۔ خدا نے آدم اور حوا سے وعدہ کیا تھا کہ ایک ہستی آئے گی جو شیطان کا سر کچلے گی۔ یہ ہستی خداوند یسوع مسیح تھا جو اس دُنیا کو نجات دینے اور اپنے لوگوں کو گناہ سے رہائی دینے کے لئے اس دنیا میں آگیا۔ عہدِ عتیق میں انبیا کرام نے مسیح کے تعلق سے بڑی تفصیل کے ساتھ لکھا جس نے آکر اپنے لوگوں کو اُن کے گناہوں سے رہائی دینا تھی۔

دُنیا کے آغاز ہی سے انجیل کی منادی شروع ہو گئی تھی۔ یہ نجات دہندہ کا پیغام تھا جو ہمارے گناہوں کی خاطر مرنے کے لئے اس دنیا میں آیا۔ جو اس پیغام کو قبول کرتے ہیں

انہیں گناہوں کی معافی کا علم ہے۔ وہ جانتے ہیں کہ وہ آسمانی باپ کی حضوری میں ابدیت گزاریں گے۔ (6 آیت) اگرچہ مسیحی زندگی بسر کرنا آسان نہیں، تاہم یہ فتح اور شادمانی کی زندگی ہے۔ پطرس رسول نے مسیح کی نجات کو جاننے والوں کو یہ تلقین کی کہ وہ یہ جانتے ہوئے مسیح کے ساتھ وفاداری سے چلتے رہیں کہ اگرچہ وہ اس دُنیا میں دُکھ اٹھاتے ہیں، لیکن اُن کے لئے آسمان پر ایک بڑی اُمید منتظر ہے۔

چند غور طلب باتیں

☆۔ کیا آپ مسیح یسوع کی خاطر دُکھ اور مخالفت کا سامنا کرنے کے لئے تیار ہیں؟ کیا آپ نے گناہ سے اپنا تعلق توڑ لیا ہے؟

☆۔ کیا گنہگار اور غیر ایماندار لوگوں کو آپ کے طرزِ زندگی میں کچھ فرق دیکھنے کو ملتا ہے؟ وضاحت کریں۔

☆۔ جب سے آپ نے خداوند کو قبول کیا اور اسے اپنا نجات دہندہ تسلیم کیا ہے، آپ کی زندگی میں کیا تبدیلی واقع ہوئی ہے؟

چند اہم دُعائیہ نکات

☆۔ خداوند کی شکرگزاری کریں کہ اس نے بخوشی و رضا آپ کے لئے صلیب پر جان قربان کر دی۔

☆۔ خداوند سے مدد اور توفیق چاہیں تاکہ آپ جسم اور گناہ آلودہ خواہشوں کے اعتبار سے روز بروز مرتے چلے جائیں۔

☆۔ کیا آپ کسی جسمانی خواہش اور رغبت کے ساتھ کشتی لڑ رہے ہیں؟ اس مخصوص گناہ پر فتح کے لئے خداوند سے دُعا کریں۔

☆۔ خداوند کی شکرگزاری کریں کہ اس موجودہ جہاں میں جسمانی طور پر دُکھ اُٹھانے کے بدلے ہمارے لئے آنے والے وقت میں ایک زندہ اُمید باقی ہے۔

باب30

خاتمہ قریب ہے

4 باب 7 تا 11 آیت

پطرس رسول ہمیں یاد دہانی کرا رہا ہے کہ مسیح کے پیروکار اور اس پر ایمان رکھنے والے شخص کے طور پر زندگی گزارنا آسان نہ ہو گا۔ ایسے لوگوں کی حیثیت سے جو خداوند یسوع کو اپنا نجات دہندہ قبول کر چکے ہیں، ہمیں یہ توقع کرنی ہے کہ دُنیا ہمیں اور ہمارے طرزِ زندگی کو سمجھنے میں مشکل کا شکار ہو گی۔ خداوند سے محبت رکھنے والوں کے لئے مسائل، ایذاء رسانی اور مصائب زندگی اور خدمت کے مختلف مقامات پر آئیں گے۔ لازم ہے کہ ہم ہمت نہ ہاریں، ہم خداوند پر اپنی نظریں مرکوز رکھیں اور اُس کے مقصد کو اپنا نصب العین بنالیں۔ پطرس رسول نے اپنے قارئین کو یاددہانی کرائی کہ خاتمہ قریب ہے۔ (7 آیت) دُکھ اُٹھانے اور مشکلات کا شکار ایمانداروں کے لئے یہ بات بڑی حوصلہ افزائی کا باعث ہوئی ہو گی۔ وہ انہیں بتا رہا تھا کہ وہ دن قریب ہے جب خداوند واپس آئے گا۔ اس دن ہر طرح کے دُکھ اور تکلیف کافور ہو جائیں گے۔ اس روز، خداوند اپنے لوگوں کو اپنے ساتھ ہمیشہ رہنے کے لئے لے جائے گا۔ انصاف اور امن قائم ہو گا۔ خدا کے لوگوں کے لئے یہ اُمید آج بھی باقی ہے۔ ہم مشکلات کا سامنا کر سکتے ہیں، کیونکہ ہمیں علم ہے کہ جنگ تو خداوند کی ہے۔ راستی اور انصاف کا بول بالا ہو گا۔ یہ حقیقت کہ خداوند کا دن قریب ہے، نہ صرف ہمارے لئے حوصلہ افزائی کا باعث ہو، لیکن پطرس رسول کے مطابق، یہ ہمارے لئے یاددہانی بھی ہو کہ پہلے سے کہیں زیادہ جانفشانی اور مستعدی سے ہمیں اپنے آپ کو تیار کرنا

ہے۔اس حقیقت کی روشنی میں، ہمیں اس دُنیا کے خاتمہ کے لئے تیار رہنا ہوگا۔اس تعلق سے ہمیں کئی ایک کام کرنے کی ضرورت ہے۔

صاف ضمیر اور پرہیز گار رہیں

شفاف ذہن کا تعلق ہماری توجہ اور دھیان سے ہے۔ کئی بار ہماری توجہ میں خلل پیدا ہو جاتا ہے۔ اس دنیا کی لذتیں اور کششیں ہماری توجہ اور دھیان خداوند پر سے اُٹھا دیتی ہے۔ خاتمہ قریب ہے، پس ہمیں اپنی توجہ اور دھیان درپیش دوڑ اور مقصدِ حیات پر مرکوز رکھنی چاہیئے۔ دَوڑ میں دَوڑنے والے کی طرح ہماری پوری توجہ اپنی منزل کی طرف ہونی چاہیئے۔ ہم خداوند کی آمد کے لئے تیار رہنا چاہتے ہیں۔ ہمیں پرہیز گار بھی ہونے کی ضرورت ہے۔ اس کا معنی ہے کہ اپنے اعمال و افعال میں ہم منظم ہوں۔ ہمیں ان معاملات کے تعلق سے چوکس رہنا چاہیئے جو خدا کے مقصد، ارادے اور کام میں خلل پیدا کرتے ہیں۔ ہمیں وفاداری سے خدا کے مقصد کے لئے خداوند کے ساتھ چلتے رہنا چاہیئے۔

ہمیں دعا کرنے کے پیشِ نظر بھی منظم اور سنجیدہ ہونے کی ضرورت ہے۔ دُعا خداوند کے ساتھ گفتگو ہے۔ دُعا اور خدا کے کلام کے وسیلہ سے خدا ہماری ہدایت اور رہنمائی کرتا ہے۔**جب زندگی میں مشکلات اور مسائل بڑھنے لگیں تو دعا کا وقت بھی بڑھا دیں۔**

دعا کے وقت ہمیں خدا کی طرف سے حکمت اور فضل ملے گا تاکہ درپیش مشکل اور مسئلے کا سامنا اچھے طریقہ سے کر سکیں۔ جب خداوند کی آمد کا وقت قریب ہے، تو ہمیں پرہیز گار ہونے کی ضرورت ہے، ٹی وی، فضول گوئی، حد سے زیادہ انٹرنیٹ کا استعمال اور وقت کے ضیاع سے پرہیز تاکہ ہم دُعا میں زیادہ وقت گزار سکیں اور خداوند کی طرف سے حکمت اور فضل کو حاصل کریں جو ضرورت کے وقت ہماری بڑی مدد کر سکتا ہے۔

ایک دوسرے سے گہری محبت رکھیں

8 آیت ایک دوسرے سے محبت کرنے کی اہمیت پر زور دیتی ہے۔ غور کریں، یہ محبت عام نہیں بلکہ گہری محبت ہونی چاہیئے۔ محبت کے تعلق سے ہمیں یہ سمجھنے کی ضرورت ہے کہ یہ ایک عملی قسم کا لفظ ہے۔ محبت کا مطلب اور مفہوم دوسروں کی خدمت اور دوسروں کا خیال رکھنا ہے۔ محبت محض پُرجوش احساس و جذبات کا نام نہیں ہے۔ محبت دوسروں کے لئے جانفشانی سے نیکی اور بھلائی کرنے کا نام ہے خواہ مخالفت ہی کیوں نہ اُٹھانی پڑے۔

پطرس رسول بیان کرتا ہے کہ محبت بہت سے گناہوں پر پردہ ڈال دیتی ہے۔ بہت سے لوگ گناہ پر پردہ ڈالنے کے لئے بھی اس آیت کو استعمال کر سکتے ہیں۔ میں دو طرح سے اس آیت کو سمجھ سکتا ہوں۔ اول، محبت ہمیں اپنے کسی بھائی یا بہن کے خلاف گناہ کرنے سے روکتی ہے۔ جب ہم اپنے بھائیوں یا بہنوں سے اس طرح محبت کرتے ہیں جس طرح خداوند نے ہم سے محبت رکھی، تو ہم اُن کے خلاف کوئی گناہ نہیں کریں گے۔ یہ ہے گناہ پر پردہ ڈالنا۔ اور یوں ہم گناہ کرنے سے باز رہتے ہیں۔

دوئم، محبت کسی بھائی یا بہن کی کسی غلطی یا گناہ سے کہیں آگے دیکھنے کا نام بھی ہے۔ اس میں ہم بیرونی یا ظاہری گناہ کے پیچھے اس شخص کی حقیقی شخصیت کو دیکھتے ہیں۔ ایک محبت کرنے والی ماں اپنے آلودہ، گندے اور بدحال بچے کو بھی اپنی بانہوں میں لے لیتی ہے۔ کیوں کہ وہ گندے کپڑوں اور اس کی آلودہ حالت کو نہیں بلکہ اس گندے کپڑوں میں چھپے اپنے دل کے ٹکڑے کو دیکھتی ہے۔ اسی طرح سے، خداوند یسوع ہمیں توفیق بخشتا ہے کہ ہم ایک دوسرے کی ناکامیوں اور خامیوں کے باوجود ایک دوسرے کو قبول کرلیں۔

مہمان نوازی کریں

ایک دوسرے کے لئے پُر جوش محبت کا اظہار ایک دوسرے کی مہمان داری کرنے سے بھی ہوتا ہے۔ مہمان نوازی محض اپنی کلیسیا کے دوستوں کے آگے کھانا رکھنے سے کہیں بڑھ کر ہے۔ بلکہ اس حکم کا تعلق اس بات سے ہے کہ محتاجوں کی ضروریات پوری کی جائیں اور ایک دوسرے کی خدمت کی جائے۔ یہاں پر اس بات کا بھی خیال رکھا جائے کہ یہ سب کچھ بغیر بڑبڑاہٹ کے کیا جائے۔ جو کچھ بھی ہمارے پاس ہوتا ہے، ہم وہ محبت اور خوشی کے ساتھ پیش کرتے ہیں، محتاجوں کی ضروریات اور اُن کی مدد خوشی اور پورے دل سے کرنا، ایک بہت بڑے شرف کی بات ہے۔ وہ دن بہت قریب ہے جب خداوند یسوع مسیح ہمیں لینے کے لئے آئے گا تاکہ ہم ابدیت میں ہمیشہ اس کے ساتھ رہیں۔ ہمیں نہ صرف اپنے گھروں کو بلکہ ایک دوسرے کے لئے اپنے دلوں کو بھی کھولنا ہوگا۔

ایک دوسرے کی خدمت کے لئے اپنی نعمتوں کو استعمال کریں

جب ہم ایک دوسرے سے گہری محبت کرتے ہیں، تو ہم ایک دوسرے کی حوصلہ افزائی اور خدمت کے لئے اپنی روحانی نعمتوں کو بھی بروئے کار لاتے ہیں۔ اس اخیر زمانہ میں اگر ہم نے خدا کی بادشاہی کو وُسعت دینی ہے تو ہر ایک روحانی نعمت بڑی قدر و منزلت رکھتی ہے۔ خدا نے ہم میں سے ہر ایک کو منفرد لیاقتیں اور صلاحتیں عطا کی ہیں۔ مسیح کے بدن کے فعال انداز میں کام کرنے کے لئے ہر ایک نعمت بہت اہم ہے۔ جب ہم محبت سے ان تمام نعمتوں کو بروئے کار لاتے ہیں، تو یہ نعمتیں مسیح کے بدن کی ضروریات زبردست طریقہ سے پوری کرتی ہیں۔

جن ایمانداروں کے پاس صوتی (بولنے والی) نعمتیں ہیں، وہ اس طرح سے بولیں کہ گویا

وہ خدا کی طرف سے بات کر رہے ہیں۔ (11 آیت) خدا کے کلام میں ایسے لوگ موجود ہیں جنہوں نے خدا کی آواز کو سن کر خدا کا پیغام اس کے لوگوں تک پہنچایا۔ پطرس رسول صوتی نعمتیں رکھنے والوں سے مخاطب ہے کہ وہ کس طرح خدا کی آواز سن کر اُس کے دل کی آواز خدا کے لوگوں تک پہنچائیں۔ جب دنیا کا خاتمہ قریب ہے، تو ہمیں زیادہ سے زیادہ خدا کی آواز سننے کی ضرورت ہے، اگر آپ کے پاس صوتی نعمتیں ہیں۔ تو پھر مسیح کے بدن کو ان کی ضرورت ہے۔ جو کچھ بھی خداوند ہماری حوصلہ افزائی یا انتباہ کے لئے کہہ رہا ہے ہمیں وہ سننے کی ضرورت ہے۔ ہمیں خدا کی ہدایت ورہنمائی کی ضرورت ہے۔ جو بھی نعمتیں خدا نے آپ کو عطا کی ہیں، ان کی اہمیت کو سمجھیں اور مسیح کے بدن میں موجود لوگوں کے ساتھ ان کو بانٹیں۔ تاکہ اس اخیر زمانہ میں، خدا کی طرف سے آپ کے وسیلہ ان کی حوصلہ افزائی ہو اور انہیں ہدایت اور رہنمائی ملے۔

اس اخیر زمانہ میں صرف صوتی نعمتیں ہی ضروری نہیں ہیں۔ کلیسیا بعض لوگوں کی زندگی میں خدمت کرنے والی نعمتیں بھی پائی جاتی ہیں۔ ایسے ایمانداروں کو اپنے ارد گرد موجود لوگوں کی ضروریات دیکھنے کی توفیق ہوتی ہے اور وہ آگے بڑھ کر عملی انداز سے لوگوں کی خدمت کرتے ہیں۔ یہ خدمت تھکا دینے اور گھبرا دینے والی خدمت بھی ہو سکتی ہے۔ اس کے لئے بڑی توانائی حکمت اور ایسی لیاقت کی کی ضرورت ہوتی ہے جو خداوند کی طرف سے ملتی ہے۔ پطرس رسول نے ایمانداروں کو تلقین کی ہے کہ وہ مسیح کے بدن کی تعمیر و ترقی کے لئے اپنی روحانی نعمتوں کو بروئے کار لائیں۔ تاکہ خداوند کی تعریف وتمجید ہو۔ جس قدر ہم خداوند کے دن کو قریب ہوتا ہوئے دیکھیں، یقین جانیں اسی قدر ہمیں ایک دوسرے کی بہت زیادہ ضرورت ہے۔

یہ آیات ہمارے سامنے چیلنج رکھتی ہیں کہ ہم خداوند کی آمد کے پیش نظر تیار ہوں،

خداوند پر اپنی توجہ مرکوز رکھیں، اور محبت کے ساتھ ایک دوسرے کی خدمت کے لئے کمر بستہ رہیں۔ میری دُعا ہے کہ خداوند ہمیں اپنی آمد ثانی کے لئے تیار کرے اور جو کچھ بھی ہم کہیں یا کریں اس سے خداوند کو عزت، جلال اور تمجید حاصل ہوتی رہے۔

چند غور طلب باتیں

☆۔ ہمارے لئے یہ کیوں کر اہم ہے کہ ہم صاف و شفاف ذہن رکھنے کے ساتھ ساتھ خود کو منظم بھی رکھیں؟ کیا آپ اپنی روحانی زندگی میں منظم اور پرہیز گار ہیں؟

☆۔ اس بات کا کیا ثبوت ہے کہ خداوند کی آمد ثانی قریب ہے؟

☆۔ خداوند نے آپ کو کون سی نعمتیں عطا کی ہیں؟ کلیسیا اور خداوند کے لئے آپ ان نعمتوں کو کس طرح استعمال کر رہے ہیں؟

☆۔ آپ کی مضبوطی اور روحانی پختگی اور حوصلہ افزائی کے لئے خدا نے کس طرح دوسرے ایماندار کی زندگی میں موجود نعمتوں کو استعمال کیا ہے؟

چند اہم دُعائیہ نکات

☆۔ خداوند سے دعا کریں کہ آپ کی زندگی سے ہر طرح کی رکاوٹوں اور خلل پیدا کرنے والی چیزوں کو دور کرے تاکہ پوری یکسوئی سے اس پر دھیان کر سکیں۔

☆۔ خداوند سے مسیح کے بدن کے لئے گہری محبت اور عقیدت مانگیں۔

☆۔ خداوند سے فہم و روشنی مانگیں تاکہ آپ جان سکیں کہ کس طرح آپ مسیح کے بدن کے لئے اپنی نعمتوں کو بروئے کار لا سکتے ہیں۔

باب 31

آزمائشوں میں خوشی منائیں

1 پطرس 4 باب 12 تا 19 آیت

پطرس رسول نے اِس بات کو واضح کر دیا ہے کہ وہ لوگ جو خداوند یسوع مسیح کی خدمت گزاری کا کام کرنا چاہتے ہیں وہ اس دُنیا میں دُکھ اٹھائیں گے۔ گزشتہ باب میں پطرس رسول نے واضح کیا کہ سب چیزوں کا خاتمہ قریب ہے۔ انہیں اس بات سے ہمت باندھنی تھی۔ اس سے بھی بڑھ کر یہ کہ اس نے اپنے قارئین کو یہ بتایا کہ وہ مسیح یسوع کی خاطر دُکھ اُٹھاتے ہوئے خوشی محسوس کریں۔ پطرس رسول 12 آیت میں اپنے قارئین کو یہ خیال پیش کرنا شروع کرتا ہے کہ انہیں اس بات سے تعجب نہیں ہونا چاہئے کہ وہ دُکھ اٹھا رہے ہیں یا کڑے امتحانوں سے گزر رہے ہیں۔ بعض اوقات لوگ اس بات سے حیرت زدہ ہو جاتے ہیں کہ مسیح یسوع کو اپنا نجات دہندہ قبول کرنے کے بعد اُنہیں آزمائشوں اور امتحانوں کا سامنا کرنا پڑے گا۔ یہ کیا ہی خوبصورت بات ہو کہ اگر مسیح یسوع کو قبول کرنے کا مطلب دکھوں کا خاتمہ ہو لیکن حقیقت اس کے برعکس ہے۔

بہت سے لوگ اس بات پر متفق ہیں کہ جب وہ خداوند یسوع مسیح کو اپنا نجات دہندہ قبول کرتے ہیں تو اسی وقت اُن کے دُکھوں کا آغاز ہو جاتا ہے۔ مجھے وہ نو عمر لڑکیاں اچھی طرح یاد ہیں جب میں ایک کلیسیا کے ساتھ کام کیا کرتا تھا۔ اُنہوں نے خداوند یسوع مسیح کو اپنا نجات دہندہ قبول کیا تو بلا تاخیر اُن کے گھر والوں نے اُن کی مخالفت شروع کر دی۔ ان نَو عمر لڑکیوں کے لئے خداوند یسوع مسیح کو قبول کرنے کا مطلب اُن کے دُکھوں کا آغاز تھا۔

ہمیں اس پر حیرت زدہ نہیں ہونا، اس دُنیا کو ہمارے خداوند کی راہوں کی سمجھ بوجھ حاصل نہیں ہے۔ نہ ہی وہ اس کے مقصد اور ارادے کو اپنی زندگی کے لئے سمجھتے ہیں۔ جب ایک فوجی میدان جنگ میں ہوتا ہے تو اُسے دشمن کے حملے سے کوئی تعجب نہیں ہوتا۔ اسی طرح وہ لوگ جو خداوند کی فوج کا حصہ بن چکے ہیں، اُنہیں بھی اس بات پر تعجب نہیں ہونا چاہیے کہ ہم ابلیس کے تیروں کا نشانہ ہیں۔ بطور ایماندار، ہمیں مخالفت کا سامنا کرنے کے لئے تیار رہنا چاہیے۔

صرف یہی نہیں کہ ہمیں دُکھوں، امتحانوں اور مشکل وقت سے آگاہ رہنا چاہیے بلکہ یہ بھی سیکھنا ہوگا کہ کس طرح ہم مسیح کی خاطر دُکھ اٹھاتے وقت خوشی منا سکتے ہیں۔ مسیح کی خاطر دکھ اٹھاتے ہوئے ہمیں اس لئے خوشی منانی ہے تاکہ ہم خداوند کے جلال کے ظہور کے وقت مزید خوشی اور شادمانی سے بھر جائیں۔ خداوند کے جلال کا مکاشفہ کیا ہے؟ کیا ممکن ہے کہ یہ خداوند کی آمد کا حوالہ ہے؟ اگر ایسا ہی ہے تو پھر ایماندار جو بخوشی و رضا خداوند کے لئے دکھ اٹھاتے ہیں، خداوند کے ظہور کے وقت شادمان ہوں گے، جو اُن کے دُکھ درد ختم کرکے اُنہیں ابدی اجر سے نوازے گا۔

14 آیت میں پطرس رسول دُکھوں میں خوش اور شادمان ہونے کی ایک اور وجہ بھی بیان کرتا ہے، کہ جب ایماندار خداوند کی خاطر بے عزت اور رسوا ہوتے ہیں تو انہیں اس بات کا علم ہوتا ہے کہ خداوند کا جلال اُن پر آٹھہرتا ہے۔ بالفاظ دیگر، دنیا ہمارا تمسخر اڑاتی ہے، ہمیں رسوا کرتی ہے، کیونکہ انہیں خدا کے جلال کی وہ حضوری پسند نہیں ہے جو ہم پر ٹھہرتی ہے۔ ہمیں اس لئے رسوا کیا جاتا ہے کیونکہ خدا کا جلال ہماری زندگیوں پر ٹھہرتا ہے۔ یہ کس قدر شرف واستحقاق کی بات ہے کہ ہم خدا کے کردار و، صفات کو منعکس کرنے کا ایک وسیلہ ہیں۔ اس بات کو محسوس کرتے ہوئے ہمیں کس قدر خوشی محسوس ہونی چاہئے کہ ہم

خدا کی بادشاہی میں ستاروں کی مانند روشن ہیں۔

15اور16 آیت میں، راستبازی اور نیکی کر کے دُکھ اٹھانے اور گناہ اور بیوقوفی کی وجہ سے دُکھ اٹھانے میں فرق واضح کیا گیا ہے۔ کیونکہ کچھ لوگ ایسے بھی ہوتے ہیں جو اپنی بد اعمالیوں کی وجہ سے بھی دُکھ اٹھاتے ہیں، انہیں قانون اور معاشرتی اقدار کو رد کرنے کی وجہ سے بھی دُکھ اٹھانا پڑتا ہے۔ اگر کوئی شخص اس طرح سے دُکھ اٹھاتا ہے تو یہ مسیح کی خاطر دُکھ اٹھانا نہیں ہے۔ مسیح کی خاطر دُکھ اٹھانے کا مطلب نیکی کر کے دُکھ اٹھانا ہے، ہمیں اس لئے دُکھ اٹھانا پڑتا ہے کیونکہ ہم اس کے لئے زندگی بسر کرتے اور اُس کے مقصد اور ارادے کو اپنی زندگی سے پورا کرتے ہیں۔

لیکن وہ لوگ جو بُرائی کر کے دُکھ اٹھاتے ہیں، اُنہیں اس کا خمیازہ بھی بھگتنا پڑتا ہے۔ لیکن جو راستی اور نیکی کے کام کر کے دُکھ اٹھاتے ہیں اُن پر ظلم و جبر ہوتا ہے اور وہ ناحق دُکھ اٹھاتے ہیں۔ اگر ہم مسیح کی خاطر دُکھ اٹھاتے ہیں، تو ہمیں اس سے شرمندگی نہیں ہونی چاہئے۔ جب ہم ذلیل ورسوا ہوتے ہیں تو یاد رکھیں کہ مسیح نے بھی اسی طرح ہمارے لئے ذلت ورسوائی اٹھائی تھی۔ نیکی کر کے دکھ اٹھاتے ہوئے ہم مسیح کے نقشِ قدم پر چلتے ہیں۔

17اور18 آیت میں، پطرس رسول بیان کرتا ہے کہ خدا اپنوں کی عدالت کرتا ہے، وہ غیر ایمانداروں کے ہاتھوں، دُکھ اور امتحانوں سے گزار کر اپنے گھرانے کو گناہ سے پاک کرتا ہے۔ خداوند اپنے لئے دلہن تیار کر رہا ہے، اگر خدا اپنے لوگوں سے سختی سے پیش آتا ہے، تو ان لوگوں کا کیا بنے گا جو اُس کے گھرانے کے نہیں ہیں؟ یوم عدالت خدا کے قہر و غضب کی عدالت کے باعث ابدی آگ کا سامنا کرنے کی بہ نسبت بہتر ہے کہ اس وقت خدا کی پاک وصاف کرنے والی آگ کو برداشت کیا جائے جو اس نے ایمانداروں کے لئے رکھی ہے تاکہ وہ گناہ سے پاک اور صاف ہو جائیں۔

پطرس رسول ان ایمانداروں کو تلقین کرتے ہوئے اختتام کرتا ہے جو مسیح یسوع کی خاطر دکھ اٹھا رہے تھے۔ وہ انہیں نصیحت کرتا ہے کہ وہ اپنے آپ کو وفادار خالق کے سپرد کریں اور نیکی کرنا جاری رکھیں۔ غور کریں، انہیں اپنے آپ کو وفادار خالق کے سپرد کرنا تھا۔ بعض اوقات ہماری سمجھ سے بالاتر ہوتا ہے کہ خداوند کیا کر رہا ہے۔ ان وقتوں میں، ہمارا فرض کلی یہی ہے کہ ہم خداوند پر توکل اور بھروسہ کریں اور اس کے مقصد اور مرضی پر اپنی توجہ مرکوز رکھیں۔ ہمارا خداوند وفادار خدا ہے اور ہمیشہ ہمارا بھلا چاہتا ہے ہم بہ دل و جان اس پر بھروسہ کر سکتے ہیں۔

اس زمینی زندگی میں، دُکھ لازمی حصہ ہیں۔ ایماندار ہوتے ہوئے ہمیں مسیح کی خاطر دکھ اٹھانا ہوگا۔ ہمیں ایسی صورت میں شادمان ہونا ہے، ہرگز موقع نہ دیں کہ دکھ آپ کو افسردہ، بے دل یا بے حوصلہ کر دیں۔ اس کی بجائے، ہمیں یہ سیکھنا ہوگا کہ ایسے وقتوں میں ہمیں شادمان ہونا چاہیے کیونکہ خدا کے جلال کا روح ہم پر سایہ کرتا ہے، کیونکہ ہم مسیح کے نام کو اپنی زندگی میں لئے ہوئے ہیں۔ کیونکہ خدا ہمیں ہمارے گناہوں سے پاک کر رہا ہے، ہمارا خالق وفادار خداوند ہے، جو دل سے ہمارا بھلا چاہتا ہے۔

چند غور طلب باتیں

☆۔ کیا آپ نے درست اور واجب کام پر بھی دُکھ اٹھایا ہے؟ وضاحت کریں۔

☆۔ ہمیں اس بات پر کیوں تعجب نہیں کرنا چاہیئے کہ ہم اس زندگی میں دُکھ اٹھائیں گے؟

☆۔ اپنے دُکھوں میں ہمیں کیوں کر شادمان ہونا چاہیئے؟

☆۔ دُکھوں کے وسیلہ سے خدا کون سا کام سرانجام دیتا ہے؟

☆۔ کوئی برا کام کر کے دُکھ اٹھانے اور خداوند کی خاطر دُکھ اٹھانے میں کیا فرق ہے؟

چند اہم دُعائیہ نکات

☆۔ خداوند کی شکر گزاری کریں کہ وہ عظیم اور مہیب خدا ہے اس کا وعدہ ہے کہ زندگی کے کڑے امتحانوں اور دُکھوں میں بھی وہ ہمارے ساتھ رہے گا۔

☆۔ خداوند سے دُعا کریں کہ وہ آپ کی مدد کرے تاکہ آپ اپنے دُکھوں اور کڑے امتحانوں میں بھی شادمانی کی زندگی بسر کر سکیں۔

☆۔ خداوند کی شکر گزاری ان کاموں کے لئے کریں جو اس نے آپ کی زندگی میں دُکھوں کے وسیلہ سے سرانجام دئے ہیں۔

☆۔ اپنے دوستوں یا عزیزوں کے لئے دُعا کریں جو ابھی تک خداوند سے واقف نہیں ہیں۔ خداوند سے دُعا کریں کہ وہ اُنہیں نجات کا علم بخشے تاکہ وہ آنے والی عدالت سے بچ سکیں۔

باب 32

بزرگوں سے کلام

1 پطرس 5 باب 1-4 آیت

1 پطرس کے اس آخری باب میں، پطرس رسول نے نوجوانوں اور بزرگوں کے سامنے ایک خاص چیلنج رکھا ہے۔ یہاں پر باب کے شروع ہی میں ہم اس چیلنج پر غور کریں گے جو اُس نے بزرگوں کو پیش کیا۔

پطرس اُنہیں اپنی مانند بزرگ جانتے ہوئے ان سے اپیل کرتا ہے (1 آیت) اگرچہ وہ محض بزرگ کی حیثیت سے کہیں زیادہ اُوپر کے درجہ پر تھا تو بھی اُس نے اپنے آپ کو اُن بزرگوں کی سطح پر رکھا۔ حالانکہ وہ ایک رسول بھی تھا۔ بزرگ ہوتے ہوئے، پطرس رسول کو علم تھا کہ مقامی کلیسیا میں ایک قائد ہوتے ہوئے کیسی مشکلات اور مسائل کا سامنا کرنا پڑتا ہے۔

قابلِ غور بات یہ ہے کہ نہ صرف پطرس رسول ایک بزرگ تھا بلکہ وہ مسیح یسوع کے دُکھوں کا گواہ بھی تھا۔ اس نے اسے دُکھ اٹھا کر جان قربان کرتے ہوئے دیکھا تھا۔ پطرس نے جب تین بار خداوند کا انکار کیا تھا تو اس نے اس کے دُکھوں میں مزید اضافہ کیا تھا۔ تاہم پطرس رسول کو یقین ہے کہ وہ اس جلال میں شریک ہو گا جو خداوند اپنے مقررہ وقت پر ظاہر کرے گا۔ پطرس رسول کو علم تھا کہ اُس نے تین بار خداوند کا انکار کیا ہے، تاہم اسے یہ بھی یقین تھا کہ خداوند نے اُسے معاف کر دیا ہے۔ پطرس رسول کو خداوند کی حضوری میں ابدیت کی خوبصورت امید حاصل تھی۔

جو کچھ پطرس رسول کے لئے سچ تھا، آج وہی ہمارے لئے بھی سچ ہے۔ ممکن ہے کہ آپ گناہ میں گر چکے ہیں اور خداوند کے خلاف باغیانہ روّیہ رکھتے ہیں۔ آج آپ حیران ہوں گے کہ کیا ممکن ہے کہ خدا مجھے دوبارہ قبول کرلے۔ اس آیت سے ہمیں ایک بہت بڑی اُمید حاصل ہوتی ہے۔ ہم خداوند یسوع مسیح کی معافی اور اس اُمید سے واقف ہو سکتے ہیں جو وہ اپنے بچوں کو عطا کرتا ہے۔ پطرس کو اپنی زندگی میں خدا کی معافی کا تجربہ ہوا تھا۔ اب وہ خداوند کی آمدِ ثانی کا منتظر تھا۔ اب اُس کی زندگی کا نصب العین یہی تھا کہ وہ خدا کی بادشاہی کو وُسعت دے۔

2 آیت میں، پطرس رسول نے بزرگوں کو تلقین کی کہ وہ خدا کے اس گلہ کی نگہبانی دلی شوق سے کرتے رہیں جو خدا کی طرف سے اُن کے سپرد ہوا ہے۔ یہاں پر چرواہے کی مثال کو سمجھنا بہت اہمیت کا حامل ہے۔ پطرس رسول ایک چرواہے کو ایک بادشاہ یا امیر شخص سے تشبیہ نہیں دیتا۔ اگرچہ بادشاہوں کے نوکر ہوتے ہیں جبکہ چرواہا بھیڑوں کا ایک نوکر ہوتا ہے تاکہ اُن کی ضروریات اور آرام کا خیال رکھے۔ اس کے لئے محنت اور نظم و ضبط درکار ہوتا ہے۔

پطرس رسول کے مطابق، بزرگ خوشی و رضا کے ساتھ خدمت کرنے کے لئے تیار ہوتا ہے۔ اس کے لئے یہ بڑے شرف کی بات ہوتی ہے کہ وہ مسیح کے بدن کی ضروریات کے لئے اپنی خدمات سر انجام دے۔ ہم تلخ مزاجی اور کڑواہٹ بھرا روّیہ رکھتے ہوئے خداوند کی خدمت اپنے دل سے نہیں کرسکتے۔ اگر ہم بخوشی و رضا خداوند کی خدمت نہیں کرتے تو ہماری خدمت سے خداوند کو جلال نہیں ملتا۔ خداوند یہی چاہتا ہے کہ اس کی خدمت کرنا ہمارے دل کی خوشی بن جائے۔ اس کا ہرگز یہ مطلب نہیں کہ ہماری خدمت کی راہ میں مشکلات اور مسائل نہیں آئیں گے۔ ہم خداوند کی خدمت میں امن و شادمانی کا

تجربہ کرتے ہیں، خدا یہی چاہتا ہے کہ ہم ایسے خدام بن جائیں جو بخوشی و رضا، پورے دل سے اس کی خدمت کے لئے کمربستہ رہیں۔

پطرس رسول 2 آیت میں مزید بیان کرتا ہے کہ بزرگ کے لئے لازم ہے کہ وہ روپے پیسے کا لالچی نہ ہو بلکہ خدمت کرنے کے لئے سرگرم ہو۔ اسے اس بات کی خوشی ہو کہ وہ بطور ایک بزرگ خدمات سرانجام دے رہا ہے۔ ایسی سرگرمی، دلی اشتیاق اور جوش و جذبہ اس کے دل میں موجود ہو کہ اسے کسی بھی مالی اجر کی توقع نہ رہے۔ اس کا ہرگز یہ مطلب نہیں کہ بزرگوں کو اُن کی خدمت کا معاوضہ نہیں ملنا چاہئے۔ خدا کا کلام ہمیں بتاتا ہے کہ کلام کی منادی کرنے والوں کی ان کی محنت کا صلہ ملنا چاہئے۔ (1 تیمتھیس 5 باب 17 آیت) ایک بزرگ کی خدمت کے پیچھے روپے پیسے کی دوڑ نہیں ہونی چاہئے۔ بزرگ اس لئے خدمت کریں کیونکہ مسیح کے بدن کی خدمت کرنے کا جذبہ اور اُن کے دل میں مسیح کی محبت جوش مارے اور وہ اس محبت کے جوش کے بدلے میں خاموش نہ رہے بلکہ متحرک ہو کر سرگرمی سے میدانِ عمل میں اُتریں۔

بزرگ کی خدمت کا ایک اور پہلو بھی ہے۔ پطرس رسول نے بزرگوں کو آگاہ کیا ہے کہ خدا کے گلہ پر حکمرانی نہ کریں۔ حکمرانی کا مطلب ہے کہ وہ ان سے خدمت طلب نہ کریں بلکہ اُن کی خدمت کرنے کے لئے کمربستہ رہیں۔ یہاں پر ہم نے مختصر طور پر چرواہے اور بادشاہ میں فرق کو بیان کیا ہے۔ چرواہا گلے کی خدمت کرتا ہے جبکہ بادشاہ یہی چاہتا ہے کہ رعایا اُس کی خدمت کے لئے کمربستہ رہے۔ ایک بزرگ کو بادشاہ جیسا روّیہ، سوچ اور مزاج نہیں رکھنا چاہئے کہ وہ دوسروں سے خدمت کی توقع کرے۔ وہ اپنے عہدے اور مقام کو دوسروں پر رعب ڈالنے یا اپنا مطلب پورا کرنے کے لئے استعمال کرے۔ مجھے ایسی کلیسیاؤں میں جانے کا اتفاق ہوا ہے جہاں پر بزرگ یہی سمجھتے اور رویہ اختیار کرتے ہیں کہ

انہیں کلیسیائی اراکین پر مکمل اختیار حاصل ہے کہ وہ اُن سے جیسا مرضی روّیہ اختیار کر لیں یا پھر جس طرح بھی چاہیں اُن سے کام کر والیں۔ ایک بزرگ کو گلہ کے لئے نمونہ بننا چاہیئے۔ بزرگ کو چاہیئے کہ وہ اس بات کو یاد رکھے کہ وہ سردار گلہ بان کے سامنے اپنی خدمات کے لئے جواب دہ ہو گا۔ وفاداری سے گلہ کی خدمت کرنے والوں کو ابدی اَجر سے نوازا جائے گا۔ خداوند کی خدمت ایک چرواہے کے طور پر کرنا بڑے شرف کی بات ہے، لازم ہے کہ ہم دلی خوشی، انکساری سے خادمانہ دل رکھتے ہوئے خدا کی خدمت میں لگے رہیں۔

چند غور طلب باتیں

☆۔ ایک بادشاہ اور چرواہے میں کیا فرق ہوتا ہے؟

☆۔ گلے پر حکمرانی جتانے کا کیا مطلب ہوتا ہے؟

☆۔ کیا آپ اپنی کلیسیا میں ایک بزرگ یا روحانی قائد ہیں؟ کیا آپ ایسا اچھا نمونہ اور کردار رکھتے ہیں کہ دوسرے آپ کے نقش قدم پر چلیں؟

☆۔ کیا آپ کی کلیسیا کے بزرگ ایسا اچھا نمونہ ہیں کہ آپ اُن کی پیروی کر سکیں؟

☆۔ خداوند نے آپ کو کون سی خاص خدمت سے نوازا ہے؟ کیا دلی خوشی کے ساتھ آپ خداوند کی خدمت کر سکتے ہیں؟

چند اہم دُعائیہ نکات

☆۔ خداوند سے دُعا کریں کہ وہ آپ کی کلیسیائی قیادت کو برکت دے۔

☆۔ خداوند کی شُکر گزاری کریں کہ وہ سردار گلہ بان ہے، جب آپ اُس کے گلہ کی فکر اور خیال رکھیں گے تو وہ آپ کا خیال رکھے گا اور آپ کی تمام ضروریات پوری کرے گا۔

☆۔ خداوند سے درست روّیہ کے ساتھ خدمت کرنے کا فضل و توفیق مانگیں۔ خداوند کی خدمت کرتے ہوئے اگر کبھی بُرا اور غلط روّیہ اپنایا ہے تو خداوند سے معافی مانگ لیں۔

باب 33

نوجوانوں سے کلام

1 پطرس 5 باب 5-14 آیات

پہلی چار آیات میں بزرگوں سے مخاطب ہونے کے بعد، پطرس نے اپنے خط کا اختتام نوجوانوں سے بات کرتے ہوئے کیا ہے۔ پطرس رسول نے نوجوانوں کا نظرانداز نہیں کیا کیونکہ وہ اُنہیں کلیسیا کا ایک اہم حصہ سمجھتا ہے۔ ان نوجوانوں میں بڑی صلاحیت اور لیاقت پائی جاتی تھی۔ لیکن اُن کے سامنے بڑی بھیانک قسم کی آزمائشیں بھی تھیں۔ پطرس رسول اُنہیں نصیحت اور تلقین کرنے کے لئے کچھ وقت صرف کرتا ہے۔

بزرگوں کے تابع رہو

پطرس اس بات کا حوالہ دیتا ہے جو اُس نے بزرگوں سے کہا تھا۔ اس باب کے پہلے حصہ میں، پطرس رسول نے بزرگوں سے یہ کہا تھا کہ وہ خدا کے گلہ پر حکمرانی نہ کریں۔ اس کی بجائے انہیں خادمانہ روّیہ کے ساتھ عاجزی اور انکساری کی زندگی بسر کرنا تھی۔ یہاں پر وہ نوجوانوں کو یاددہانی کراتا ہے کہ اگر بزرگ خادمانہ روّیہ اپناتے ہیں تو اُنہیں بھی عاجزی اور انکساری سے کام لیتے ہوئے خادمانہ روح میں ان کے تابع رہنا ہے۔ وہ نوجوانوں کو نصیحت کرتا ہے کہ بزرگوں کے تجربہ اور اُن کی عمر کی بنا پر اُن کے تابع رہیں اور ان کا احترام کریں۔ ان بزرگوں نے زندگی میں کئی ایک سبق سیکھے تھے۔ نوجوانوں کے لئے ایک آزمائش یہ بھی ہوتی ہے کہ وہ بزرگوں کو ناچیز نہ جانیں۔ نسل در نسل تہذیب وتمدن بدلتا رہتا ہے۔ بزرگ لوگ بعض اوقات بڑے روایت اور قدامت پسند دکھائی دیتے ہیں اور

دورِ جدید کے تقاضوں سے بہت پیچھے معلوم ہوتے ہیں۔ پطرس رسول نوجوانوں کو تلقین کرتا ہے کہ وہ ایسا طرزِ فکر ترک کر کے بزرگوں کی عزت کریں اور جس قدر موقع ملے اُن سے سیکھتے بھی رہیں۔

عاجزی اور انکساری کا لباس پہنو

نوجوانوں کو ایک دوسرے کے لئے عاجزی اور انکساری اختیار کرنا تھی۔ نوجوان نسل کا خون گرم، جبکہ جذبے جوان، پھرتیاں اور تیزیاں ان کے رگ رگ میں پائی جاتی ہیں، اس لئے بعض اوقات وہ بے صبری اور سرکشی کا مظاہرہ بھی کر سکتے ہیں۔ اس سے باآسانی ان میں مقابلہ بازی شروع ہو سکتی ہے۔ پطرس رسول نوجوانوں کو یہی نصیحت کرتا ہے کہ وہ اپنی توانائی کو اپنے کنٹرول میں رکھیں اور اس کا مناسب استعمال کریں۔ اُنہیں اپنی جوانی کو موقع نہیں دینا تھا کہ وہ انہیں تکبر میں مبتلا کر دے۔ اس کی بجائے انہیں خود کو عاجز اور فروتن بنانا اور ایک دوسرے کی عزت کرنا تھی۔ عاجزی اور انکساری سے کام لیتے ہوئے انہیں دوسروں کی تعمیر و ترقی کے لئے راستے ہموار کرنے تھے۔ اس کے لئے یہی تقاضا تھا کہ وہ خود کو خداوند کے تابع کر دیں۔ اور اُس کے مناسب وقت کا انتظار کریں۔ اُنہیں موقع دینا تھا کہ خداوند اپنے قوت بازو سے اُن کی زندگی میں کام کرتے ہوئے ان کی تربیت کرے اور ایسا برتن بنائے جیسا وہ بنانا چاہتا تھا۔ اپنی من مرضی سے ترقی کرنے کی بجائے، انہیں خداوند کے منتظر رہنا تھا کہ وہ اُنہیں ترقی عطا کرتا اور اپنے وقت پر اُنہیں سرفراز کرتا۔

میری زندگی میں بھی کبھی ایسا وقت تھا جب مجھے اس حقیقت کا فہم و ادراک حاصل نہیں تھا کہ میں نے کس طرح خداوند کے قوی ہاتھ کے نیچے فروتنی سے رہنا ہے۔ جوان جذبے کسی کا انتظار نہیں کرتے۔ پطرس جوانوں کو نصیحت کرتا ہے کہ وہ عاجزی سے وہ کام کرتے چلے

جائیں جس کے لئے خدا نے اُنہیں بلایا تھا۔ جب وہ خداوند کی رہنمائی کے تابع رہتے ہوئے وفاداری سے آگے بڑھتے اور اُس کی مرضی کو پورا کرتے رہیں گے تو خداوند انہیں وقت پر سرفراز کرے گا۔

غور کریں کہ خداوند کا ہاتھ قوی ہے۔ اس کا مطلب یہ ہوا کہ خداوند وہ کچھ کر سکتا ہے جو وہ کرنا چاہے۔ بعض اوقات اس کا قوی ہاتھ ہمیں ایسی صورتحال اور حالات سے دوچار کر دیتا ہے جسے ہم بالکل بھی پسند نہیں کرتے، بعض اوقات اُس کے قوی ہاتھ کا دباؤ اِس قدر بھاری ہوتا ہے کہ ہم ایسا محسوس کرتے ہیں گویا کہ ہمیں بالکل کچلا جا رہا ہے۔ عاجزی یہی ہے کہ جو کچھ خدا کر رہا ہے، اسے قبول کریں اور اپنے قوی ہاتھ سے جو کچھ خدا سرانجام دینا چاہتا ہے، اسے کرنے دیں۔ جس چیز کو ٹوٹنے کی ضرورت ہے، لازم ہے کہ وہ توڑی جائے، جیسا مناسب ہے، خداوند ہماری کانٹ چھانٹ کرے۔ سرفرازی اور ترقی کا یہی واحد طریقہ کار ہے۔ ہم اپنی تعمیر و ترقی کے لئے ہاتھ پاؤں مار سکتے ہیں لیکن ہماری کاوشیں اس وقت تک ناکام رہیں گی جب تک خداوند ہمیں برکت نہ دے۔ کیونکہ جب ہم متکبرانہ رویہ سے کچھ بھی کرتے ہیں تو وہ بے سود اور لاحاصل ہوتا ہے۔ وہ ایماندار جو خود کو عاجز اور فروتن کرتے ہیں اور خدا کو کام کرنے کا موقع دیتے ہیں، انہیں ہی حقیقی معنوں میں علم ہوتا ہے کہ سرفرازی دراصل کیا ہے۔ اُن نوجوانوں کو ضرورت تھی کہ وہ عاجزی اور انکساری اختیار کرتے، اور خدا کو موقع دیتے کہ وہ اُن کی زندگیوں میں اپنی کامل مرضی کو پایہ تکمیل تک پہنچائے، اس کے لئے اُنہیں خداوند کے تابع ہونے کی ضرورت تھی۔

اپنی فکریں اُس پر ڈال دو

7 آیت میں نوجوانوں کے لئے ایک اور چیلنج بھی پایا جاتا ہے۔ پطرس رسول نے اُنہیں تلقین کی کہ وہ اپنی ساری فکریں اس پر ڈال دیں۔ پطرس رسول انہیں یاددہانی کراتا ہے

کہ خداوند کو اُن کی فکر ہے اور وہ اُن کا خیال رکھتا ہے۔ ان نوجوانوں کو ابھی تک تجربہ سے معلوم نہیں تھا کہ خداوند ان کی فکر کرتا ہے۔ وہ اس بات سے بے خبر تھے کہ خداوند فی الواقع ان کے نامساعد حالات اور ناگوار صورتحال میں اُن کی فکر کرتا ہے۔ جبکہ بزرگ لوگ کئی ایک طرح کے نشیب و فراز سے گزر چکے تھے۔ اُنہیں ذاتی تجربہ سے علم تھا کہ خداوند ناگوار صوتحال اور کڑے وقتوں میں اُن کی فکر کرتا اور اُن کا خیال رکھتا ہے۔ پطرس نوجوانوں کو اس بات کی تلقین کرتا ہے کہ وہ اپنی ساری فکریں خداوند پر ڈال دیں کیونکہ وہ ان کی فکر کرتا ہے۔ خدا ہی زندگی میں آنے والے اچھے برے وقت میں اپنے لوگوں کی بھلائی کے لئے کام کرتا ہے، اس لئے وہ اس پر بھروسہ اور توکل کرسکتے تھے۔

میرے لئے بھی یہ کوئی حیرت اور اچنبھے کی بات نہیں کہ اکثر و اوقات ہم پریشانی کے پھندے میں پھنس جاتے ہیں۔ میری زندگی میں ایسے وقت بھی آئے جب پریشانی نے مجھے اس نہج تک پہنچا دیا کہ میں خود کو مفلوج محسوس کرنے لگا۔ فکرمندی کا کیا علاج ہے؟ ہمیں اپنی فکریں، چیلنجز اور پریشانیاں خداوند کو دینی ہیں۔ ہمیں اپنے آپ کو اور ہر اس چیز کو خداوند کے سپرد کرنا ہے جو ہمارے اندر خوف کا باعث بنتی ہے۔ اور پھر سب کچھ خداوند کے ہاتھوں میں جو قوی اور قادر ہیں دے دینا ہے۔ اس کی محبت بھری گرفت اور تحفظ میں ہماری ہر ایک صورتحال اور حالات کا خیال رکھا جاتا ہے۔

پرہیزگار بنیں اور جاگتے رہیں

پطرس رسول نے نوجوانوں کو نصیحت کی ہے کہ وہ پرہیزگار بنیں اور جاگتے رہیں۔ (8 آیت) پرہیزگاری روح القدس کا پھل ہے۔ (گلتیوں 5 باب 23 آیت) یہ خداداد نعمت و صلاحیت ہے جو ہمیں مشکل وقت میں بھی خدا کے کلام کی تابعداری کرنے کے لئے

منظم کرتی ہے۔ یہ وہ خواہش ہے جو خدا کے پاک روح کے سبب ہم سب میں پیدا ہوتی ہے کہ ہم اپنے آپ کو خداوند کے تابع کر دیں۔ خواہ اس کے لئے ہمیں کیسی ہی قیمت کیوں نہ ادا کرنی پڑے۔ تاکہ ہم خدا کی مرضی اور اُس کے مقاصد کو اپنی زندگیوں میں پایہ تکمیل تک پہنچا سکیں۔ پرہیزگاری خودی اور اپنی خواہشوں کے اعتبار سے مرنے کا تقاضا کرتی ہے۔ ہم اس لئے بھی پرہیزگاری اختیار کرتے ہیں کیونکہ ہمیں معلوم ہے کہ دشمن ہر وقت موقع کی تلاش میں رہتا ہے کہ کسی نہ کسی طرح سے ہمیں گرا دے۔

پطرس رسول شیطان کو اُس دھاڑنے والے شیر ببر سے تشبیہ دیتا ہے جو تلاش کرتا پھرتا ہے کہ کسی کو پھاڑ کھائے۔ پریقین رہیں کہ اس کی نظریں آپ پر بھی ہیں۔ وہ بس موقع کی تلاش میں ہے کہ کس وقت آپ پر حملہ آور ہو۔ اچانک جب ہمیں گمان بھی نہیں ہوتا، وہ ہم پر حملہ آور ہو جاتا ہے۔ پطرس کو علم ہے کہ گناہ میں گرنا کیا ہوتا ہے، اس لئے وہ نوجوانوں کو تنبیہ کرتا ہے کہ وہ بیدار اور ہوشیار رہیں۔ پطرس رسول نے تین بار خداوند کا انکار کیا تھا۔ وہ اس قدر پُر اعتماد اور خود کو مضبوط سمجھتا تھا کہ اُس نے اپنی کمزوری میں خداوند سے مدد اور رہنمائی لینے کی ضرورت ہی محسوس نہ کی۔ وہ منہ کے بل جا گرا۔ پطرس ذاتی تجربہ سے جانتا تھا، اسی لئے تو اس نے نوجوانوں کو آگاہ کیا کہ وہ ہر وقت ہوشیار اور بیدار رہیں۔ اُنہیں دشمن کی قوت کو معمولی نہیں سمجھنا تھا۔

9 آیت میں، پطرس رسول نے نوجوانوں کو نصیحت کی کہ وہ ایمان میں قائم رہتے ہوئے دشمن کا مقابلہ کریں۔ جب ابلیس ہمیں آزمانے کے لئے آتا ہے، تو ہم خدا کے کلام کی سچائی پر ثابت قدم اور قائم رہتے ہوئے اس کا مقابلہ کرتے ہیں۔ باغ عدن میں ابلیس نے موقع پا کر حوا کے ذہن میں اس کلام کے تعلق سے شک پیدا کر دیا جو خدا نے ان سے کیا تھا۔ شیطان آج بھی یہی کام کرنے کے لئے جانفشانی کرتا رہتا ہے۔ اس کی سر توڑ کوشش

یہی ہے کہ ہماری توجہ اور دھیان خدا کے کلام پر سے ہٹادے۔ اگر وہ ایسا کرنے میں کامیاب ہو جائے تو سمجھ لیں کہ وہ ہمیں گرانے میں کامیاب ہو گیا ہے۔ لازم ہے کہ ہم خدا کے کلام کی سچائی پر قائم اور ثابت قدم اور قائم رہیں۔ ہر ایک چیز کا جائزہ خدا کے کلام کی روشنی میں لیں، خدا کا کلام ہی ہمارے لئے مینارِ روشنی ہے۔ اس سے بھٹک جانا زندگی کی راہ سے بھٹک جانا ہے۔

دشمن سے نبرد آزما ہوتے ہوئے، ہم بالکل بھی تنہا نہیں ہیں۔ دُنیا بھر میں ایماندار لوگ اسی جنگ میں مبتلا ہیں۔ ہمیں یاددہانی کرائی گئی ہے کہ تھوڑی مدت دُکھ اٹھانے کے بعد خداوند ہمیں بحال اور آزاد کرے گا۔، اس زندگی میں ہمیں دُکھ اٹھانا پڑتا ہے، خدا کی مرضی اور ارادہ یہی ہے کہ ہماری زندگی سے دُکھ اور امتحانوں کو ختم نہ کرے بلکہ اُنہیں بروئے کار لاتے ہوئے، اپنے مقصد اور ارادہ کو ہماری زندگی میں پایہ تکمیل تک پہنچائے۔ خدای قادر ہی ہر ایک چیز پر اختیار رکھتا ہے۔ اپنے مناسب وقت پر، وہ ہمیں بحال کرے گا۔ وہ ہمیں مضبوط اور ثابت قدم بنائے گا۔ (10 آیت) تابعداری سے ہمارا دُکھ اٹھانا، ہمارے کردار کی پختگی کے لئے مؤثر ثابت ہوتا ہے۔ ہم ایمان میں مضبوط ہونا چاہتے ہیں، لیکن اکثر اوقات ہم ان دُکھوں اور امتحانوں سے گزرنا نہیں چاہتے جو خدا نے ہماری پختگی اور تعمیر و ترقی کے لئے تشکیل دئے ہوتے ہیں۔ وہ خدا جو اجازت دیتا ہے کہ ناگوار حالات اور نامساعد صورتحال ہماری زندگی میں آئے، وہ اس قابل بھی ہے کہ ہمیں ان سب چیزوں سے نکال لے، لیکن مخلصی اور رہائی اسی وقت ممکن ہوتی ہے جب ہم اس پر توکل اور بھروسہ کرتے ہیں۔

پطرس اپنے قارئین کو یہ بتاتے ہوئے اختتام کرتا ہے کہ اس نے یہ خط سیلاس کی مدد سے لکھا ہے۔ وہ سیلاس کو ایک وفادار بھائی سمجھتا ہے۔ پطرس ایمانداروں کی ہمت افزائی

کرتا ہے، کہ وہ سچائی میں ثابت قدم اور قائم رہیں۔ یعنی اس کلام کو اپنے دلوں میں محفوظ رکھیں جو اُنہوں نے اُس سے اور دیگر رسولوں سے سنا تھا۔

13 آیت میں اس کی طرف سے سلام دُعا بھیجا جاتا ہے جو بابل میں ہے۔ اگر ہم واقعی یہ خیال کریں کہ یہ سلام دعا اس بہن کی طرف سے ہے جو بابل میں خدمت سرانجام دیتی تھی۔ تو اس سے مُراد یہ بھی لی جاسکتی ہے کہ یہ وہ کلیسیا ہے جو اس خطہ میں مشنری کاوّشوں سے وجود میں آئی تھی۔ مرقس کی طرف سے سلام دُعا بھیجا گیا جسے پطرس رسول عزیز فرزند جانتا ہے۔ بزرگ ہوتے ہوئے، پطرس رسول نے نوجوان مرقس کو اپنی شاگردیت میں لے لیا تھا تاکہ اُس کی حفاظت اور رہنمائی کرسکے۔

پطرس رسول اپنے قارئین کو یہ بتاتے ہوئے اختتام کرتا ہے کہ وہ ایماندار لوگ ایک دوسرے کو سلام کہیں اور پاک بوسہ بھی لیں۔ آخر پر وہ اُنہیں مسیح کے اطمینان کی برکت سے بھی نوازتا ہے۔

چند غور طلب باتیں

☆۔ یہ کیوں کر اہم ہے کہ ہم اپنے درمیان بزرگوں کا احترام کریں؟

☆۔ نوجوانوں کے لئے کون سی آزمائش زیادہ پرکشش ہوتی ہے؟

☆۔ خداوند کے قوی ہاتھ کے نیچے فروتنی سے رہنے کا کیا مطلب ہے؟ کیا ایسا کرنا ہمیشہ آسان ہوتا ہے؟

☆۔ اس وقت آپ کو کون سی خاص پریشانی اور فکر اندر ہی اندر کھائے جا رہی ہے؟ کیا آپ اپنی فکر خداوند کو دینے کے لئے تیار ہیں؟

☆۔ اپنے آپ کو عاجزی اور انکساری سے ملبس کرنے سے کیا مُراد ہے؟

☆۔ کیا آپ نے کبھی خود کو معاملات اپنے ہاتھ میں لیتے ہوئے محسوس کیا ہے؟ یہ کیوں کر اہم ہے کہ ہم خداوند کے ہاتھ کے نیچے خود کو عاجز کریں؟

چند اہم دُعائیہ نکات

☆۔ اپنی زندگی میں بزرگ مقدسین کی خدمات اور رفاقت کے لئے خدا کی شکر گزاری کریں۔

☆۔ ایسے وقتوں کے لئے خداوند سے معافی مانگیں جب آپ نے خداوند پر بھروسہ کرتے ہوئے معاملات اس کے ہاتھوں میں نہ دئے تاکہ وہ اپنے مقصد اور ارادہ کو پایہ تکمیل تک پہنچائے، اس کے برعکس آپ نے معاملات اپنے ہاتھوں میں لئے۔

☆۔ خداوند سے دُعا کریں کہ وہ روح کے پھل کے طور پر آپ کو پرہیزگاری عطا کرے۔ تاکہ آپ اس کی مرضی، اطاعت اور مقصد کے لئے وفاداری سے اس کے ساتھ چلتے رہیں۔

☆۔ خداوند سے دُعا کریں کہ وہ اس پریشانی کو آپ کی زندگی سے دور کرے جس کا آج کل آپ کو سامنا ہے۔ اور آپ کے دل کو اپنی شادمانی اور اطمینان سے بھر دے۔

☆۔ خداوند سے دُعا کریں کہ وہ ان آزمائشوں اور امتحانوں پر اپنا اختیار قائم کرے جن کا آپ کو سامنا ہے۔ خداوند کی شکر گزاری کریں کہ وہ اپنے مقاصد کو پایہ تکمیل تک پہنچانے کے لئے آپ کے دُکھوں اور امتحانوں کو استعمال کرنے کی قدرت رکھتا ہے۔

پطرس کے دوسرے خط کا تعارف

مصنف

1 پطرس کا مصنف شمعون نامی شخص تھا۔ ہم اس کی والدہ محترم کے بارے میں بہت ہی کم جانتے ہیں۔ صرف یہ معلوم ہے کہ اِس کا نام یوناہ تھا۔ شمعون کے بھائی اندریاس نے اسے یسوع کے ساتھ متعارف کرایا تھا۔ (یوحنا 1 باب 40-42 آیت) یہ شادی شدہ تھا لیکن ہمیں اِس کی اہلیہ محترمہ کے بارے میں کچھ علم نہیں ہے۔ معلوم ہوتا ہے کہ اِس کا گھر کفر نحوم میں تھا۔ جہاں پر اِس کی ساسو ماں بھی رہتی تھی۔ (مرقس 1 باب 29-30 آیات) پیشہ کے اعتبار سے وہ ایک ماہی گیر تھا۔

خداوند یسوع مسیح نے اسے اپنا شاگرد ہونے کے لئے بلایا اور اس کا نام شمعون سے بدل کر پطرس رکھ دیا جس کا معنی ہے چٹان۔ (یوحنا 1 باب 41 آیت) اس وقت کے بعد سے پطرس نے خداوند یسوع مسیح کے ساتھ بہت اچھا وقت گزارا۔ اکثر وہ ہمیں یعقوب اور یوحنا کے ہمراہ خداوند یسوع کی قربت اور رفاقت میں دکھائی دیتا ہے۔

کلام مقدس پطرس کو ایک دلیر شخص کے طور پر بیان کرتا ہے۔ وہ ایک جوشیلا اور خود اعتماد شخص بھی تھا۔ (مرقس 14 باب 31 آیت) جب خداوند یسوع مسیح کے دُکھ کی گھڑی میں اس نے خداوند کا انکار کیا تھا تو پھر وہ انتہائی پست ہو گیا۔ خداوند نے بعد ازاں اسے ابتدائی کلیسیا میں انجیل کی منادی کے لئے بڑے زور دار طریقہ سے استعمال کیا۔ بنیادی طور پر اس نے یروشلیم کے علاقہ میں ایمانداروں کے درمیان خدمت سرانجام دی۔

پس منظر:

پطرس کا دوسرا خط اس وقت لکھا گیا جب وہ اپنی زندگی کے سفر کو اختتام پذیر کر رہا تھا۔ (

1 باب 15-3 آیت) ۔ یہاں سے ہمیں اس خط کے بنیادی مقصد کا بھی فہم و ادراک حاصل ہوتا ہے۔ یوں معلوم ہوتا ہے کہ خط لکھنے میں پطرس کا مقصد خداوند کے پاس ابدیت میں جانے سے پہلے ایمانداروں کے لئے ایک انتباہ اور چیلنج چھوڑ کر جانا تھا۔ وہ اپنے دور کے مسیحیوں کے لئے نیک تمنائیں رکھتے ہوئے یہ چاہتا تھا کہ وہ دُنیا کی آلودگی سے محفوظ رہتے ہوئے پھل دار مسیحی زندگی بسر کریں۔(1 باب 8 آیت) وہ اُنہیں یاد کراتا ہے کہ وہ خداوند یسوع مسیح اور اس کے کلام کا گواہ ہے۔(1 باب 17 تا 18 آیت) اور یہ کہ نبیوں نے آنے والے مسیح کے بارے میں واضح طور پر بیان کیا تھا۔(1 باب 19 تا 20 آیت) پطرس رسول یہ چاہتا ہے کہ اس کے قارئین کو مسیح کی ذاتِ اقدس اُس کے پاک کلام کے تعلق سے کسی قسم کا کوئی شک اور ابہام نہ رہے۔ پطرس رسول اس بات کو سمجھتا تھا کہ اُس کے انتقال کر جانے کے بعد بہت سے جھوٹے نبی آکر اس کے قارئین کو فریب دینے کی کوشش کریں گے۔ (2 باب 1 تا 3 آیت) وہ اپنے قارئین کو انتباہ کرتا ہے کہ وہ جھوٹی تعلیمات کے خلاف نبرد آزما ہو کر صبر و تحمل سے بڑی تیاری اور خلوص دل کے ساتھ خداوند کی آمد ثانی کے منتظر رہیں۔ اس خط میں پطرس کے دل کی بڑی لالسا یہی نظر آتی ہے کہ کلیسیا مسیح کے کلام کی صداقت پر ثابت قدمی سے چلتی رہے، خداوند پر توکل کرے اور بڑی توقع اور اُمید کے ساتھ اُس کی آمد کی منتظر رہے۔

دورِ حاضرہ میں کتاب کی اہمیت

اگرچہ اس خط میں پطرس رسول خداوند یسوع مسیح کی آمد ثانی کی تفصیل اور گہرائی میں نہیں جاتا، تاہم ہمارے لئے یہی چیلنج پیش کرتا ہے کہ ہم خداوند یسوع کی آمد ثانی کے لئے تیار اور مستعد رہیں۔ اُسے علم تھا کہ اُس کے رحلت فرما جانے کے بعد کئی ایک جھوٹے اُستاد آکر خداوند کی آمد ثانی کے تعلق سے گمراہ کرنے کی کوشش کریں گے۔ وہ اپنے

قارئین کو انتباہ کرتا ہے کہ وہ وفاداری سے خدا کے ساتھ چلتے رہیں اور خداوند یسوع کے آسمان پر ظاہر ہونے کے منتظر رہیں۔ یہ کتاب ہمیں اس اُمید کی یاد دہانی کراتی ہے جو ہمیں خداوند یسوع مسیح کی آمدِ ثانی میں حاصل ہے۔ ہمارے لئے یہی چیلنج ہے کہ ہم خداوند یسوع کی آمد کے منتظر اور اُس کے لئے تیار بھی رہیں۔ پطرس کا دوسرا خط عمر رسیدہ رسول کے دل کی بھی عکاسی کرتا ہے کہ وہ یہی چاہتا ہے کہ یہ اس کے دُنیا سے رخصت ہو جانے کے بعد یہ سچائی ان تک بھی پہنچے جو اس کے بعد اس دنیا میں موجود ہوں گے۔ دنیا سے چلے جانے سے پہلے پطرس رسول کی جو خواہش تھی وہ آج بھی ہم سے پکار پکار کر یہ کہہ رہی ہے " ہم اپنی آئندہ نسلوں میں کیا منتقل کریں گے ؟

باب 34

اُس کی الٰہی قدرت اور وعدے

2پطرس 1 باب 1 تا4 آیت

یہ پطرس رسول کا دوسرا خط ہے،اس نے اپنا تعارف ایک خادم اور مسیح یسوع کے رسول کے طور پر کرایا ہے۔ پطرس رسول نے اپنے رُتبے اور مقام کو ایک اختیار کا مقام نہیں سمجھا بلکہ اس نے یہی سمجھا کہ وہ مسیح کے بدن میں بطور ایک خادم مقرر ہوا ہے۔ یہی وہ طرز فکر ہے جو ہمیں مسیح کے بدن میں مختلف نعمتیں، صلاحیتیں اور مقام رکھنے کے باوجود اپنانے کی ضرورت ہے۔ ہم سب مسیح یسوع کے خدام ہیں جسے خداباپ نے ایک خاص مقصد کی تکمیل کے لئے بلایا ہے۔

پطرس رسول نے اپنے خط میں اُن لوگوں کو مخاطب کیا ہے جنہوں نے مسیح یسوع کی راستبازی کے وسیلہ سے ایمان حاصل کیا تھا۔ یہاں پر کچھ اہم تفصیلات ہیں جن کا ہمیں جائزہ لینے کی ضرورت ہے۔ قابلِ توجہ نکتہ ، پطرس رسول یہاں پر جس راستبازی کی بات کر رہا ہے، وہ خدا کی راستبازی ہے۔ یہاں پر وہ کسی انسان کی راستبازی کا ذکر نہیں کر رہا۔ خدا کا کلام اس بات کو واضح کرتا ہے کہ ہم سب گنہگار ہیں، ہم سب خدا اور اس کی نجات سے الگ اور جدا ہیں۔ ہماری انسانی اور گناہ آلودہ فطرت کو خدا سے کوئی دلچسپی نہیں ہے۔ تاوقتیکہ خدا ہمارے دل نہ کھولے اور اپنا پاک روح ہمارے دلوں میں نہ ڈالے، کوئی شخص بھی خدا کے پاک روح کے بغیر خدا کی مرضی، ارادے اور اس کی نجات کے منصوبہ کو سمجھ نہیں سکتا۔ اگر ہم نے خدا کی نجات کو سمجھنا، جاننا اور اسے قبول کر کے مسیح یسوع کی اس

راستبازی کا تجربہ کرنا ہے جو خدا باپ کی طرف سے مسیح یسوع میں ہمیں مفت ملتی ہے تو لازم ہے کہ خدا کا پاک روح ہماری زندگیوں اور دلوں میں گہرا کام کرے۔

دوسری بات جو ہمیں یہاں پر سمجھنے کی ضرورت ہے، وہ یہ کہ ایمان ایک بخشش اور نعمت ہے جو خداوند یسوع مسیح کے وسیلہ سے ہمیں ملتی ہے۔ پطرس رسول نے اُنہیں خط لکھا جنہوں نے "ایمان" حاصل کیا تھا۔ ممکن ہے کہ آپ کو وہ دن یاد ہو جب آپ کو ایمان کی بخشش ملی تھی۔ اپنی زندگی کے کئی سال آپ خدا کی راہوں کو پہچان نہ سکے۔ خدا کی راہیں اور اُس کے کام آپ کی سمجھ سے بالاتر تھے۔ پھر ایک دن خدا کے روح نے آپ کے دل کو چھو کر آپ کو یقین اور ایمان کی دولت سے مالامال کر دیا۔ اسی روز آپ کو علم ہوا کہ یسوع خداوند ہے۔ اور آپ کی نجات کے لئے اس کے پاس ایک کامل اور الٰہی منصوبہ ہے۔

پطرس رسول 3 آیت میں مزید بیان کرتا ہے کہ خدا کی الٰہی قدرت نے ہمیں مسیح یسوع کی معرفت اور پہچان کے وسیلہ سے وہ سب کچھ فراہم کیا ہے جو ہمیں زندگی اور راستبازی کے لئے درکار ہے جس نے ہمیں اپنے خاص ارادہ اور جلال کے لئے اپنی بادشاہی میں بلایا ہے۔ بہت ضروری ہے کہ ہم اس بات کا تفصیلی جائزہ لیں جو کچھ پطرس رسول یہاں پر بیان کر رہا ہے۔

غور طلب بات یہ ہے کہ پطرس رسول نے یہاں پر زمانہ ماضی استعمال کرتے ہوئے بات کی ہے۔ بالفاظ دیگر، ہمارے پاس وہ سب کچھ پہلے ہی سے ہے جو ہمیں زندگی اور دینداری کے لئے درکار ہے۔ ہم میں سے بہت سے ایسے ایماندار بھی ہیں جو مسیح یسوع میں اپنے مقام، رُتبے اور برکات سے بے خبر ہیں۔ اس نے صلیب پر قربان ہو کر ہمیں اپنا پاک روح دیا۔ اس نے زندگی میں درپیش آنے والے مشکل حالات اور واقعات کا سامنا کرنے کے لئے ہمیں تیار کیا ہے۔ مسیح یسوع کی مانند بننے کے لئے جو کچھ ہمیں درکار ہے، پہلے ہی

سے فراہم کر دیا گیا ہے۔ اگر ہم خدا کے تخت عدالت کے سامنے روز آخرت کھڑے ہوں ، تولے جائیں اور کم نکلے تو اس کا ہر گز یہ مطلب نہیں کہ ہمارے پاس روحانی وسائل اور برکات کی کمی تھی۔ بلکہ یہ اس وجہ سے ہو گا کہ ہم نے فراہم کردہ برکات اور فضائل سے استفادہ نہیں کیا۔ ابلیس اس وقت کانپنے اور ڈرنے لگتا ہے جب اسے یہ علم ہو جاتا ہے کہ مسیحی لوگوں کو یسوع مسیح میں اپنے مقام اور رُتبے کا علم حاصل ہوتا جا رہا ہے۔ اسے معلوم ہے کہ وہ ان لوگوں کا مقابلہ نہیں کر سکتا جو مسیح یسوع کی قوت اور حکمت پر بھروسہ کرتے ہیں۔

ہر طرح کی قدرت مسیح یسوع کی پہچان کے وسیلہ سے ہمارے لئے دستیاب ہے۔ صرف مسیح یسوع پر ایمان رکھنے والوں کے لئے ہی یہ قوت اور قدرت دستیاب ہے۔ جو لوگ مسیح یسوع پر ایمان نہیں رکھتے یہ قوت ان کے لئے دستیاب نہیں ہے۔ وہی لوگ اس قوت اور قدرت سے استفادہ کر سکتے ہیں جنہوں نے مسیح یسوع کے صلیبی کام پر بھروسہ کر کے اسے قبول کر لیا ہے اور جنہوں نے اس صلیبی کام کی بنیاد پر خدا کے پاک روح کو حاصل کر لیا ہے۔ وہی خدا کی قدرت، زندگی کا اختیار اور اُس کی راستبازی کو اپنی زندگی میں رکھتے ہیں۔ یہ قوت اور قدرت ہمیں اس لئے ملتی ہے کیوں کہ مسیح یسوع نے ہمیں اپنے جلال اور نیکی کے ذریعہ سے اپنی بادشاہی میں بلایا ہے۔ اس کا جلال ہمیں اس حقیقت کی بنا پر ملتا ہے، کیونکہ وہ خدا ہے۔ بطور خدا، وہ اس دُنیا میں آیا تاکہ اپنی جان گناہ کی قربانی کے لئے گزرانے تاکہ ہم گناہ کی سزا سے چھوٹ جائیں۔ یہ سب کچھ اس کی نیکی اور بھلائی کی وجہ سے ممکن ہو اجو اس نے ہمیں دکھائی۔ (کاملیت) اور اس کی قربانی خدا باپ کے ہاں مقبول ٹھہری۔ کوئی اور قربانی خدا کے حضور مقبول ہو کر وہ کام نہیں کر سکتی تھی جو خداوند یسوع مسیح کی کامل قربانی نے بنی نوع انسان کے لئے کر دیا ہے۔ صرف بے عیب برے کی

قربانی ہی گناہ کا کفارہ دے سکتی تھی۔ یسوع ہی وہ کامل اور جلالی برہ تھا۔

4 آیت میں بیان ہے کہ خداوند یسوع کے جلال اور نیکی کے وسیلہ سے ہم سے بیش قیمت وعدے کئے گئے ہیں۔ خدا کے کلام میں ہم سے بہت سے وعدے کئے گئے ہیں۔ یہ وعدے صرف ان ہی لوگوں کے لئے ہیں جو مسیح یسوع کے ہو چکے ہیں۔ خدا کے فرزند ہوتے ہوئے، ہمارے پاس وہ سب کچھ موجود ہے جو روحانی اور دینداری کی زندگی بسر کرنے کے لئے ہمیں درکار ہے ہمارے پاس خدا کے ایسے وعدے ہیں جو ضرورت کے وقت ہماری تسلی اور تشفی کا باعث ہوتے ہیں۔ غور کریں کہ یہ وعدے ہم سے کیوں کر کئے گئے ہیں، خدا کے کلام میں موجود وعدے خداوند کے ساتھ ہمارے تعلق اور رشتے کی پختگی اور مضبوطی میں بھی ہماری حوصلہ افزائی کرتے ہیں۔ خدا کی یہ خواہش ہے کہ ہمیں اپنی مانند بنائے۔ تاکہ ہم زیادہ سے زیادہ اس کی الٰہی فطرت میں شریک ہو سکیں۔ اس کے وعدوں کا مقصد ہماری روحانی ترقی میں ہماری حوصلہ افزائی کرنا ہے۔ اس کی یہی خواہش ہے کہ ہم اس دنیا کی غلاظت اور روحانی آلودگی سے خود کو پاک اور صاف رکھیں۔ جب ہم اس دُنیا کی آلودگی اور اپنے جسم میں موجود گناہ کا مقابلہ کرتے ہیں تو اس کے وعدے ہماری ہمت بندھاتے اور ہمیں تقویت دیتے ہیں۔

خداوند کے ساتھ چلتے ہوئے کتنی بار اُس کے وعدے ہمارے لئے تقویت اور تسلی کا باعث ہوئے ہیں؟ کتنی ہی بار آپ خدا کے کلام کی طرف متوجہ ہوئے تاکہ دنیا اور جسم کے خلاف اپنی لڑائی جاری رکھنے میں ہمیں حوصلہ اور تقویت ملے؟ یہ جاننا کس قدر شرف و استحقاق کی بات ہے کہ ہم مسیح یسوع کے ہیں اور اُس کے سارے وعدے سچے اور برحق ہیں۔ ہم اس پر توکل اور بھروسہ کر سکتے ہیں۔ وہ ہمیں زیادہ سے زیادہ اپنی مانند بنانا چاہتا ہے تاکہ ہم اس دُنیا کی آلودگی، بددیانتی اور ناپاکی سے محفوظ رہیں۔ اور زیادہ سے زیادہ اس کے

جلال اور نیکی میں شریک ہو سکیں۔ دینداری اور راستبازی میں پختگی اور مضبوطی کے لئے اس نے ہمیں سب کچھ عطا کیا ہے۔ خداوند ہمیں فضل عطا کرے تاکہ ہم زیادہ سے زیادہ اس کے وعدوں کو قبول کر کے مضبوط ہوں اور ہماری ہمت کبھی ٹوٹنے نہ پائے۔ اور ہم اس قوت اور قدرت سے بھرپور استفادہ کریں جو ہمارے لئے دستیاب ہے۔

چند غور طلب باتیں

☆۔ کیا ہم اپنی راستبازی کی بنا پر کبھی بھی گناہوں سے نجات پا سکیں گے؟ مسیح کی راستبازی کیا ہے؟ کس طرح ہم اس راستبازی کو ایک مفت تحفہ کے طور پر قبول کر سکتے ہیں؟

☆۔ اس حوالہ کی روشنی میں ایمان کہاں سے آتا ہے؟ کیا یہ کوئی ایسی چیز ہے جسے ہم اپنے طور پر خلق کر سکتے ہیں؟ اس کا ہماری زندگیوں پر کس طرح سے اطلاق ہوتا ہے؟

☆۔ آپ نے کس قدر مسیح کی قدرت کو اپنی زندگی میں لیا ہے؟ آج آپ کیسی کشمکش سے دوچار ہیں؟ کس طرح مسیح کی قوت کڑے امتحانوں اور مشکل حالات میں آپ کی مدد کر سکتی ہے؟

☆۔ وہ کون سے قیمتی وعدے ہیں جو خداوند نے آپ کو دئے ہیں؟ اس کے ساتھ مضبوط رشتہ قائم کرنے میں کس طرح وہ وعدے آپ کے لئے تقویت کا باعث ہوئے ہیں؟

چند اہم دُعائیہ نکات

☆۔ خدا کے خوبصورت وعدوں کے لئے اُس کی شکر گزاری کریں۔ آج جس بھی مشکل اور ناگوار حالات میں سے آپ گزر رہے ہیں، اس کے لئے ان وعدوں پر غور کریں۔ خداوند سے دُعا کریں کہ وہ اپنے وعدوں کو آپ کی زندگی میں پایہ تکمیل تک پہنچائے۔

☆۔ خداوند کی شکر گزاری کریں کہ اس نے دینداری کی زندگی بسر کرنے کے لئے پہلے ہی سب کچھ عطا کر دیا ہے۔ خداوند سے فہم و ادراک چاہیں کہ آپ اس کی قدرت کو بخوبی جان سکیں۔

☆۔ خداوند کی شکر گزاری کریں کہ اگرچہ آپ اس قابل نہ تھے کہ مفت نجات کا تحفہ حاصل کر پاتے، تو بھی اس نے آپ کو یہ مفت تحفہ دینے کا چناؤ کیا۔

☆۔ ان عزیز و اقارب اور دوست احباب کے لئے دُعا کریں جو خدا کی نجات کے تعلق سے بے خبر ہیں۔ خداوند سے دُعا کریں کہ وہ اُن کے دلوں کو اس نجات کے حصول کے لئے کھول دے۔

☆۔ خداوند سے مدد، فضل اور توفیق چاہیں تاکہ آپ اس قوت اور قدرت کا بھرپور فائدہ اُٹھا سکیں جو اس نے آپ کے لئے دستیاب کر دی ہے۔

باب 35

ایمان میں اضافہ

2 پطرس 1 باب 5 تا 11 آیت

گزشتہ باب میں ہم نے دیکھا کہ پطرس رسول کس طرح ان وعدوں اور زندہ اور جلالی اُمید کی بات کرتا ہے جو ایمانداروں کو مسیح یسوع میں حاصل ہے۔ اگرچہ ہم ان سب چیزوں کے مستحق نہ تھے۔ خداوند نے ہم پر یہ فضل کیا تاکہ ہم اس پر ایمان لاکر اس کے بیٹے اور بیٹیاں ٹھہریں۔ اُس کے فرزند ہوتے ہوئے، ہمیں وہ سب کچھ حاصل ہے جو ہمیں دینداری کی زندگی بسر کرنے کے لئے درکار ہے۔ نجات محض آغاز ہے، ممکن ہے کہ نجات پر اس قدر زور دیا جائے کہ ہم اس بات کو سمجھنے میں ناکام ہو جائیں کہ حقیقی کام تو ابھی شروع ہوا ہے۔ ہر صاحبِ اولاد والدین آپ کو بتا سکتے ہیں کہ بچے کی پیدائش ایک خوبصورت نعمت اور الٰہی بخشش ہے۔ بچے کی تعلیم و تربیت اور اُس کی پرورش کے لئے کئی سال درکار ہوتے ہیں۔ اسی طرح ایمانداروں کو مسیح یسوع میں اپنا تعلق اور رشتہ مضبوط کرنے، روحانی بلوغت اور پختگی تک پہنچنے کے لئے کئی سال درکار ہوتے ہیں۔

اسی بات کی روشنی میں پطرس نے یہ وضاحت کی کہ اب یہ ایمانداروں کی ذمہ داری ہے کہ جو کچھ اُنہوں نے خداوند سے بخشش کے طور پر پایا ہے اس کے ساتھ اب ایمان کی نعمت کا اضافہ بھی کرتے چلے جائیں۔ یہاں پر پطرس رسول سات ایسی چیزیں بیان کرتا ہے جو ایک ایماندار کو اپنے ایمان کے ساتھ ساتھ بڑھاتے چلے جانا ہے جو انہیں خداوند کی طرف سے ملا ہے۔ درحقیقت، یہ سات خصوصیات خداوند کی طرف سے ملنے والے ایمان

کا پھل ہیں۔ جیسے جیسے ایمان میں پختگی آتی چلی جاتی ہے، تو پھر یہ ساتھ خوبیاں بھی ہماری زندگیوں میں واضح اور نمایاں ہوتی چلی جاتی ہیں۔

نیکی

پطرس رسول نے اپنے قارئین کو یہ بتانے سے آغاز کیا کہ وہ ایمان کے ساتھ نیکی کے پھل کا بھی اضافہ کرتے چلے جائیں۔ اس نیکی کا تعلق خیالات کی پاکیزگی، عمل اور روّیے سے ہے۔ وہ لوگ جن کے خیالات پاک، اعمال نیک اور روّیہ شائستہ ہوتے ہیں وہی لوگ مخلص اور خالص لوگ ہوتے ہیں۔ اُن کے دل میں جو کچھ ہوتا ہے وہی ان کے ذہن اور زبان پر ہوتا ہے، ایسا ہرگز نہیں کہ دل میں کچھ زبان پر کچھ اور۔ ان کے اعمال وافعال اور رویئے مسیح کے کردار سے ہم آہنگ ہوتے ہیں۔ نئے عہد نامہ میں خداوند یسوع مسیح نے ایک گروپ کی مذمت کی۔ اور وہ فریسیوں کا مذہبی گروپ تھا۔ کیونکہ اُن کے دل مخلص اور رویے درست نہ تھے۔ خداوند یسوع مسیح نے انہیں سفیدی پھری ہوئی قبریں کہا۔ کیوں کہ اُن کے اندر طعفن اور موت تھی۔ (موت 23 باب 27 آیت) خداوند یہی چاہتا ہے کہ اُس کے لوگوں اعمال وافعال، کام وکلام خالص اور دلی محرکات پاک اور مخلص ہوں۔

علم و معرفت

علم و معرفت وہ تیسرا بلڈنگ بلاکس (ردا) ہے جو ہمیں ایمان کی بنیاد پر رکھنا ہے۔ علم و معرفت سے مراد یہاں پر خدا کی پہچان اور علم و معرفت ہے۔ اس کے مقاصد اور اس کے کلام کا فہم و ادراک ہے۔ اس معرفت اور پہچان کے بغیر ہم باآسانی گمراہی اور خلل کا شکار ہو سکتے ہیں۔ خدا یہی چاہتا ہے کہ اس کے لوگ بہ دل و جان اُس کی راہوں کے طالب ہوں۔ وہ یہ چاہتا ہے کہ اس کے لوگ اُس کے کلام کی پہچان اور اسے اپنے دل میں رکھنے پر

اپنی توجہ مرکوز کریں۔ روحانی پختگی اور ایمان کی مضبوطی کا اہم راز خدا کے کلام کی معرفت اور پہچان ہے۔

پرہیز گاری

پرہیز گاری تیسرا بلڈنگ بلاکس (ردا) ہے جو ہمیں ایمان کی بنیاد پر رکھنا ہے۔ پرہیز گاری بہت حد تک علم و معرفت سے منسلک ہے۔ پرہیز گاری خدا کے روح کا پھل ہوتے ہوئے خدا کی طرف سے ملنے والی توفیق ہے جس کے تحت ایک ایماندار خود کو خدا کے تابع کرتا ہے۔ خواہ اُسے اِس کے لئے کیسی ہی قیمت کیوں نہ ادا کرنی پڑے۔ وہ خدا کے کلام میں منکشف اس کی مرضی اور ارادے کی تابعداری کرتا ہے۔ خدا کا کلام کیا تعلیم دیتا ہے، اس کا علم و معرفت رکھنا ایک چیز ہے، لیکن اس کلام کی تعلیم کے مطابق زندگی بسر کرنا ایک منفرد اور مختلف بات ہے۔ محض علم و معرفت ہی کافی نہیں ہے۔ پرہیز گاری وہ صلاحیت اور لیاقت ہے جس میں اس علم و معرفت کا حقیقی اور روز مرہ زندگی میں اطلاق کیا جاتا ہے۔ خدا کی یہ خواہش ہے کہ اس کے بچے نہ صرف اس کی راہوں اور اس کی ہستی کے تعلق سے معرفت حاصل کریں، بلکہ روز مرہ زندگی میں اُن راہوں پر چلیں بھی۔

ثابت قدمی

پرہیز گاری ہمیشہ آسان کام نہیں ہوتا، بعض اوقات خدا کے کلام کی اطاعت اور اُس کے کلام کی اپنی زندگی میں تابعداری کرتے ہوئے ہمیں بہت زیادہ سختیاں برداشت کرنا پڑتی ہیں۔ ثابت قدمی سے مراد دباؤ یا طویل کڑے امتحانوں اور مشکل وقت میں راہ فرار اختیار نہ کرنا ہے۔ میراتھن ریس میں دوڑنے والوں کو تحمل مزاجی سے کام لیتے ہوئے خود کو منظم رکھتے ہوئے اپنے ہدف تک پہنچنا ہوتا ہے۔ بطور ایماندار ہم زندگی بھر کی میراتھن ریس

میں شامل ہیں، ہو سکتا ہے کہ ہم میں سے بہتوں کے لئے یہ دوڑ ستر یا پھر اسی برس تک جاری رہے۔ بشرطیکہ خدا ہمیں اس حد تک زندگی بخشے۔ اس دَوڑ کا اختتام ہمارے اس دنیا سے رحلت فرما جانے پر ہوتا ہے یا پھر اگر خدا ہمیں زندگی بخشے اور اپنی آمد تک زندہ رکھے تو پھر یہ دَوڑ آمدِ ثانی پر ہی اختتام پذیر ہو گی۔ اور خداوند ہمیں اپنے ساتھ ابدیت میں لے جائے گا۔ خدا ایسے لوگوں کا متلاشی ہے جو ہمت ہارنے والے نہ ہوں، ایسے لوگ جو کسی بھی قیمت پر بے دل نہ ہوں۔ اس کا مطلب ہے صلیب اُٹھانا۔ پطرس کے مطابق یہ دوڑ مشکل اور دشوار ہو سکتی ہے، لیکن ثابت قدمی سے دوڑنے والے ہی جیت کا سہرا اپنے سر پر سجا سکیں گے۔

دینداری

ایمان کی بنیاد پر ہمیں دینداری کا ردا بھی رکھنا ہے۔ دینداری خدا اور اُس کی راہوں کا احترام اور اس کی عقیدت کا نام ہے۔ دیندار شخص وہ ہوتا ہے جو خدا کے کردار کو اپنی روزمرّہ زندگی، طرزِ فکر، طرزِ زندگی اور روّیوں کا حصہ بناتا ہے۔ دیندار لوگ اپنے اچھے بُرے حالات و واقعات میں الٰہی صبر و تحمل اور ثابت قدمی کا مظاہرہ کرتے ہیں۔ وہ خداوند یسوع مسیح جیسا طرزِ گفتگو اور طرزِ عمل اپناتے ہیں۔

برادرانہ اُلفت

جب ہم خدا کو موقع دیں گے کہ وہ ہماری جسمانی اور بُری خواہشات کا قلع قمع کر دے تو پھر اردگرد کے لوگوں کے ساتھ ہمارے باہمی تعلقات میں بھی گہری تبدیلی واقع ہو گی۔ جس قدر ہم مسیح یسوع کی مانند بنتے چلے جاتے ہیں، تو پھر ہم لوگوں کے لئے اپنا ردِ عمل اور روّیہ بھی خداوند یسوع جیسا ہی اپناتے چلے جاتے ہیں۔ جب ہم عاجزی اختیار کرتے ہیں تو پھر

ہمارا تکبر ختم ہونا شروع ہو جاتا ہے۔ پھر ہمیں دوسرے لوگوں کی ضروریات اور حالات کے متعلق سوچنے کا خیال آنا شروع ہو جاتا ہے۔ پھر ہم مسیح جیسی اُلفت کے ساتھ ان محتاجوں اور مصیبت زدہ لوگوں تک رسائی حاصل کرتے ہیں۔ ہمارے دلوں میں ان لوگوں کے لئے شائستگی اور ترس پیدا ہونا شروع ہو جاتا ہے۔ ہم کسی طور پر بھی برادرانہ الفت کی اہمیت کو نظر انداز نہیں کریں گے۔ ہمارا ایمان معاشرے میں رہتے ہوئے اردگرد کے لوگوں پر ظاہر ہونا چاہیئے۔ ہم صرف اپنے لئے ہی نہیں بلکہ دوسروں کے لئے بھی زندہ رہیں۔ برادرانہ الفت مسیح یسوع کے نام سے محتاجوں اور ضرورت مندوں تک رسائی حاصل کر کے اُن کی عملی طور پر خدمت کرتی ہے نہ کہ زبانی جمع خرچ سے کام لیتی ہے۔ پطرس رسول ہمیں یہی بتا رہا ہے کہ جنہیں مسیح یسوع کی طرف سے ایمان کی توفیق ملی ہے وہ برادرانہ الفت میں اپنے ضرورت مند بھائیوں اور بہنوں کی مدد کے لئے عملی قدم اٹھائیں گے۔ اگر ہم خداوند یسوع مسیح کے ساتھ اپنا رشتہ اور تعلق مضبوط اور گہرا بنانا چاہتے ہیں تو پھر لازم ہے کہ ہم اپنے ضرورت مند بھائیوں اور بہنوں تک رسائی حاصل کریں اور ان کے حالات و واقعات میں گہری دلچسپی لیتے ہوئے، عملی طور پر اُن کے لئے مدد، معاونت، خوشی اور آسانی پیدا کریں۔ جو خداوند سے محبت رکھتے ہیں، ہم اپنے بھائیوں اور بہنوں کے ساتھ بھی مہربانی اور شفقت سے پیش آئیں گے۔

محبت

اس فہرست میں محبت آخری خوبی ہے۔ یہ اس وجہ سے نہیں کہ یہ خوبی اور خصوصیت درج بالا خوبیوں سے کم اہمیت کی حامل ہے۔ مسیح میں پختگی اور بلوغت کے لئے محبت ایک اہم ترین حصہ ہے۔ درحقیقت اگر سب سے پہلے خدا کے ساتھ ہمارا تعلق اور رشتہ مضبوط، گہرا اور درست نہیں ہو گا تو پھر ہم کسی بھی شخص سے ویسی محبت نہیں رکھ پائیں گے جیسی

محبت خدا چاہتا ہے کہ ہم دوسروں سے کریں۔ قبل اس کے کہ ہم اپنے اردگرد کے لوگوں سے محبت کرنا شروع کریں، لازم ہے کہ ہم خدا سے محبت کرنا سمجھیں، جانیں اور اُس کو عملی جامہ پہنچائیں۔ ہمیں اس کی الٰہی محبت کو سمجھنا ہے تاکہ ہم ایسی مثال اور نمونہ بن جائیں تاکہ لوگ ہمارے نقشِ قدم پر چلیں۔ ہر طرح کے اس تکبر، خود بینی اور خود غرضی کی روح کو دُور کر دیں جو ہمیں اپنے بھائیوں اور بہنوں سے محبت بھرا رویّہ اختیار کر کے اُن سے شائستگی اور مہربانی سے پیش آنے سے روکتی ہے۔ لازم ہے کہ خدا ہمیں لوگوں کے لئے مسیح جیسا دل اور سوچ عطا کرے۔ تاکہ ہم اُن سے خدا جیسی محبت کر سکیں۔ حقیقی محبت اسی وقت ہمارے دلوں سے اُمڈتی ہے جب مسیح کی صورت اور شبیہ ہم میں ڈھلنا اور بڑھنا شروع ہو جاتی ہے۔

8 آیت کے مطابق اس بنیاد پر ردَے رکھنے یا تعمیری کام جاری رکھنا عمر بھر کا ایک عمل ہے۔ راتوں رات یہ تعمیری کام پایہ تکمیل کو نہ پہنچے گا۔ نہ ہی یہ ساری خصوصیات آناً فاناً ہمارا طرزِ زندگی بن جائیں گی۔ جب ہم جانفشانی سے روز مرہ زندگی میں خداوند کے چہرہ کے طالب ہوں گے، تو ہم رفتہ رفتہ روز بروز مسیح یسوع کی پہچان کے ساتھ ساتھ ان خوبیوں اور خصوصیات میں بھی پختگی اختیار کرتے جائیں گے۔ ہر گزرتے دن کے ساتھ، ہمیں نیکی، معرفت، پرہیزگاری، ثابت قدمی، دینداری، برادرانہ اُلفت اور محبت میں ترقی کرتے جانا ہے۔

پطرس رسول نے 8 اور 9 آیت میں ان بلڈنگ بلاکس یا ردَوں کے تعلق سے دو باتیں بیان کی ہیں۔ اوّل، اگر کسی ایماندار میں یہ ساری خصوصیات اور خوبیاں موجود ہوں گی تو وہ بے پھل نہ رہے گا۔ اگر ہم نے وہ سب کچھ بننا ہے جو خداوند ہمیں بنانا چاہتا ہے تو پھر یہ ساری خصوصیات بہت ضروری ہیں۔ اگر ان میں سے ایک خوبی بھی موجود نہ ہو گی تو پھر ہم خدا

کی بادشاہی کے لئے پھل دار اور موثر ثابت نہ ہوں گے۔ ہو سکتا ہے کہ ہمارے پاس علم بہت زیادہ ہو لیکن اگر دینداری اور محبت کا فقدان ہو تو پھر یہ علم کس کام کا؟ کسی بھی حصہ میں کمی یا کمزوری کی صورت میں ہم خداوند کے لئے خدمت کرتے ہوئے سمجھوتے کا شکار ہو جائیں گے۔

دوئم، پطرس رسول نے بیان کیا کہ جو لوگ ان خصوصیات کے طالب نہیں ہوتے، کوتاہ نظر اور اپنے گناہوں کے دھوئے جانے کو بھولے بیٹھیں ہیں۔ ایماندر جب دینداری اور راستبازی کی زندگی کی ان خصوصیات میں بڑھنے اور ترقی کرنے کے لئے اطاعت اور تابعداری کی زندگی بسر نہیں کرتے، پطرس رسول اُنہیں نابینا قرار دیتا ہے جنہیں اس بات کا علم نہیں ہے کہ خداوند نے اُن کے لئے کیا کام سرانجام دئے ہیں۔ وہ انہیں جسمانی رغبتوں، خواہشوں اور لذتوں سے رہائی دینے اور شیطان کی گرفت سے چھڑانے کے لئے اس دُنیا میں آیا۔ وہ اُنہیں نئی زندگی اور زندہ اُمید دینے کے لئے اس دُنیا میں آگیا۔ اس قدر عظیم نجات پانے کے بعد کوئی شخص کیوں کر پرانی راہوں اور روّشوں کی طرف واپس لوٹے گا جبکہ چلنے کے لئے ایک عظیم شاہرہ اور روشن راستہ موجود ہو۔

10 آیت میں، پطرس رسول نے اپنے قارئین کو چیلنج کیا کہ وہ اپنی برگزیدگی اور بلاوے کو ثابت کرنے کے لئے سرگرمِ عمل اور پُرجوش رہیں۔ بالفاظ دیگر، انہیں اپنی پوری توانائیوں کے ساتھ اس بات کو ثابت کرنا اور اس بات کی تصدیق کرنا تھی کہ وہ نجات جو اُنہوں نے پائی ہے بالکل حقیقی ہے۔ وہ بخوبی اس بات کو معلوم کر سکتا تھا، کیونکہ ایمان کی بنیاد پر جو ردّے اُنہوں نے رکھنے تھے وہ اس بات کا منہ بولتا ثبوت تھے، کہ انہوں نے ایمان کی بنیاد پر ویسے ہی ردے رکھتے تھے جس طرح پطرس رسول انہیں تعلیم دے رہا ہے؟ جب وہ اپنی زندگیوں کا جائزہ لیتے تو انہیں اس بات کا علم ہو جانا بلکہ اُنہوں نے پُریقین

ہو جانا تھا کہ ان کا ایمان بالکل حقیقی ہے۔

ایمان کی بنیاد پر تعمیر جاری رہے اور وہ بھی ایسے ردّوں سے جو ایماندا روں کو خدا کی بادشاہی میں بے پھل ہونے سے بچا سکتے ہوں، علم و معرفت سے انہیں خدا کے تقاضوں کا علم ہونا تھا۔ اور اُنہوں نے ابلیس کے جھوٹ اور فریب سے دُور رہنا تھا۔ پرہیز گاری نے خدا کے کلام کی تابعداری میں ان کی مدد کرنا تھی۔ ثابت قدمی نے انہیں دُکھوں اور امتحانوں میں استقامت بخشنی تھی۔ محبت سے اُنہوں نے فیاض دل اور دوسروں کے ساتھ اپنے تعلق اور رشتوں میں محبت اور ترس سے بھر جانا تھا۔ اگر کوئی ان خصوصیات کو نظر انداز کرے گا تو گناہ میں گرے گا۔

جیسا کہ میں نے پہلے بھی بیان کیا ہے کہ ایمان کی بنیاد پر تعمیر و ترقی راتوں تک نہیں ہو جاتی۔ نہ ہی پل جھپکتے خدا اور دوسرے لوگوں سے ہمارے تعلقات استوار ہو جاتے ہیں۔ لیکن جو ثابت قدمی سے ان خصوصیات کو اپنی زندگی کا حصہ بنائیں گے، خداوند یسوع کی ابدی بادشاہی میں ان کا پُرجوش اور سرگرم استقبال کیا جائے گا۔ (11 آیت) نہ صرف وہ گناہ میں گرنے، ابلیس کے پھندے میں پھنسنے اور پرانی رغبتوں اور روّشوں کی طرف لوٹنے سے بچ جائیں گے بلکہ جب وہ مسیح کو رُوبرُو دیکھیں گے تو اُنہیں مسیح خداوند کے چہرے پر ایسی مسکراہٹ دیکھنے کو ملے گی جو اس بات کا ثبوت ہوگی کہ وہ خدا کی بادشاہی میں قبول کر لئے گئے ہیں۔

چند غور طلب باتیں

☆۔ چند لمحات کے لئے ان بہت سے بلڈنگ بلاکس (ردے) کا جائزہ لیں جن کا پطرس رسول نے اس باب میں ذکر کیا ہے۔ وہ کون سی چیزیں ہیں جنہیں آپ کی زندگی میں مزید واضح ہونے کی ضرورت ہے؟

☆۔ وہ کون سی چیزیں ہیں جو ہمیں روحانی سفر میں بے پھل اور ناکام رکھتی ہیں؟

☆۔ ان بلڈنگ بلاکس کے شواہد کس طرح ہمیں اپنی زندگی میں نجات کی یقین دہانی عطا کرتے ہیں؟

چند اہم دُعائیہ نکات

☆۔ خداوند سے فضل اور قوت چاہیں تاکہ آپ اس فہرست کے مطابق جو پطرس رسول نے یہاں پر بیان کی ہے، ترقی کرتے اور بڑھتے چلے جائیں۔

☆۔ خداوند سے کہیں کہ وہ آپ کے دلوں کو ٹٹولے تاکہ آپ پر منکشف ہو سکے کہ آپ نے کون سی خصوصیات کو مزید اپنی زندگی میں نمایاں کرنا ہے۔

☆۔ روحانی پختگی کے واضح ثبوت کے لئے خداوند کی شکر گزاری کریں جو آپ کی زندگی میں روز بروز بڑھتی چلی جا رہی ہے۔

باب 36

اَٹل کلام

2 پطرس 1 باب 12 تا 21 آیت

پطرس رسول کے لئے یہ بات بڑی اہمیت کی حامل تھی کہ اس کے قارئین کرام خداوند یسوع مسیح کی خوشخبری کو نہ صرف سمجھیں بلکہ اس کے مطابق روز مرہّ زندگی بھی بسر کریں۔ کچھ عرصہ مسیحی زندگی گزارنے کے بعد مجھے اس بات کا احساس ہوا ہے کہ سنی ہوئی تعلیم کو بھول جانا کس قدر آسان ہوتا ہے۔ خاص طور پر یہ بات روز مرہّ زندگی میں ان سچائیوں کے اطلاق پر صادق آتی ہے۔ اس بات پر ایمان رکھنا کہ خداوند ہی مالک کل اور خدائ قادر ہے اور ہماری ضروریات کا خیال رکھتا ہے۔ تاہم جب زندگی میں طرح طرح کے طوفان سر اُٹھاتے ہیں تو پھر ہم یہ بھول جاتے ہیں کہ خدا ہر ایک چیز پر اختیار اور قدرت رکھتا ہے۔ اس محبت بھرے اور قادر خدا پر ہمارا اعتماد اور بھروسہ رفتہ رفتہ دھیما پڑنا شروع ہو جاتا ہے۔ اسی لئے ہمیں خدا کے کلام کی سچائیوں کو دھراتے رہنا چاہئے۔

پطرس رسول کے خط کے قارئین خداوند کے ساتھ مضبوطی، وفاداری اور پورے دل سے چل رہے تھے اور انہیں خدا کے کلام کا فہم و ادراک بھی حاصل تھا۔ تاہم پطرس رسول

نے اُنہیں 12 آیت میں بتایا کہ وہ ان اہم سچائیوں کو دھراتے رہیں اور کبھی فراموش نہ کریں۔ کچھ عرصہ قبل خدا نے میری زندگی میں صفائی ستھرائی کا کام شروع کیا، اس عرصہ کے دوران میری زندگی میں کئی ایک سوال پیدا ہونے شروع ہو گئے۔ ایک حادثہ میری جسمانی صحت پر سوال اُٹھانے لگا۔ پھر میری ازدواجی زندگی کے تعلق سے ذہنی دباؤ بڑھنے لگا۔ ایک کار حادثہ کے باعث میری خدمت کا بہت اہم حصہ مجھ سے چھن گیا۔ میرے لئے اور میرے اہل خانہ کے لئے یہ بہت مشکل وقت تھا۔ مجھے یہ علم تھا کہ خدا قادر اور محبت بھر اخدا ہے۔ لیکن زندگی کے اس وقت میں، مجھے بار بار اس سچائی کو اپنے ذہن اور دل میں بٹھانے کی ضرورت تھی۔ ایسی ناگوار صورتحال میں میرے لئے بہت مشکل تھا کہ میں اس صداقت کی حقیقت کو دیکھ پاتا۔

پطرس رسول کی زندگی کا یہ نصب العین تھا کہ وہ اپنے قارئین کو ان بنیادی سچائیوں کی یقین دہانی کراتا۔ اکثر و بیشتر، انجیل کے معلم یا مناد کا یہی کام ہوتا ہے۔ اگرچہ نو مرید پہلی مرتبہ کلام کی سچائیوں کو سنتے ہیں۔ لیکن کلیسیا کی اکثریت نے کئی بار ان سچائیوں کو سنا ہوتا ہے، در حقیقت، یہ بہت اہم ہے کہ ہم ان سچائیوں کو بار بار سنیں۔ کیونکہ زندگی کے مسائل، مشکلات اور کئی طرح کی صورتحال ان سچائیوں پر سے ہماری توجہ اِدھر اُدھر کر دیتی ہے۔ جب تک پطرس رسول زندہ رہا اور اس زمینی خیمہ میں زندگی گزار تا رہا (جسمانی بدن) اس نے ایمانداروں کو ان بنیادی سچائیوں کی یاد دہانی کرائی۔

14 آیت میں، پطرس رسول نے اپنے قارئین کو یاددہانی کرائی کہ خدا نے اس پر واضح کیا ہے کہ جلد ہی وہ اس دنیا سے رحلت فرما جائے گا۔ پطرس رسول مقدسین کے ذہنوں میں ہر ایک سچائی کو پھر سے تازہ کرنا چاہتا تھا۔ پطرس رسول نہ صرف مقدسین کو ان سچائیوں کی یاد دہانی کرانا چاہتا تھا بلکہ اُس کی یہ بھی کوشش تھی کہ اُس کے رخصت ہو جانے کے

بعد، ان بنیادی اصولوں کی یاددہانی اُنہیں ہوتی رہے۔ اور وہ انہیں کبھی فراموش نہ کرنے پائیں۔ یہ تو علم نہیں کہ پطرس رسول کس طرح سے یہ کرنا چاہتا تھا۔ ممکن ہے کہ ان دو خطوط کے ذریعہ سے ہی ایسا ممکن ہو جو اس نے لکھے تھے۔

یاد رہے کہ وہ سچائیاں جو پطرس رسول نے اس خط میں قلمبند کی تھیں وہ من گھڑت قصے اور کہانیاں نہیں تھیں۔ (6 آیت) پطرس رسول نے اپنے قارئین کو یاددہانی کرائی کہ وہ حقائق جو اُس نے اُن کے سامنے بیان کئے ہیں وہ بالکل اور ہر طرح سے آزمودہ صداقتیں ہیں۔ پطرس رسول خداوند یسوع مسیح کی حشمت اور قدرت کا چشم دید گواہ تھا۔ وہ خداوند کے ساتھ چلتا رہا، اس کے ساتھ بات چیت کرتا رہا۔ پطرس رسول نے خداوند کے قریب بیٹھ کر ان سچائیوں کی تعلیم پائی تھی۔

17 آیت میں، پطرس رسول نے اپنے قارئین کو یاددہانی کرائی کہ اس وقت کیا ہوا تھا جب خداوند یسوع مسیح نے بپتسمہ لیا تھا۔ خدا کا پاک روح اس پر نازل ہوا تھا اور وہاں پر موجود لوگوں کے سامنے گواہی دی کہ وہ(خداوند یسوع) خدا کا بیٹا تھا۔ پطرس رسول کے ذہن میں ذرہ بھر بھی شک نہیں تھا کہ خداوند یسوع مسیح خدا کا بیٹا ہے جو ہمیں گناہ سے نجات دینے کے لئے اس دُنیا میں آیا۔ خدا کے پاک روح کا نزول یسوع کی زندگی پر باپ کی طرف سے مہر تصدیق تھی کہ اُس کی زمینی زندگی اور خدمت خدا کے حضور پسندیدہ اور مقبول ہے۔

18 آیت میں، ایک مقدس پہاڑ کا حوالہ بھی موجود ہے، امکان غالب ہے کہ یہ اس واقعہ کی طرف اشارہ ہے جب خدوند نے پطرس، یعقوب اور یوحنا کو اپنے ساتھ لے کر اُس پہاڑ پر گیا تھا جہاں پر اس کی صورت بدل گئی تھی۔ (پطرس 17 باب 2 آیت) اسی پہاڑ پر رسولوں نے خداوند یسوع کی صورت کو بدلتے ہوئے دیکھا تھا۔ اس کا زمینی بدن خدا کے

جلال میں چھپ گیا تھا۔ یہ اس قدر نمایاں تھا کہ اس کی صورت یکسر بدل گئی۔ وہ خدا کے جلال سے منور ہو گیا۔ پطرس کے دل میں اس تعلق سے کوئی شک و شبہ یا سوال موجود نہیں تھا۔ خداوند یسوع خدا کا بیٹا تھا۔ وہ ہی مسیح تھا جو آنے والا تھا۔ وہی دنیا کے لئے ایک زندہ اور جلالی امید تھا۔

یہ تمام شواہد بغیر کسی شک و شبہ کے اس بات کی تصدیق کرتے ہیں کہ جو کچھ نبیوں نے بیان کیا تھا وہ سچ ہی تھا۔ خداوند یسوع مسیح ان کی نبوتوں کی تکمیل تھا۔ پطرس رسول نے قارئین کو تلقین کی کہ وہ نبیوں کے کلام پر غور کریں۔ جو کچھ انہوں نے مسیح کے تعلق سے بیان کیا تھا ویسا ہی ہر ایک واقعہ اس کے ساتھ پیش آیا تھا۔ 19 آیت میں پطرس رسول نے اپنے قارئین کو تلقین کہ وہ ان حقائق پر توجہ مرکوز کریں جو اُس نے اُن کے سامنے بیان کیے ہیں۔

خداوند یسوع مسیح کے تعلق سے سچائی اور اس کے صلیبی کام کی حقیقت تاریک جگہ پر ایک درخشان روشنی تھی۔ یہ صداقت کوئی من گھڑت کہانی نہیں بلکہ دنیا کے لئے ایک اُمید تھی۔ خداوند یسوع مسیح کے تعلق سے سچائی نے ایمانداروں کو ان کی زندگی میں پیش آنے والی مشکلات اور تاریک راہوں سے گزرتے ہوئے روشنی بخشی تھی۔ ایک روشنی کی طرح اس سچائی نے انہیں خداوند یسوع مسیح کی آمدِ ثانی تک قائم رکھنا تھا۔ خداوند یسوع مسیح اور اس کے صلیبی کام کی سچائی ہمیں ہمارے دُکھوں اور کڑے امتحانوں میں مضبوط کرے گی جن کا ہمیں اس دُنیا اور زمینی زندگی میں سامنا ہو سکتا ہے۔ تاریک دُنیا میں یہ ایک درخشاں اُمید ہے۔

پطرس رسول نے 20-21 آیت میں بیان کیا کہ سچی نبوت کا نبی کی شخصی سوچ اور خواہش سے کوئی تعلق نہیں ہوتا۔ حقیقی نبوت کا منبع خدا ہوتا ہے۔ اور نبی وہی کچھ بیان کرتا ہے جو

خدا اس پر واضح کرتا ہے۔ پطرس چاہتا تھا کہ اس کے قارئین کو یقین دہانی ہو جائے کہ خدا کا کلام اور حتیٰ کہ اس کی اپنی باتیں بھی بالکل سچی اور قابل بھروسہ تھیں۔ پطرس رسول کی بیان کردہ سچائی کا منبع وہ خدا تھا جو کبھی جھوٹ نہیں بولتا۔

چند غور طلب باتیں

☆۔ جو سچائی پطرس رسول لکھ رہا تھا اس نے اس کا کون سا ثبوت پیش کیا؟

☆۔ ایک سچائی پر ایمان رکھنے اور اُس کے مطابق زندگی بسر کرنے میں کیا فرق ہے؟ وہ کون سی سچائی ہے جس کے مطابق زندگی بسر کرنے میں آپ کو مشکل پیش آتی ہے؟

☆۔ کیا آپ کے ارد گرد کچھ ایسے لوگ ہیں جنہیں اُن کے دُکھوں اور کڑے امتحانوں میں خدا کے کلام کی سچائی کی یاد دہانی کرانے کی ضرورت ہے؟ کیا ممکن ہے کہ خدا آپ کو اُن کی حوصلہ افزائی کے لئے کلام کی سچائی کی یاد دہانی کرانے کے لئے استعمال کرے؟

چند اہم دُعائیہ نکات

☆۔ خداوند کی شکر گزاری کریں کہ اُس نے روزمرّہ زندگی میں آپ کی رہنمائی اور حوصلہ افزائی کے لئے آپ کو اپنا کلام دیا ہے۔

☆۔ اپنی زندگی میں خداوند کی حضوری کے لئے اُس کی شکر گزاری کریں۔ اُس کے حضور شکر گزاری پیش کریں کہ وہ اس وقت آپ کے پاس موجود ہے۔

☆۔ ایسے وقتوں کے لئے خداوند کی شکر گزاری کریں جب آپ اپنی صورتحال میں خدا کے کلام کی سچائی کو استعمال کرنے میں ناکام رہے۔

☆۔ اگر آپ کو اس وقت کسی مشکل اور امتحان کا سامنا ہے، خداوند سے کہیں کہ وہ آپ کی آنکھیں کھول دے تاکہ آپ اُس کی محبت، قادر مطلق قوت اور اُس کے فضل کی بدولت اس محافظت کو پہچان سکیں جو وہ آپ کے لئے رکھتا ہے۔ خداوند سے فضل چاہیں تاکہ آپ اس پر بھروسہ اور توکل کر کے اُس کے وعدوں کو اپنی زندگی میں قبول کر سکیں۔

باب 37

جُھوٹے نبی

2 پطرس 2 باب 1-19 آیت

پطرس کا پیغام خداوند یسوع مسیح اور اس کی نجات کے بارے میں تھا۔ یہ پیغام اپنے لوگوں کے لئے خداوند کی منصوبے کی سچائی سے متعلق تھا۔ یہ وہی پیغام تھا جو عہدِ عتیق کے انبیاہ اکرام نے الٰہی مکاشفہ کی روح سے ہزاروں سال پہلے بیان کیا تھا۔ پطرس رسول نے اپنے قارئین اکرام کو یاددہانی کرائی کہ اُن کے درمیان جھوٹے نبی ہیں جو مسیح کے وسیلہ نجات کے پیغام کو بگاڑنا چاہتے ہیں۔ ان جھوٹے اُستادوں نے چپکے سے مذہبی جھوٹ کو ہوا دینے کی کوشش کی اور اس مسیح کا انکار کرنے کی حد تک بھی چلے گئے جس نے اُنہیں اپنے بیش قیمتی لہو سے خریدا تھا۔ اس طرح کی ریاکاری کی عدالت بہت جلد ہونی تھی۔

اس آیت میں موجود بعض تفصیلات ہیں جن کا ہمیں جائزہ لینے کی ضرورت ہے۔ سب سے پہلے قابلِ غور بات یہ ہے کہ ان جھوٹے اُستادوں نے چپکے سے اپنی تعلیم متعارف کرائی۔ ابلیس کبھی بھی اپنی موجودگی کے بارے میں کھلم کھلا اعلان نہیں کرتا۔ یقیناً نقلی اور جعلی قسم کے قائدین نہیں چاہتے تھے کہ لوگوں کو علم ہو جائے کہ وہ جھوٹے ہیں۔ وہ عزت کے

بھوکے تھے پس اُنہوں نے آہستہ آہستہ لوگوں کے دلوں اور ذہنوں میں گھر بنانے کی کوشش کی۔ بعض اوقات تعلیمی اختلاف اس قدر غیر واضح ہوتے ہیں کہ اُن پر توجہ ہی مرکوز نہیں ہوتی۔ پطرس رسول نے اپنے قارئین کو آگاہ کیا کہ وہ اپنے اردگرد جھوٹے اُستادوں سے باخبر رہیں جو رسولوں سے قطعی مختلف پیغام ان تک پہنچا رہے تھے۔

دوسری قابلِ غور بات یہ ہے کہ جھوٹے استاد ایماندار ہونے کا بھی دعویٰ کرتے تھے لیکن وہ اس حد تک گمراہی کا شکار ہو چکے تھے کہ اس مسیح کا بھی انکار کر رہے تھے جس کی وہ پرستش اور عبادت کے دعوے دار تھے۔ کسی بھی جھوٹے اُستاد یا نبی میں امتیاز مشکل کام نہیں ہے۔ خداوند یسوع مسیح کے تعلق سے تعلیم اور ایمان ہی کسی بھی جھوٹے یا سچے نبی کی پہچان کے لئے کافی ہے۔ پطرس رسول نے 1 آیت میں بیان کیا کہ ایسی بدعات تباہی اور بربادی کا باعث ہوتی ہیں۔ کیونکہ یہ بدعات اور غلط تعلیمات اجتماعی طور پر کلیسیا اور انفرادی طور پر ایک ایماندار کی زندگی کے لئے تباہی اور بربادی کا باعث ہو سکتی تھیں۔ یہ بدعات ایماندار کی دل و دماغ میں خلل پیدا کر کے اس کی توجہ اور دھیان خداوند یسوع مسیح کی سچائی سے ہٹا سکتی تھیں۔ ان جھوٹ کے پلندوں سے کلیسیا کمزور بلکہ تباہ بھی ہو سکتی تھی۔ ایسا ہرگز ممکن نہیں تھا کہ ان جھوٹے اُستادوں اور دھوکہ باز فریب میں مبتلا کرنے والے نبیوں کو کھلی چھٹی دے دی جاتی کہ وہ تباہ کن منادی اور تعلیم کا سلسلہ جاری رکھیں۔

پطرس رسول نے قارئین کرام کو آگاہ کیا کہ وہ جھوٹے نبی جماعت بنانا چاہتے ہیں۔ (2 آیت) بہت سے لوگ ان کے جھوٹوں کا شکار ہو جائیں گے۔ ہو سکتا ہے کہ وہ منطق اور دلیل کے ساتھ اپنے جھوٹ بیان کریں۔ ان کی بدعات گناہ آلودہ فطرت سے ہم آہنگ ہو سکتی تھی۔ سننے اور سمجھنے میں خوشگوار لیکن وہ سراسر جھوٹا پیغام تھا۔ ان جھوٹے اور جعلی استادوں اور ایمانداروں نے خداوند یسوع مسیح کی راہوں کا تمسخر اڑایا۔ جھوٹے اُستادوں کی

شرمناک روّشیں کلیسیا کے لئے ذلت ورسوائی کا باعث ہوئیں۔

جھوٹے استاد اور نبی جن کا پطرس رسول یہاں پر ذکر کر رہا ہے لالچی تھے۔ وہ لوگوں کے لئے اپنے دل میں ترس اور محبت سے خدمت گزاری کا کام نہیں کر رہے تھے۔ وہ روپیہ پیسہ ، نام اور شہرت کے حصول کے لئے کوشاں تھے۔ میدانِ خدمت میں ذاتی مفادات کے لئے اُترے ہوئے تھے نہ کہ انجیل کی سچائی کو پھیلانا ان کا نصب والعین تھا۔

پطرس رسول نے مزید بیان کیا ہے کہ یہ جھوٹے نبی اور اُستاد من گھڑت کہانیاں اور خیالی پلاؤ بنا کر لوگوں کے سامنے پیش کر رہے تھے۔ وہ خدا اور اُس کے مقاصد کے تعلق سے اپنی سوچ اور خیال لوگوں کے سامنے پیش کر رہے تھے۔ جو لوگوں کو ایک تصوراتی اور خیالی معبود کی طرف لے جا رہا تھا۔ ان کی جھوٹی تعلیمات ان کے خیالات کی پیداوار تھی۔ اور وہ خدا کے کلام کی سچائی پر مبنی خوشخبری نہیں پھیلا رہے تھے۔

خدا پہلے ہی ان بدکار نبیوں اور جھوٹے اُستادوں کی بدی کی عدالت کر چکا تھا۔ عدالت کی تلوار ان پر لٹک رہی تھی اور کسی بھی وقت اُن کی گردن پر آجانی تھی۔ ان کا یہی خیال تھا کہ خدا انہیں بالکل بھی نہیں دیکھ رہا کہ وہ کیا کر رہے ہیں۔ وہ اس بات پر ایمان رکھتے تھے کہ جو کچھ بھی وہ کر رہے ہیں اس کے بارے میں کوئی نہیں جانتا۔ خدا کی عدالت سوتی نہیں تھی بلکہ یہ بہت بیدار اور تیار تھی کہ کسی بھی وقت اُن پر آپڑے۔ وہ بہت سے لوگوں کے ایمان کی بربادی اور تباہی کا باعث ہو رہے تھے۔ اُنہوں نے اس تباہی اور بربادی کے لئے خدا کے حضور جوابدہ ہونا تھا۔ 4-10 آیات میں پطرس رسول نے عہد عتیق سے مثالیں دے کر ثابت کیا کہ خدا بدی کی سزا دیتا ہے۔ 4 آیت کے مطابق خدا نے بدکار فرشتوں کی رُو رعایت نہ کی جنہوں نے خدا کے حضور بدی کی تھی۔ یوں لگتا ہے کہ یہاں پر اُن فرشتوں کا ذکر کیا جا رہا ہے جو کبھی خدا کے حضور پرستش اور ستائش کرنے والے فرشتے

تھے۔ یہ فرشتگان گناہ میں گر گئے اور خدا نے اُن کی عدالت کی۔ اُس نے اُنہیں جہنم کی آگ میں بھیج کر انہیں یوم عدالت تک وہاں تاریکی میں قید کر دیا ہے۔ خدا نے ان فرشتگان کو نہ چھوڑا۔ بلکہ ان کی عدالت کی۔ خدا نے انہیں کڑی سزا دی تھی۔ اُن کا آخیر بھیانک اور وحشت ناک ہے۔ اگر اُس نے اُن بدکار روحوں کو نہیں چھوڑا جو کبھی آسمان پر پاک فرشتے تھے۔ تو کیا ممکن ہے کہ خدا ان جھوٹے نبیوں اور اُستادوں کو چھوڑ دے جو اُس کے فرزندوں کا ایمان تباہ کر رہے تھے اور اپنے جھوٹوں اور فریب زدہ باتوں سے اُنہیں گمراہی کی راہ پر ڈال رہے تھے؟

5 آیت میں پطرس رسول نے نوح کے دَور کا ذکر کیا ہے، جب خدا نے ایک طوفان سے دُنیا برباد کرنے کا فیصلہ کیا تھا۔ نوح نے خدا کے حضور راستبازی کی منادی کی لیکن اس کے دور کے لوگوں نے اس کی باتوں پر کان نہ دھرا۔ اور پھر دنیا بھر میں طوفان کی صورت میں خدا کی عدالت ظاہر ہوئی۔ صرف نوح اور اس کا گھرانہ اس تباہی سے محفوظ رہا۔ اگر خدا نے نوح کے دور میں اپنی مخلوقات کی رُو رعایت نہ کی، تو کیا خدا ان جھوٹے اور بے دین استادوں کی عدالت نہ کرے گا جو گمراہی پھیلا رہے اور خداوند یسوع کا انکار کر رہے تھے؟

اگرچہ خدا نے سُدوم اور عمورہ کی عدالت کی تو بھی اُس نے لوط کو بچالیا جو کہ ایک راستباز شخص تھا۔ (7 آیت) ان شہروں کے دیگر باشندوں سے قطعی مختلف، لوط جب اپنے اردگرد شہوت پرستی، روحانی آلودگی اور ناپاک طرزِ زندگی اور بُری روشیں اور طریقے دیکھتا تھا اس کا دل کڑھتا تھا۔ خدا نے لوط کے دل کو دیکھا کہ وہ کس طرح گناہ پر رنجیدہ ہوتا ہے، اسی بنا پر لوط کو خدا نے اس تباہی اور بربادی سے بچالیا جو اس نے سدوم اور عمورہ پر بھیجی تھی۔ خدا نے اپنے رحم اور ترس میں اُن شہروں کی عدالت سے پہلے اپنے فرشتگان کو بھیجا تاکہ وہ لوط کو خدا کی عدالت سے قبل ان شہروں سے نکال لیں۔ بدی میں زندگی بسر

کرنے والوں پر خدا کی عدالت یقینی ہے۔ خدا اپنوں کو بچانا جانتا ہے۔ خدا اپنے لوگوں کے راست دلوں اور پاک خیالوں پر نظر رکھتا ہے۔ خداوند سے محبت رکھنے والوں کے لئے یہ کس قدر حوصلہ افزا بات ہے جو اس بدکار دُنیا میں اس کی خدمت کرنے کا چناؤ کرتے ہیں۔

10 آیت میں پطرس رسول ان جھوٹے اُستادوں کا ذکر ایسے لوگوں کے طور پر کرتا ہے جو گناہ آلودہ فطرت کی بری خواہشوں سے لدے ہوئے تھے۔ یہ فطرت خدا کے منافی ہے۔ نہ ہی اس فطرت کا خدا کے مقاصد سے کوئی تعلق اور واسطہ ہے۔ خدا نے ہمیں اس بُری فطرت سے الگ کیا ہے۔ جب خدا کا پاک روح ہمارے دلوں میں سکونت کرنے کے لئے آتا ہے، تو وہ ہمیں نئی فطرت اور طبعیت دینے کے لئے آتا ہے۔ خدا کے کلام کا تقاضا یہی ہے کہ ہم پرانی فطرت اور انسانیت کے اعتبار سے مر کر خدا کے پاک روح کی نئی فطرت کے مطابق زندگی بسر کریں۔ (رومیوں 8 باب 5-8 آیت) یہ جھوٹے نبی خدا کے پاک روح کی ہدایت سے نہیں چل رہے تھے۔ بلکہ وہ اپنی گناہ آلودہ فطرت کے غلام تھے۔ خدا کے حقیقی خدام اپنے خالق اور اُس کی مرضی اور مقاصد کے طالب ہوتے ہیں۔ وہ اپنے ہر کام میں پاک روح کی رہنمائی سے چلتے ہیں۔

پطرس رسول نے اُن جھوٹے اُستادوں کی ان لوگوں کے طور پر بھی بات کی ہے جو اختیار والوں کو ناچیز جانتے ہیں۔ ایک حقیقی خادم اربابِ اختیار کی تابعداری اور اطاعت کا چناؤ کرتا ہے۔ کیونکہ اسے علم ہے کہ صاحب اختیار لوگ خدا کی طرف سے مقرر ہوتے ہیں۔ لیکن اُن جھوٹے اُستادوں کا روّیہ اور طرزِ فکر یہی تھا کہ کوئی اُنہیں یہ نہ بتائے کہ اُنہوں نے کیا کرنا ہے۔ وہ بڑے دلیر اور متکبر تھے۔ وہ کبھی بھی تسلیم نہیں کرتے تھے کہ وہ غلط ہیں اور اپنی نافرمانی اور گمراہی کی راہ پر بڑھتے چلے جا رہے تھے۔

جھوٹے نبیوں کی گمراہی اور تکبر کی حد یہ تھی کہ وہ فرشتوں کے خلاف بھی بُری باتیں کہتے

تھے۔ ایسا کہ آسمان پر موجود فرشتگان بھی ایسا کرنے سے گریز کرتے ہیں۔ ان آسمانی مخلوقات کی پہچان اور شناخت غیر یقینی ہے۔ 9 آیت میں یہوداہ نے بیان کیا ہے کہ مقرب فرشتہ میکاایل نے بھی شیطان کے خلاف الزام تراشی سے گریز اور پرہیز کیا جب ابلیس کے ساتھ اس کا جھگڑا ہو رہا تھا۔ یہ بات سچ ہے کہ ابلیس برا ہے اور خدا اور اُس کے مقاصد کی مخالفت کرتا ہے۔ پھر بھی میکاایل نے اُس کے تعلق سے کوئی بُرا لفظ نہ بولا۔ میکاایل نے شیطان سے بات کرتے ہوئے بھی اپنی زبان ناپاک نہ کی۔ لیکن یہ جھوٹے نبی جن باتوں کو نہیں سمجھتے تھے ان کے تعلق سے بھی وہ بُری باتیں کہہ رہے تھے۔ ہمیں کسی کی عدالت نہیں کرنی چاہئے اور عدالت کا کام خدا پر ہی چھوڑنا چاہئے۔ لیکن اس کا ہرگز یہ مطلب نہیں کہ جو کچھ بھی دشمن کر رہا ہو ہم اُس کے ساتھ متفق ہو جائیں۔ ہمیں سچائی کی خاطر لڑنا چاہئے لیکن کبھی بھی ابلیس کے حیلے اور حربے استعمال نہ کریں۔ ہم روح کے پھل سے ہی خدا پر توکل اور بھروسہ کرتے ہوئے اسے شکست دے سکتے ہیں۔

پطرس رسول کی اُن جھوٹے اُستادوں کے تعلق سے رائے منفی تھی۔ اُس نے اُنہیں 12 آیت میں حیوان تک کہا جو ہلاکت کے لئے پیدا ہوئے تھے۔ خدا کی بادشاہی میں اُن کی کوئی قدر و قیمت نہ تھی۔ ان کی خدمت کا یہی نصب العین تھا کہ وہ لوگوں کو خدا اور اس کے کلام کی سچائیوں سے گمراہ کر دیں۔ خدا ہی ایسے لوگوں کو ان کی برائی کا بدلہ دے گا۔

پطرس رسول کے اُن جھوٹے نبیوں کے تعلق سے تاثرات بلکہ منفی تاثرات صرف اس بنا پر نہیں تھے کہ وہ گمراہ کن تعلیم دے رہے تھے بلکہ اس لئے بھی کہ ان کا طرزِ زندگی خدا کے کلام کے منافی تھا۔ 13 آیت میں وہ اُنہیں عیش و عشرت کے طالب بھی کہتا ہے۔ اُنہیں دن دھاڑے عیش و عشرت کرنا اچھا لگتا تھا۔ وہ داغ اور عیب تھے۔ یعنی وہ ناپاک اور ناراست تھے اور خدا کے گھرانے میں خدمت کے لئے بالکل بھی موزوں اور مناسب لوگ

نہیں تھے۔ وہ اپنی بُری خواہشوں اور عیش و عشرت کے بندے تھے لیکن انہوں نے روحانی لوگ اور خدام ہونے کا لبادہ پہن رکھا تھا۔ ان کی آنکھوں میں زناکار عورتیں بسی ہوئی تھیں۔ وہ ایمان میں کمزور اور خدا کے ساتھ مضبوط رشتہ نہ رکھنے والے لوگوں کو گمراہ کرتے تھے وہ انجیل کے دشمن تھے۔

پطرس رسول نے لکھا کہ ایسے لوگ سچائی کی راہ سے گمراہ ہو کر بلعام کی راہ پر چل نکلے ہیں۔ جس نے بدکاری کی اجرت کو پسند کیا۔ بلعام ایک جھوٹا نبی تھا جسے بلق نے اُجرت پر طلب کیا کہ وہ خدا کے لوگوں پر لعنت کرے۔ (گنتی 22 باب) اسے خدا کے لوگوں پر لعنت کرنے کے لئے دولت کا لالچ دیا گیا۔ خدا نے اُس کی اپنی گدھی کے ذریعہ ہی سے اُس کی روّش پر اسے ملامت کی۔ اُس کی گدھی بلعام سے زیادہ خدا کی تابع فرمان ہوئی۔ دُنیوی عیش و عشرت نے انہیں سچائی سے گمراہ ہونے پر اکسایا۔ خدا کے لوگوں کو دینے کے لئے ان کے پاس کچھ بھی نہیں تھا۔ وہ خشک چشمے تھے اور جس تازگی اور روئیدگی کا وہ وعدہ کرتے تھے، اس کو دینے کے بالکل بھی قابل نہ تھے۔ (17 آیت)

پطرس رسول نے اُن جھوٹے نبیوں کو طوفان سے پیدا ہونے والی دھند سے بھی تشبیہ دی۔ وہ جسمانی خواہشوں کے بوجھ تلے دبے ہوئے تھے۔ اُن کے اندر طرح طرح کی ناپاک رغبتیں تھیں۔ اور وہ بُری اور ناپاک خواہشوں سے موجوں کی طرح اُچھلتے بہتے پھرتے تھے۔

اُن جعلی رہنماؤں کے منہ بالکل خالی تھی۔ (18 آیت) یعنی اُن کے منہ میں کہنے کے لئے کوئی قابل قدر بات نہ تھی۔ وہ تکبر سے بڑی بڑی باتیں کرتے تھے جو اُن کی جسمانی خواہشوں سے ہم آہنگ تھی۔ وہ راستبازی کے اصولوں سے بے بہرہ تھے۔ وہ صرف اور صرف گناہ آلودہ جسمانی خواہشوں میں جکڑے ہوئے تھے۔ پطرس کا دل خاص طور پر اس

لئے بھی ان جھوٹے نبیوں اور اُستادوں کے تعلق سے کڑھتا تھا کیونکہ وہ شیطان کے ہاتھوں میں ایک آلہ کار بنے ہوئے تھے۔ وہ ایسے نومرید ایمانداروں کا شکار کر رہے تھے جو ابھی گمراہ کن دُنیا سے باہر نکل ہی رہے ہوتے تھے۔ جھوٹے اُستاد آزادی کا وعدہ کرتے تھے لیکن وہ خود گناہ کے غلام بنے ہوئے تھے۔

پطرس رسول یہاں پر جھوٹے نبیوں اور اُستادوں پر تہمت بازی نہیں کر رہا تھا۔ بلکہ یہاں پر وہ خدا اور اس کے مقاصد کا دل سے طالب ہوتے ہوئے سچ اور حق بات بیان کر رہا ہے۔ وہ ایمانداروں کو ان جھوٹے اُستادوں کے پیچھے چلنے کے بڑے خطرات سے آگاہ کر رہا تھا۔ پطرس کی باتوں میں ایک شدت اور تڑپ پائی جاتی ہے۔ خدا کے گلہ کو تباہ کرنے والے جھوٹے اُستادوں کے خلاف ہمیں اپنی ساری توانائیاں بروئے کار لاتے ہوئے اُن کے خلاف نبرد آزما ہونا چاہیئے۔ پطرس اس لئے بھی اُن پر برہم ہے کیونکہ اسے علم ہے کہ یہ جھوٹے اُستاد کس قدر تباہی اور بربادی کا باعث ہو سکتے ہیں۔

چند غور طلب باتیں

☆۔ آپ کے خیال میں جھوٹے نبی کیوں کر ہمیشہ اپنے پیروکار بنانے میں کامیاب ہو جاتے ہیں؟

☆۔ جھوٹے نبیوں کے دلی محرکات کیا ہوتے ہیں؟

☆۔ پطرس رسول کے مطابق ہم جھوٹے نبی کو کیسے پہچان سکتے ہیں؟ اُن کی تعلیم اور طرزِ زندگی کو مد نظر رکھتے ہوئے جواب تحریر کریں۔

☆۔ جھوٹے اُستادوں کی عدالت کے تعلق سے پطرس رسول کیا بیان کرتا ہے؟

☆۔ دورِ جدید میں جھوٹے اُستادوں کے تعلق سے ہمارا روّیہ اور ردِ عمل کیسا ہونا چاہیئے؟

☆۔ کلیسیائی کام کو بگاڑنے بلکہ تباہ کرنے والے لوگوں کے تعلق سے لوگوں کو خبر دار کرنے اور تہمت بازی میں کیا فرق ہوتا ہے؟

چند اہم دُعائیہ نکات

☆۔ خداوند سے سچائی کا واضح فہم و فراست مانگیں، تاکہ آپ جھوٹی تعلیمات سے گمراہی کا شکار نہ ہوں۔

☆۔ خداوند سے دُعا کریں تاکہ وہ آپ کی کلیسیا کو جھوٹے اُستادوں سے محفوظ رکھے۔

☆۔ کیا آپ بعض جھوٹے اُستادوں سے واقف ہیں؟ خداوند سے دُعا کریں کہ وہ خدا کے کلام کی سچائی کو پہچاننے اور قبول کرنے کے لئے ان کے دلوں کو کھول دے۔

باب 38

مقابلہ کر کے غالب آئیں

2 پطرس 2 باب 20-22 آیت

اس باب کا تعلق بھی اسی موضوع سے جس کا ہم نے گزشتہ باب میں مطالعہ کیا ہے۔ لیکن یہ بہت اہم ہے کہ ہم الگ سے اس کا جائزہ لیں۔ پطرس نے جھوٹے نبیوں اور اُن کے کام کے تعلق سے بات کی ہے۔ یہ جھوٹے نبی خداوند یسوع مسیح سے منہ موڑ چکے تھے اور نَو مرید ایمانداروں کو اُن کے ایمان سے گمراہ کر رہے تھے۔

پطرس رسول 20 آیت میں ایسے لوگوں کے تعلق سے بیان کرتا ہے جو خداوند کو جاننے کے بعد دُنیا داری سے آلودہ ہو جاتے اور گناہ کے پھندے میں پھنس جاتے ہیں۔ آئیں مزید تفصیل سے اس بات کا جائزہ لیں۔

غور کریں کہ یہ لوگ دُنیا کی آلودگی سے بچ گئے۔ یہاں پر جس آلودگی کی بات ہو رہی ہے وہ گناہ اور بے دینی کی راہیں ہیں جو اس دُنیا میں موجود ہے۔ یہ دُنیا جس میں ہم رہتے ہیں خدا اور اُس کی راہوں کو پسند نہیں کرتی۔ یہ نہ خدا کو جانتی ہے اور نہ ہی اس میں خدا کو جاننے اور پہچاننے کی کوئی خواہش پائی جاتی ہے۔ اس سے ایسے لوگوں کے طرزِ زندگی کا علم

ہوتا ہے۔

جن لوگوں کو پطرس رسول نے خط لکھا وہ اچھی زندگی بسر کرتے تھے۔اور اُن کا طرزِ زندگی خدا کے کلام سے ہم آہنگ تھا۔ وہ اپنے اردگرد پائی جانے والی ناراستی اور بے دینی کے خلاف نبرد آزما تھے۔وہ مسیح کے علم و معرفت سے معمور تھے۔وہ اس بات کو سمجھتے تھے کہ مسیح انہیں آزاد کرنے اور گناہ کے بندھن سے رہائی دینے کے لئے آیا تھا۔ پطرس رسول کے مطابق مسیح کے علم و معرفت کے باعث ہی یہ ایماندار دنیا کی آلودگی سے آزاد ہوئے تھے۔ یہ مسیح کے تعلق سے محض کتابی علم نہیں تھا۔ بلکہ یہ اُن کی روحوں میں اُتر جانے والا وہ علم و معرفت تھا جس نے اُن کی زندگی کو یکسر بدل دیا تھا۔

غور کریں، یہ ایماندار پھر سے دُنیا کی آلودگی کا شکار ہو چکے تھے۔ وہ پھر سے دُنیا کی بُری روش سے مغلوب ہو گئے تھے اور اُن کی موجودہ حالت ناگفتہ بہ تھی۔ وہ پہلے سے بھی زیادہ بدترین حالت کا شکار تھے۔ پطرس رسول ہمیں یہاں پر کیا بتا رہا ہے؟ اس آیت سے متعلق کئی ایک باتیں بیان کی جاسکتی ہیں۔

اس آیت کو سمجھنے کے لئے، ہمیں یہ سمجھنا ضروری ہے کہ عین ممکن ہے کہ ایک شخص مسیح کی قدرت سے گناہ آلودہ زندگی سے آزاد ہو کر بھی خدا کا حقیقی طور پر فرزند نہ ہو۔ ایسے لوگوں کے پاس خداوند یسوع مسیح کا علم ہو سکتا ہے، وہ خدا کی حضوری کے لمس سے شفا پا سکتے ہیں لیکن کبھی بھی خدا کے حقیقی فرزند نہیں بن پاتے۔ جیسا کہ خداوند یسوع مسیح نے متی رسول کی معرفت لکھی گئی انجیل کے 13 باب میں بیج بونے والے کی تمثیل میں ایسی پتھریلی زمین کا ذکر کیا ہے جہاں پر بیج اُگتا تو ہے لیکن جڑ پکڑ نہیں پاتا۔ بالکل ایسے ہی کبھی ان لوگوں نے مسیح میں پرورش پانا شروع تو کی تھی لیکن مشکلات اور آزمائشوں نے اُن کا راستہ روک لیا، وہ گناہ میں گر گئے۔ جس سے ثابت ہو گیا کہ وہ حقیقی طور پر خدا کے فرزند

بنے ہی نہیں تھے۔

غور کریں کہ پطرس رسول ایسے لوگوں کو جن کے پاس مسیح کا علم تھا اور وہ مسیح سے منہ موڑ چکے تھے، ایسے لوگ قرار دیتا ہے جن کی موجودہ حالت سے پہلے سے بھی بدتر تھی۔ پولس رسول نے تیمتھیس کو لکھا کہ خدا نے اس پر اس وقت رحم کیا جب وہ کلیسیا کو ستانے والا تھا کیونکہ اُس نے بے اعتقادی اور جہالت کی حالت میں ایسا کیا تھا۔

(1 تیمتھیس 1 باب 13 آیت)

"اگرچہ میں پہلے کُفر بکنے والا اور ستانے والا اور بے عزت کرنے والا تھا تُو بھی مُجھ پر رحم ہوا اس واسطے کہ میں نے بے ایمانی کی حالت میں نادانی سے یہ کام کئے تھے۔"

کلیسیا کو ستانے سے بھی ایک بدترین بات ہے اور وہ ہے خداوند کے نام پر کفر بکنا۔ یعنی مسیح کی ذاتِ اقدس اور اُس کے کفارہ بخش کام کا علم ہوتے ہوئے بھی ایسا کرنا۔ پولس رسول جس وقت کلیسیا کو ستارہا تھا اپنی زندگی کے اس مقام پر وہ خدا کے اس کفارہ بخش کام کو نہیں سمجھتا تھا جو اس نے مسیح یسوع کے وسیلہ سے سرانجام دیا تھا۔ جب دمشق کی راہ پر اُس کی ملاقات خداوند سے ہوئی تو انقلابی طور پر سب کچھ بدل گیا۔ وہ زمین تک جھک گیا اور اپنی زندگی خداوند کو دے دی۔ جہالت میں گناہ کا مرتکب ہونا بھی برا کام ہے لیکن علم و معرفت اور خدا کی پہچان رکھتے ہوئے ایسا کرنا تو انتہائی بدترین کام ہے۔ اور ایسا کرنے والے کی عدالت بھی نہایت سخت ہوگی۔

دورِ جدید میں ایسے لوگ پائے جاتے ہیں جو نجات کی راہ کے علم سے معمور ہیں۔ ان لوگوں نے کسی نہ کسی طرح سے خدا کی قدرت کا تجربہ بھی کیا ہے۔ ہو سکتا ہے کہ اپنی زندگی میں انہوں نے کسی بیماری سے شفا پائی ہو۔ یا پھر خدا نے اُنہیں کسی بدعادت پر فتح بخشی ہو۔ در حقیقت ایسے لوگ مسیح خداوند کے نام سے کوئی نہ کوئی منسٹری بھی چلارہے ہوتے ہیں۔

خداوند یسوع مسیح نے ایسے لوگوں کے تعلق سے کیا بیان کیا ہے اس پر غور کریں۔

"اُس دِن بہتیرے مُجھ سے کہیں گے اَے خُداوند اے خُداوند! کیا ہم نے تیرے نام سے نبوت نہیں کی اور تیرے نام سے بدروحوں کو نہیں نکالا اور تیرے نام سے بہت سے معجزے نہیں دِکھائے؟ اُس وقت میں اُن سے صاف کہہ دُوں گا کہ میری کبھی تُم سے واقفیت نہ تھی اَے بدکارو میرے پاس سے چلے جاؤ۔" (متی 7 باب 22-23)

یاد رہے کہ پطرس رسول بھی اپنے خط میں اپنے قارئین کو ایسے ہی لوگوں کے تعلق سے بتا رہا ہے جن کا خداوند یسوع نے مذکورہ حوالہ میں ذکر کیا ہے۔ پطرس رسول نے جھوٹے نبیوں کا ذکر کیا جو خداوند کے نام سے کلیسیاؤں کو برباد کر رہے تھے۔ یہ لوگ خداوند کا نام لے کر لوگوں سے مخاطب ہوتے تھے۔ وہ لوگوں کو پر فریب باتوں سے لوگوں کو گمراہ کر رہے تھے۔ وہ اپنے ظاہری اچھے طرزِ زندگی اور چکنی چپڑی باتوں سے گمراہ کرتے تھے لیکن در حقیقت وہ خود گناہ سے مغلوب اور اس کی گرفت میں جکڑے اور پکڑے ہوئے تھے۔ پطرس رسول ایسے لوگوں کی ذہنیت اور روِش کو بیان کرنے کے لئے اس دَور کے ایک ضرب المثل کا استعمال کرتا ہے۔ "اُس پر یہ سچی مِثل صادق آتی ہے کہ کُتا اپنی قے کی طرف رجوع کرتا ہے اور نہلائی ہوئی سُوارنی دلدل میں لوٹنے کی طرف۔" (22 آیت)

سؤر کی یہ فطرت اور رغبت ہوتی ہے کہ وہ کیچڑ میں لیٹنے سے اپنے آپ کو گندہ کرے۔ اسی طرح کتے کی یہ فطرت ہے کہ وہ اپنی ہی قے کو کھا جاتا ہے۔ اگر خدا کے لوگ واقعی جھوٹے نبیوں کو دیکھ رہے تھے، تو پھر بہت ہی جلد اُنہوں نے اُن کی گمراہ کن راہوں کو بھی اپنی آنکھوں سے دیکھنا تھا۔ اپنے وقت پر ان کی حقیقی فطرت بے نقاب ہو جانی تھی۔ اُنہوں نے اپنے ہی گناہ میں پھنس جانا تھا۔ سب پر عیاں ہو جانا تھا کہ اصل میں وہ کون لوگ تھے۔ ہر وہ شخص جو مسیح یسوع کے نام سے آتا ہے، ضروری نہیں کہ وہ خداوند کا

خادم ہی ہو۔ مسیح کی قدرت کا تجربہ رکھنے والا ہر شخص بھی ضروری نہیں کہ اُس کا فرزند ہو۔

پطرس رسول یاد دہانی کرا رہا ہے کہ وہ لوگ جو مسیح یسوع کی پہچان اور معرفت رکھتے ہوئے بھی اُس سے منہ موڑ گئے ہیں اُن کا انجام برا ہو گا۔ ان کی عدالت ان لوگوں سے شدید ہو گی جنہوں نے کبھی مسیح یسوع کو پہچانا اور اس کا اقرار نہیں کیا تھا۔ جو لوگ وفاداری سے خدا کے ساتھ چلتے ہیں، ان کے لئے آسمان پر اجر ہے۔ اس حوالہ سے یہ بھی معلوم ہوتا ہے نجات کی پیش کش کو ٹھکرانے والوں کے لئے سزا بھی مختلف ہو گی۔

چند غور طلب باتیں

☆۔ کیا ایک غیر ایماندار شخص خدا کی حضوری اور اس کی برکات کا تجربہ کر سکتا ہے؟ کیا اسے حقیقی طور پر جانے اور پہچانے بغیرہ خدا کی خدمت کر سکتے ہیں؟

☆۔ دانستہ اور غیر دانستہ گناہوں میں کیا فرق ہوتا ہے؟

☆۔ ہم کس طرح جھوٹے نبی کو پہچان سکتے ہیں؟ کیا ممکن ہے کہ جھوٹا نبی بھی حقیقی ایماندار ہی دکھائی دے؟

☆۔ یہاں پر ہم خدا کی عدالت کے تعلق سے کیا سیکھتے ہیں؟

☆۔ کیا آپ واقعی خدا کے فرزند ہیں؟ ہمیں کس طرح علم ہو سکتا ہے کہ آیا ہم واقعی خداوند یسوع مسیح کے پیروکار ہیں؟ حقیقی نجات اور مذہبی طرز زندگی میں کیا فرق ہوتا ہے؟

چند اہم دُعائیہ نکات

☆۔ خداوند کی شکر گزاری کریں کہ اُس نے سچائی آپ پر واضح اور منکشف کر دی ہے۔ ہر روز سچائی کی حقیقت کے مطابق زندگی بسر کرنے کے لئے خداوند سے فضل مانگیں۔

☆۔ خداوند سے امتیاز کی روح مانگیں تاکہ وہ تعلیم جو آپ اپنے اِرد گرد سنتے ہیں، اس میں امتیاز کر سکیں۔ سچائی اور گمراہی میں فرق کرنے کے لئے خداوند سے مدد مانگیں۔

☆۔ کیا آپ کے معاشرہ میں جھوٹے اُستاد اور نبی پائے جاتے ہیں؟ چند لمحات کے لئے دُعا کریں کہ خداوند یسوع اُنہیں سچائی کی معرفت اور علم عطا کرے۔ خداوند سے دُعا کریں کہ انہیں اپنے قریب لے آئے اور حق کی پہچان عطا کرے۔

باب 39

اُس کے آنے کا وعدہ کہاں گیا؟

2 پطرس 3 باب 1-10 آیت

پطرس رسول نے اپنے قارئین کو جھوٹے نبیوں کی اصلیت اور خوشخبری کی سچائی سے گمراہ ہو جانے کے خطرہ سے آگاہ کیا۔ شیطان خدا کے کلام کی سچائی کو بگاڑنے کی از حد کوشش میں تھا۔ پطرس رسول کا یہ بوجھ تھا کہ اُس کے قارئین خدا کے کلام کی سچائی کو سمجھتے ہوئے اس غلط تعلیم کے خلاف نبرد آزما ہو جائیں جو اُن کے ارد گرد پھیل رہی تھی۔ پطرس رسول اُنہیں صحت بخش سوچ اپنانے کے لئے متحرک کر رہا تھا۔ (1 آیت) لفظ "صحت مند" کا مطلب ہے، خالص، مخلص، دُنیوی سوچ اور کسی بھی طرح کی روحانی آلودگی سے پاک سوچ۔ پطرس رسول اپنے خط کے قارئین میں اسی سوچ اور ایسے ہی طرزِ فکر کو دیکھنے کا مشتاق تھا۔ وہ چاہتا تھا کہ ان کی سوچ خالص، پاک اور روحانی آلودگی سے آزاد ہو۔ وہ چاہتا تھا کہ اس خط کے قارئین علم و معرفت میں ترقی اور غلط تعلیمات سے اجتناب کریں۔

امکانِ غالب ہے کہ ہم پہلے سے بھی زیادہ دُنیوی خیالات اور سوچوں سے بھر گئے ہیں۔ ٹیلی ویژن، انٹرنیٹ، ریڈیو، لٹریچر اور دیگر کئی ایک ذرائع سے دُنیا اپنی سوچ اور تصورات کو

فروغ دینے کے لئے کوشاں ہے۔ بہت سے خیالات اور تصورات خدا کے کلام کی واضح تعلیم سے منافی ہیں۔ حتیٰ کہ مسیحی لوگ بھی ایسے ناقص خیالات اور تصورات کا شکار ہو جاتے ہیں جو خدا کے کلام سے تضاد رکھتے ہیں۔ پطرس رسول کے دل کی لالسا یہی تھی کہ اس کے قارئین سچائی اور گمراہی میں امتیاز کرنا سیکھیں خدا کے حضور اپنے خیالات کو پاک اور خالص رکھیں۔

1 آیت پر غور کریں، پطرس رسول کی یہی سوچ اور ارادہ تھا کہ اپنے قارئین کو مثبت روّیہ اور خیالات اپنانے کے لئے متحرک کرے۔ خدا کے کلام کی سچائی پر اس گناہ آلودہ دُنیا ہمیشہ حملہ کرنے کی کوشش میں رہے گی۔ اس دُنیا میں، بہت سی ایسی چیزیں ہیں جو ناپاک خیالات اور بُرے روّیوں کو فروغ دیتی ہیں۔ ایسے وقتوں میں، ہمیں خدا کی طرف رجوع لانے اور اُس کے کلام پر بھروسہ کرنے کی ضرورت ہے۔ انتہائی ضروری بلکہ لازمی ہے کہ خدا کے لوگ ناپاک خیالات، برے روّیوں اور روحانی آلودگی کا باعث ہونے والی چیزوں پر اپنادل اور دھیان مرکوز نہ کریں۔

2 آیت میں پطرس رسول ناپاک سوچ کی ایک مثال پیش کرتا ہے۔ اُس نے ٹھٹھابازوں کا ذکر کیا جو خداوند کی آمدِ ثانی کے تعلق سے نبیوں اور رسولوں کی باتوں پر سوال اُٹھارہے تھے۔ ان بے دین لوگوں نے بدی کی پیروی کا اور جسمانی خواہشوں کا چناؤ کر لیا تھا اور وہ اپنے دل کی بُری ہٹ پر چلتے تھے۔ وہ اس بات کو ماننے کے لئے تیار نہ تھے کہ خداوند آکر اُن کے گناہ آلودہ طرزِ زندگی کی عدالت کرے گا۔

یہ لوگ حقیقی ایمانداروں کا تمسخر اُڑاتے تھے جو مسیح یسوع کی آمدِ ثانی پر ایمان رکھتے تھے۔

" اُس کے آنے کا وعدہ کہاں گیا؟"

(4 آیت) اس وعدہ کو کئی سال گزر گئے پھر بھی خداوند نہیں آیا(یوحنا 14 باب 1-

3 آیت) پطرس رسول کے دَور میں کئی ایک ایماندار ایذاہ رسانی کا شکار تھے۔ وہ خداوند کی آمدِ ثانی کے منتظر تھے۔ جھوٹے نبی اس بات کو لے کر ایمانداروں کا مذاق اُڑایا کرتے اور اُنہیں ورغلاتے تھے کہ خداوند کی آمد کا وعدہ کبھی پورا نہ ہو گا۔ وہ جھوٹی باتیں کرتے اور کہتے تھے کہ جب سے دُنیا وجود میں آئی ہے سب کچھ ویسے کا ویسا ہی چل رہا ہے۔ بالفاظ دیگر، جو کچھ بھی دُنیا میں ہو رہا ہے خدا کو اس میں کوئی دلچسپی نہیں ہے۔

پطرس رسول نے 5-7 آیات میں اس سوچ اور خیال کی تردید کی۔ اس نے واضح کیا کہ یہ جھوٹے نبی دانستہ طور پر تخلیق اور طوفان نوح کے تعلق سے عہدِ عتیق میں موجود تعلیمات کو نظر انداز کرتے ہیں۔ آسمان اور زمین خدا کے کلام سے ہی وجود میں آیا تھا۔ اسی کلام سے نوح کے دور میں طوفان آیا تھا۔ اس طوفان نے زمین پر سے ہر طرح کی زندہ چیز کو فنا کر ڈالا۔ اسی کلام سے یومِ عدالت آگ سے آسمان اور زمین جل جائیں گے۔ اگرچہ یہ سب کچھ واضح طور پر ہوتا ہوا دکھائی نہیں دیتا، تاہم یہ بات یقینی ہے کہ آخری اور آگ سے معمور عدالت ہو گی۔ وہی کلام جس سے زمین خلق ہوئی اور جو نوح کے دَور میں طوفان لایا یہ سب کچھ کر دکھائے گا۔ اُس کے منہ کے کلام سے، خدا ان لوگوں کو گناہوں کی سزا دے گا جو اس سے منہ موڑتے اور اسے پیٹھ پیچھے پھینکتے ہیں۔

پطرس کے دَور میں ٹھٹھاباز خدا کے کلام پر شک کرتے تھے کیونکہ کلام کے پورا ہونے میں تاخیر ہو رہی تھی۔ وہ اس بات کو بھول گئے تھے کہ خدا کا اپنا وقت ہے، وہ اس دُنیا کی گھڑی کے مطابق نہیں چلتا۔ خداوند ابدی خدا ہے۔ وقت کا اس پر کوئی اثر نہیں ہوتا۔ برسوں گزر جانے سے بھی اس کے وعدوں میں کوئی تبدیلی واقع نہیں ہوتی۔ وہ تھکتا نہیں ہے۔ اس کے نزدیک ایک سال اور ہزار سال ایک ہی جیسے ہیں۔ (8 آیت) کوئی چیز بھی اسے جلد بازی پر اکسا نہیں سکتی۔ اس کے سامنے کچھ بھی کرنے کے لئے وقت کی معیار اور

بندش نہیں ہے۔ ابدیت اسی کی ہے۔

انسان ہوتے ہوئے ہمارے لئے یہ کس قدر مختلف اور عجیب ہے۔ بنی نوع انسان وقت کی قید و بند میں ہیں۔ ہماری زندگیاں وقت کے ارد گرد گھومتی ہیں۔ ہم چند برس زندہ رہ کر فنا ہو جاتے ہیں۔ عمر کے ساتھ ہم کمزور اور بوڑھے بھی ہو جاتے ہیں۔ ہمارے پاس اپنے ارادوں کی تکمیل اور مقاصد کو عملی جامہ پہنانے کے لئے محدود وقت ہوتا ہے۔ خدا کے ہاں وقت کی بندش نہیں ہے۔ اس کی آمدِ ثانی میں تاخیر کا ہرگز یہ مطلب نہیں ہے کہ وہ اپنا وعدہ بھول چکا ہے اور وہ دوبارہ اس دُنیا میں نہیں آئے گا۔

پطرس رسول نے 9 آیت میں اپنے قارئین کو یاددہانی کرائی کہ خداوند اپنے وعدوں کی تکمیل میں تاخیر نہیں کرتا۔ ممکن ہے کہ ہم انسانوں کو ایسا محسوس ہو۔ لیکن اس کی وجہ یہ ہے کہ ہم انسان وقت کی قید اور بندش میں زندگی بسر کرتے ہیں تو ہمیں تاخیر کا احساس ہوتا ہے۔ ابدیت کے ساتھ چند ایک سالوں کا کیا موازنہ؟ جب ابدیت سے موازنہ کیا جاتا ہے تو پھر ہمیں اپنی زندگی کے سال اور دن بہت مختصر دکھائی دیتے ہیں۔

ہمارے سمجھنے کے لئے یہی کافی ہے کی خداوند کی تاخیر اس کے فضل اور رحم کی بنا پر ہے۔ اگر خداوند اسی وقت آجائے، تو کتنے لوگ اس کی آمد کے لئے تیار ہوں گے؟ یہ تاخیر بنی نوع انسان کے مفاد میں ہے۔ اس تاخیر کے عرصہ میں انجیل کی منادی ہوگی اور خدا کی بادشاہی کو وُسعت ملے گی۔ بے شمار لوگ خوشخبری کے کلام سے بدل رہے ہیں، وہ خداوند کو اپنا نجات دہندہ قبول کر کے ابدیت میں داخلے کی تیاری کر رہے ہیں۔ خداوند کی آمدِ ثانی قریب ہے۔ لیکن کوئی نہیں جانتا کہ کب اس کی آمد کا ظہور ہو گا۔ ہم یہ جانتے ہیں کہ اس کی آمد سے قبل ہمیں اپنے آپ کو درست کرنے، اپنے گناہوں کی معافی کا آخری موقع ملا ہے۔

پطرس رسول نے 10 آیت میں واضح بیان کیا ہے کہ خداوند کی آمد ثانی چور کی طرح ہو گی۔ یعنی وہ اس وقت آئے گا جب کوئی اُس کی آمد کی توقع بھی نہیں کر سکتا۔ اگر ہمیں معلوم ہو جائے کہ چور رات کے کس پہر میں آرہا ہے، تو کیا آپ دروازوں پر قفل نہ لگائیں گے؟ کیا آپ اُس کے آنے کا انتظار نہیں کریں گے؟ خداوند نے دانستہ طور پر ہمیں یہ نہیں بتایا کہ وہ کب آئے گا۔ تا کہ ہم میں پاکیزہ زندگی بسر کرنے کی تحریک قائم رہے۔ وہ کسی بھی وقت آسکتا ہے۔ ہمیں ہر وقت تیار رہنے کی ضرورت ہے۔

کائنات کے خالق نے کلام کیا ہے۔ وہ جھوٹ نہیں بولتا۔ اپنے مناسب اور ٹھہرائے ہوئے وقت پر اس کا کلام پورا ہو گا۔ وہ دن قریب ہے جب آسمان بڑی آواز کے ساتھ غائب ہو جائیں گے اور زمین مکمل طور پر آگ سے برباد ہو گی۔ ہر وہ چیز جو گناہ سے داغدار ہو چکی ہے، فنا کر دی جائے گی۔ اس دُنیا میں جو کچھ ہمارے پاس ہے، اس میں سے کچھ بھی باقی نہ رہے گا۔ صرف وہی جو پاک اور خالص ہے، باقی رہ سکے گا۔

اگرچہ خداوند کی آمد میں تاخیر ہو رہی ہے، پطرس رسول ہمیں یقین دہانی کرا رہا ہے کہ اس کے وعدے پورے ہوں گے۔ ان لوگوں کے لئے وہ دن کس قدر بھیانک ہو گا جنہوں نے اس کے کلام پر شک کیا ہو گا۔ اور خالق کل کے کلام پر توجہ نہ دی ہو گی۔ خدا کرے کہ ہم ایسے لوگ بن جائیں جو اس کی آمد ثانی کے لئے تیار رہیں، اس کے لئے زندہ رہیں اور اس کے نام اور کلام کو اپنے کلام اور اعمال سے اس دُنیا پر سچا ثابت کرتے رہیں۔

چند غور طلب باتیں

☆ پطرس رسول ایمانداروں کو صحت مند اور مثبت خیالات اپنانے کی تلقین کی ہے۔ مضرِ صحت خیالات کس طرح کے ہوتے ہیں؟

☆۔ خدا کے وقت کے تعلق سے ہم نے اس باب میں کیا سیکھا ہے؟

☆۔ خدا کے کلام کے تعلق سے ہم نے یہاں پر کیا سیکھا ہے؟ کیا ہم خدا کے کلام میں مندرج وعدوں پر بھروسہ کر سکتے ہیں؟

☆۔ خدا اپنی دوسری آمد میں کیوں تاخیر سے کام لے رہا ہے؟(9 آیت)

☆۔ کیا آپ شخصی طور پر خداوند کی آمدِ ثانی کے لئے تیار ہیں؟ اگر آپ کو علم ہو جائے کہ خداوند یسوع مسیح کل آرہا ہے تو آپ کے طرزِ زندگی میں کیسی تبدیلی واقع ہو گی؟

چند اہم دُعائیہ نکات

☆۔ خداوند سے دُعا کریں کہ آپ کے ذہن کو پاک صاف کرے اور صحت مند اور مثبت خیالات سے معمور کر دے۔ دُعا کریں کہ خداوند دنیاداری کی سوچیں، خیالات اور اس کی روّشیں آپ کے ذہن سے نکال دے۔

☆۔ خداوند کی شکر گزاری کریں کہ ہمیں اس بات کا یقین اور بھروسہ ہے کہ خدا کا کلام قطعی اٹل اور سچا ہے۔

☆۔ خداوند کی آمد ثانی کے وعدے کے لئے اُس کی شکر گزاری کریں۔

☆۔ خداوند سے دُعا کریں اور فضل مانگیں کہ آپ ہر روز اُس کی آمد کے انتظار میں زندگی بسر کر سکیں۔

باب 40

کیسے عجیب لوگ؟

2 پطرس 3 باب 11 تا 18 آیت

پطرس رسول اپنے قارئین کو یاد دہانی کرا رہا ہے کہ خدا کا کلام پورا ہو گا۔ وہ دن قریب ہے جب خداوند یسوع مسیح آکر اس دُنیا کی عدالت کرے گا۔ پطرس ہمیں یہ بھی بتا رہا ہے کہ ایک دن یہ زمین آگ سے جلا دی جائے گی۔ پطرس کے دَور کے استاد خداوند یسوع مسیح کی آمد اور عدالت کی بات کا تمسخر اُڑاتے تھے۔ ان کا روّیہ اور طرزِ زندگی گناہ آلودہ تھا اور وہ گناہ کی عدالت سے لاپرواہ ہو کر عیش و عشرت کی زندگی بسر کر رہے تھے۔ ان کے خیالات خداوند یسوع مسیح کی آمد کی تاخیر کی بنا پر بے اعتقادی اور آلودگی کا شکار ہو چکے تھے۔ وہ یہی سمجھتے تھے کہ اب نہ تو خداوند نے آنا ہے اور نہ ہی آکر اس نے اس دنیا کی عدالت کرنی ہے۔ پطرس رسول نے اُنہیں اُن کی حماقت یاد کرائی۔ اُس نے ایمانداروں کو تلقین کی کہ وہ جھوٹی باتوں اور من گھڑت کہانیوں پر توجہ نہ کرتے ہوئے خداوند یسوع مسیح کی آمدِ ثانی کے لئے تیار رہیں۔

یہاں پر 3 باب کے آخری حصہ میں پطرس رسول نے سوال کیا ہے۔ "جب یہ سب چیزیں اِسی طرح پگھلنے والی ہیں تو تُمہیں پاک چال چلن اور دینداری میں کیسا کچھ ہونا

چاہیے۔" (11 آیت) اگر خداوند یسوع مسیح اپنے وعدہ کے مطابق دُنیا کی عدالت کرنے کے لئے آرہا ہے، تو پھر ہمیں کیسا طرزِ زندگی اپنانا چاہیئے؟ اس باب کی آخری آیات میں ہم پطرس رسول کے اس سوال کے جواب کا جائزہ لیں گے۔

پاکیزہ اور راست طرزِ زندگی اپنائیں

اس دنیا میں خداوند یسوع مسیح کی آمدِ ثانی کی روشنی میں، پطرس رسول ہمیں بتاتا ہے کہ ہمیں پاکیزگی اور راستبازی کی زندگی اپنانی ہے۔ اگر بچوں کو علم ہو جائے کہ اُن کا باپ گھر آرہا ہے تو کیا پھر وہ پوری کوشش نہیں کریں گے کہ باپ کی آمد پر وہ کسی قسم کی نافرمانی کے مرتکب رنگے ہاتھوں نہ پکڑے جائیں۔ یہ بڑی قابل فہم بات ہے کہ ہمیں خداوند یسوع مسیح کی آمد کی روشنی میں تابعداری اور اطاعت کی زندگی بسر کرنی ہے، ایسی زندگی تاکہ ہمیں اس کی آمد پر کسی قسم کی شرمندگی نہ اُٹھانا پڑے۔ ہر لحاظ سے ہماری زندگیاں پاک اور راست ہونی چاہیئے۔

12 آیت میں قابلِ غور بات یہ ہے کہ اُنہوں نے مسیح کی آمدِ ثانی کے لئے تیار ہوتے ہوئے، تیز رفتاری سے اُس کی منادی بھی کرنی تھی۔ خداوند یسوع مسیح نے متی 24 باب کی 14 آیت میں اپنے شاگردوں کو بتایا کہ جب انجیل کی منادی دُنیا کے کونے کونے تک ہو جائے گی پھر دُنیا کا خاتمہ ہو گا۔

"اور بادشاہی کی اُس خوشخبری کی منادی تمام دُنیا میں ہو گی تاکہ سب قوموں کے لئے گواہی ہو۔ تب خاتمہ ہو گا۔"

مسیح کی آمد ثانی سے قبل ہر ایک کام پایہ تکمیل کو پہنچنا ہے۔ بے شمار روحیں باقی ہیں جنہیں خدا کی بادشاہی میں داخل ہونا ہے۔ یہ ہماری ذمہ داری ہے کہ خداوند کی آمد کے دن کو قریب ہوتے دیکھ کر ان کھوئی ہوئی روحوں تک خداوند کے ترس اور رحم میں پہنچیں۔ اور

انہیں بھی خدا کے گلہ کا حصہ بنالیں۔

اُس کے وعدوں کی تکمیل کے منتظر رہیں

دوسرا ردعمل جو ہمیں اپنانے کی ضرورت ہے وہ یہ ہے کہ خداوند کی آمد کے دن کو قریب ہوتے دیکھ کر ہمیں ایسے لوگ بننا ہے جو اُس کے وعدوں کے منتظر رہیں۔ گناہ نے بہت دُکھ، رنج والم اور مسائل پیدا کئے ہیں۔ اس نے ہماری توانیاں اور صلاحیتیں ہم سے چھین لی ہیں۔ یہ گناہ ہی ہے جس نے ہمارے پیارے ہم سے موت کے وسیلہ سے چھین لئے ہیں۔ گناہ نے طرح طرح کی تکالیف، آنسو اور غم پیدا کئے ہیں۔جب آپ خداوند کی آمدِ ثانی قریب دیکھیں، تو ہمیں نئے آسمان اور نئی زمین کے وعدہ پر اپنی توجہ مرکوز کرنی ہے۔ یہ ہمارے لئے کس قدر تسلی اور تقویت کی بات ہے۔ اس روز قوم پر قوم حملہ آور نہیں ہو گی۔ طوفان، آندھیاں، زلزلے اور قحط غائب ہو جائیں گے۔ اُس نئے آسمان اور نئی زمین میں، خداوند یسوع مسیح کو عزت اور جلال ملے گا۔ ہم اس جگہ اُس کے سامنے جھک کر اُسے سجدہ کریں گے جہاں پر کوئی دُکھ درد، اور رنج و غم نہیں ہو گا۔ یہ نیا آسمان اور نئی زمین خدا کے پیارے اور راستباز لوگوں کا ابدی ٹھکانہ ہو گا۔ گناہ اور بدی کافور ہو جائیں گے۔

نئے آسمان اور نئی زمین کا وعدہ ہمارے لئے تسلی اور حوصلہ افزائی کا باعث ہونا چاہئے۔ اس پرانی زمین پر ہم دُکھ، ایذا رسانی اور طرح طرح کے امتحانوں سے گزرتے ہیں، لیکن یہی ہمارا انجام نہیں ہے۔ اس سے آگے ہمارے لئے ابدی زندگی کا وعدہ موجود ہے۔ جس میں ہم نئے آسمان اور نئی زمین پر خداوند کے ساتھ ابدالاباد رہیں گے۔ بطور ایماندار، یہی روشن مستقبل ہمارے توجہ کا مرکزو محور رہنا چاہئے۔

ہمیں ہر طرح سے بے عیب رہنا چاہئے

پطرس رسول نے 14 آیت میں بیان کیا ہے کہ بطور ایماندار ہمیں خداوند کی آمد ثانی کا منتظر رہنا چاہئے۔ ہمیں ہر طرح سے بے عیب، بے داغ اور ایک دوسرے کے ساتھ صلح و سلامتی سے رہنا چاہئے۔ ایمانداروں کو ہر طرح کے احساسِ جرم اور روحانی آلودگی سے پاک رہنا چاہئے۔ یہ خود بخود نہیں ہو گا۔ بلکہ اس کے لئے کوشش بلکہ جانفشانی کرنا ہو گی۔ اس کے لئے ہمیں خود کو منظم کرنا ہو گا۔ پطرس رسول نے اپنے قارئین دہانی کرائی۔ کہ خداوند ان کے تعلق سے صبر و تحمل سے کام لے رہا ہے۔

15 آیت میں، پطرس رسول نے خداوند کے صبر و تحمل کے تعلق سے لکھا جو ان کے لئے نجات کا باعث تھا۔ اگر خداوند جلد آجاتا، تو وہ خداوند کی معرفت اور پہچان تک نہ پہنچ پاتے۔ خداوند اس وقت تک منتظر ہے جب تک تمام ایماندار سچائی کی پہچان اور معرفت تک نہ پہنچ جائیں۔

16 آیت میں، پطرس نے اپنے قارئین کی توجہ پولس رسول کی تعلیم کی طرف مرکوز کرائی۔ پطرس اس بات کو سمجھتا تھا کہ خدا نے پولس رسول کو بڑی حکمت اور معرفت سے نوازا ہے۔ پطرس پُر یقین تھا کہ پولس رسول کے خط خدا کی تحریک سے لکھے گئے تھے۔ بہت سے لوگ ایسے بھی تھے جو یہ سمجھتے تھے کہ پولس رسول کی تحریریں سمجھنے میں بہت مشکل ہیں۔ پولس اور پطرس دونوں ہی اس بات پر متفق تھے کہ بطور ایماندار ہمیں ایسا طرزِ زندگی اپنانا ہے جو خداوند کی آمدِ ثانی کا منتظر ہو۔ پطرس رسول نے اپنے قارئین کو بتایا کہ وہ ہوشیار اور بیدار رہیں اور جھوٹی تعلیمات سے گمراہ ہو کر اپنی مضبوط بنیاد کو ہاتھ سے نہ جانے دیں۔ یہاں پر پطرس رسول کس مضبوط بنیاد کی بات کر رہا ہے؟ متن میں، مضبوط بنیاد جھوٹی تعلیمات کا مقابلہ کرنے سے منسلک ہے۔ خدا کے کلام کی سچائی ہم میں تقویت اور تحفظ پیدا کرتی ہے تاکہ ہم دشمن کے خلاف نبرد آزما ہو سکیں۔ خدا کے کلام سے، ہم

ابلیس کے جھوٹوں کا مقابلہ کر سکتے ہیں۔ جب ہم دُشمن کے حملوں (جھوٹ) کی زد میں آجائیں تو ہم کہاں جائیں؟ ایمانداروں کے لئے ایک ہی پناہ ہے کہ وہ خدا کے کلام کی سچائی میں خود کو محفوظ کر لیں۔

خدا کے کلام کی سچائی سے خود کو تقویت دیتے ہوئے، ہم خداوند کے ساتھ چلنے میں مضبوط ہوتے چلے جائیں گے۔ خدا کے کلام کے اصولوں کی پیروی کرتے ہوئے جو خدا نے ہمارے لئے مقرر کئے ہیں، ہم اس دُنیا پر گہرے طور پر اثر انداز ہوں گے۔ خدا کے کلام کی سچائی کی منادی سے ایمانداروں کی زندگی میں ابلیس کی قوت کا زور ٹوٹ جاتا ہے **اگر ہم روحانی طور پر مضبوط اور صحت مند بننا چاہتے ہیں، تو ہمیں خدا کے کلام کو سمجھنا اور اُس کی سچائیوں کے مطابق زندگی بسر کرنا ہو گی۔** اسی تناظر کی روشنی میں پطرس رسول نے اپنے قارئین کو اس دَور میں پھیلتی ہوئی جھوٹی تعلیمات کے خلاف آگاہ کیا تھا۔ کوئی بھی ایماندار جو خدا کے کلام کی سچائیوں اور تعلیم سے بے بہرہ اور نافرمانی کی زندگی بسر کرتا ہے کمزور اور بے بس روحانی زندگی بسر کرتا ہے۔ پطرس یہ چاہتا تھا کہ ایماندار علم و معرفت کی دولت سے معمور ہو کر خداوند میں دلیر اور مضبوط ہوتے چلے جائیں۔ اس بات کے ظہور پذیر یا وقوع پذیر ہونے کے لئے، انہیں خدا کے کلام کو سیکھنے، جھوٹی تعلیمات کا مقابلہ کرنے اور تابعداری کی زندگی بسر کرنے کے لئے جانفشانی کرنے کی ضرورت تھی۔

پطرس رسول اس خط کا اختتام قارئین کو اس بات کی تلقین سے کرتا ہے کہ وہ خداوند یسوع مسیح کی معرفت اور پہچان اور اس کے فضل میں ترقی کرتے اور بڑھتے چلے جائیں۔ اس بیان کے دو پہلو ہیں۔ ایمانداروں کو خداوند یسوع مسیح کی پہچان اور معرفت میں ترقی کرنا ہے۔ یہ علم و معرفت خدا کے کلام اور رسولوں کی تعلیمات سے ہی پیدا ہوتا ہے۔ ہمیں خدا کے مقاصد اور اس کے کردار کو سمجھنے کے لئے اس کے کلام کا مطالعہ کرنا ہے۔ لازم

ہے کہ ہم خدا کے کلام میں وقت گزاریں۔ روح القدس کو موقع دیں کہ وہ ہمیں خداوند یسوع مسیح کی ذاتِ اقدس اور حیاتِ مقدس کے تعلق سے تعلیم دے۔

پطرس رسول نے اپنے قارئین کو یہ بھی بتایا کہ اُنہیں خداوند یسوع مسیح کے فضل میں بھی ترقی کرتے اور بڑھتے چلے جائیں۔ فضل کا تعلق اس بات سے ہے کہ خدا کس طرح ایمانداروں کو خدمت کے لئے تیار اور اپنے ساتھ رشتے میں مضبوط کرتا ہے۔ ہمیں صرف خداوند یسوع مسیح کی معرفت اور پہچان میں ہی نہیں بلکہ اُس کے فضل میں بھی نشوونما پانی ہے۔ ہمیں زیادہ سے زیادہ اپنی زندگی کے ہر ایک پہلو کے لئے اس کے فضل کو حاصل کرنا ہے۔ پختہ اور مضبوط ایماندار وہی ہے جو خدا کے اس فضل سے زیادہ سے زیادہ استفادہ کرتا ہے جو اس کے لئے دستیاب ہے۔ فضل میں ترقی کرنے اور نشوونما پانے والا ایماندار ہی روح اقلدس کی نعمتوں کو استعمال کرتا اور ایمان اور کلام میں مضبوط ہوتا چلا جاتا ہے۔ فضل ہی سے وہ خداوند کے نام سے اس کی خدمت کرنے کے قابل ہوتا ہے۔

خدا ایسے لوگوں کی تلاش میں ہے جو نہ صرف اسے پہچانیں بلکہ اُس کی قوت اور اُس کے فضل سے اُس کی خدمت بھی کریں۔ خداوند ہماری مدد کرے تاکہ ہم ایسے لوگ بن سکیں جو اُس کی آمد کے منتظر رہتے ہیں۔

چند غور طلب باتیں

☆ پطرس رسول نے بیان کیا ہے کہ خداوند اس زمین کو نابود کرکے اس کی جگہ پر نیا آسمان اور نئی زمین پیدا کرے گا۔ اس سے آپ کو کیا حوصلہ اور تقویت ملتی ہے؟ اس سے آپ کو کیسا چیلنج ملتا ہے؟

☆ خدا کے کلام کی سچائی کس طرح ہمیں تقویت اور تحفظ فراہم کرتی ہے؟

☆۔ مسیح کے علم و معرفت اور اُس کے فضل میں ترقی کرنے میں کیا فرق پایا جاتا ہے؟ یہ کیوں کر اہم ہے کہ ایماندار لوگ ان دونوں میں درجہ بدرجہ ترقی کرتے اور بڑھتے چلے جائیں؟

چند اہم دُعائیہ نکات

☆۔خداوند سے دُعا کریں تاکہ آپ ہر روز اُس کی آمد کی اُمید کے ساتھ زندگی بسر کر سکیں۔

☆۔خداوند کی شکر گزاری کریں کہ اس کی موت نے گناہ پر فتح پائی ہے۔

☆۔اس نئی زمین کے لئے خداوند کی شکر گزاری کریں جہاں پر گناہ کا بسیرا نہیں ہو گا۔

☆۔خدا کے کلام کی سچائیوں کے لئے اُس کی شکر گزاری کریں۔ خدا کے کلام کی وفاداری سے تابعداری کرنے کے لئے اس سے دُعا کریں۔ اس تقویت اور تحفظ کے لئے بھی خدا کی شکر گزاری کریں جو ہمیں اُس کے کلام سے ملتی ہے۔

☆۔خداوند سے دُعا کریں کہ آپ نہ صرف اس کے کلام کی معرفت میں نہ صرف بڑھیں اور ترقی کریں بلکہ اس فضل اور قوت میں چلتے رہنے کی بھی توفیق مانگیں جو وہ ہمیں عطا کرتا ہے۔

لائٹ ٹومائے پاتھ بک ڈسٹری بیوشن

Light to My Path Book Distributioin

لائٹ ٹومائے پاتھ منسٹری (ایل ٹی ایم پی) کتابوں کی تصنیف اور تقسیم کی ایک ایسی منسٹری ہے جو کہ براعظم ایشیا، لاطینی امریکہ اور افریقہ میں ضرورت مند مسیحی کارکنوں تک پہنچ رہی ہے۔ ترقی پذیر ممالک میں بہت سے ایسے مسیحی کارکن بھی ہیں جن کے پاس اِتنے وسائل نہیں ہیں کہ وہ بائبل ٹریننگ کے لئے جاسکیں یا اپنی شخصی ترقی اور بڑھوتی اور کلیسیائی ضرورت کے لئے بائبل سٹڈی کا مواد خرید سکیں۔ زیرِ نظر کِتاب کا مصنف ایکشن انٹر نیشنل منسٹریز کارُکن ہے جو کہ پوری دُنیا میں ضرورت مند مسیحی کارکنوں اور پاسبانوں کے درمیان مفت یا قیمتاً کتابوں کی تقسیم کے عزم کے ساتھ کتابیں لکھ رہا ہے۔

آج اِس وقت تیس سے زیادہ ممالک میں ڈیووشنل کمنٹری سیریز اور لائف اِن دی کرائسٹ سیریز میں ہزاروں کتب ،منادی، سلسلہ تعلیم بشارتی خدمت اور مقامی ایمانداروں کی روحانی ترقی اور نشو نما کے لئے استعمال کی جارہی ہے۔ اِن سیریز میں یہ کتب ہندی، فرانسیسی، ہسپانوی، اور ہیٹین کریول زبانوں میں ترجمہ ہوچکی ہیں۔ جبکہ اُردو زبان میں کتب کے تراجم کا سلسلہ گزشتہ بارہ سالوں سے جاری ہے۔ ہمارا نصب والعین جہاں تک ممکن ہو زیادہ سے زیادہ ایمانداروں تک اِن کتب کو مہیا کرنا ہے۔

لائٹ ٹومائے پاتھ منسٹری ایک ایسی منسٹری ہے جو ایمان کے سہارے چل رہی ہے اور

پوری دُنیا میں ایمانداروں کی مضبوطی اور حوصلہ افزائی کے لئے کتب کے تراجم اور تقسیم کے پیشِ نظر اپنی مالی ضروریات کے لئے خُداوند پر توکل کرتی ہے۔ آپ سے گزارش ہے کہ کتب کے دیگر زبانوں میں تراجم اور تقسیم کے لئے دُعا کریں۔ شکریہ۔ خُداوند آپ کو برکت دے۔

Rev F. Wayne. Mac Leod

Light to My Path Book Distribution- Canada